Markus Fäh
Gottfried Fischer (Hg.)

Sinn und Unsinn in der Psychotherapieforschung

Einige VertreterInnen der empirisch-statistischen Psychotherapieforschung machen derzeit Schlagzeilen mit ihren Aussagen: Sie behaupten die Überlegenheit der (kognitiven) Verhaltenstherapie gegenüber den anderen psychotherapeutischen Methoden und bestreiten den Nutzen von – insbesondere psychoanalytischen – Langzeittherapien. Sie betonen, diese Aussagen auf dem Boden der „objektiven Faktenlage" zu machen. Die „Faktenlage", das ist die Meta-Analyse von Therapie-Wirksamkeitsstudien, durchgeführt von Klaus Grawe, Ruth Donati und Friederike Bernauer und publiziert unter dem Titel „Psychotherapie im Wandel. Von der Konfession zur Profession".

Dieses Buch untersucht diese Aussagen kritisch. Der Befund: Die methodischen Fehler in der Studie von Grawe et al. sind derart gravierend, daß ihre zentralen Behauptungen nicht als faktengestützt gelten können.

Mit Beiträgen u. a. von: Bernhard Rüger, München;
Ulrich Stuhr, Hamburg; Markus Fäh, Zürich; Gottfried Fischer, Köln;
Volker Tschuschke, Köln; Falk Leichsenring, Göttingen.

Reihe »FORSCHUNG PSYCHOSOZIAL«

Markus Fäh
Gottfried Fischer (Hg.)

Sinn und Unsinn in der Psychotherapieforschung

Eine kritische Auseinandersetzung
mit Aussagen und Forschungsmethoden

Psychosozial-Verlag

Die Deutsche Bibliothek - CIP-Einheitsaufnahme

Sinn und Unsinn in der Psychotherapieforschung : eine kritische Auseinandersetzung mit Aussagen und Forschungsmethoden / Markus Fäh ; Gottfried Fischer. - Gießen : Psychosozial-Verl., 1998
(Reihe „Forschung psychosozial")
ISBN 3-932133-29-3

© 1998 Psychosozial-Verlag
Friedrichstr. 35, 35392 Gießen
Alle Rechte, insbesondere das des auszugsweisen Abdrucks
und das der fotomechanischen Wiedergabe, vorbehalten.
Umschlagabbildung: Keith Haring, o.T., 1988, © The Keith Haring Estate
Umschlaggestaltung nach einem Reihenentwurf
des Ateliers Warminski, Büdingen
Printed in Germany
ISBN 3-932133-29-3

Inhaltsverzeichnis

1. Einführung und Übersicht
Gottfried Fischer, Markus Fäh 9

**2. Psychotherapie nach Vorschrift oder nach Bedarf –
die Kontroverse um die Leistungsstruktur
der Krankenversicherung**
Markus Fäh, Gottfried Fischer 13

   2.1 Das bundesdeutsche Modell der Ersatzleistungen
       für Psychotherapie 14

   2.2 Forschung und Planung im Gesundheitswesen
       am Beispiel der BRD 15

   2.3 Exkurs: Der „Grawe-Effekt" 21

   2.4 Die Frage der angemessenen Therapiedauer 23

**3. Zur Kritik der empirischen Vernunft in der
Psychotherapie(forschung)**
Gottfried Fischer, Markus Fäh 29

   3.1 Klinische und außerklinische Empirie:
       Erkenntnismöglichkeiten und -grenzen 31

       3.1.1 Empirie in der klinischen Praxis 33

       3.1.2 Systematische Fallstudien 37

       3.1.3 Experimentelle Wirkungsforschung 40

       3.1.4 Naturalistische Korrelationsstudien und Feldforschung 45

   3.2 Multimethodales Vorgehen, Intra- und Intermethodenfehler 46

   3.3 Die Entwicklung des modernen Multimethoden-Ansatzes
       in der Geschichte der Psychotherapieforschung 47

**4. Methodenkritische Prüfung
des aktuellen Forschungsstands** 51

   4.1 Über statistische Methoden in der Psychotherapieforschung
       Bernhard Rüger 52

	4.1.1 Vorbemerkungen	52

- 4.1.1 Vorbemerkungen 52
- 4.1.2 Evaluation, Validität, Reliabilität 56
- 4.1.3 Anwendbarkeit statistischer Tests 59
- 4.1.4 Geeignete statistische Verfahren 64
- 4.1.5 Multiple Tests (Simultaneous Inference) 66
- 4.1.6 Meta-Analysen 66
- 4.1.7 Datenbedingte Grenzen 74
- 4.1.8 Über den Zeitfaktor in der Psychotherapieforschung 77

4.2 Die Meyer-Grawe-Kontroverse über die Wirksamkeit psychoanalytischer Behandlungsverfahren bei psychosomatischen Störungen
Ulrich Stuhr 81

4.3 Grawes Aussage zur analytischen Langzeittherapie und sein Direktvergleich von analytischer Therapie und Verhaltenstherapie: Eine methodenkritische Untersuchung
Falk Leichsenring 94

- 4.3.1 Zur Effektivität analytischer Langzeittherapie 94
- 4.3.2 Grawes Direktvergleich von psychoanalytisch orientierter Therapie und Verhaltenstherapie 99
- 4.3.3 Schluß 121

4.4 Zur Notwendigkeit einer psychodynamischen Diagnostik und Veränderungsmessung in quantitativen Studien zur analytischen Psychotherapie und Psychoanalyse
Tilmann Grande 125

- 4.4.1 Zum Stellenwert symptomatischer und verhaltensnaher Untersuchungsinstrumente in der Effektivitätsforschung 125
- 4.4.2 Zu den Folgen unangemessener Instrumente in quantitativen Studien zur Psychoanalyse 128
- 4.4.3 Schlußfolgerungen 135

4.5 Was leistet Psychotherapie?
Zur Diskussion um differentielle Effekte unterschiedlicher Behandlungskonzepte
Volker Tschuschke und *Horst Kächele* 137

    4.5.1 Ergebnisse bisheriger Psychotherapieforschung 138

    4.5.2 Zur Diskussion um die Berner Meta-Analyse
         (Grawe et al., 1994) – Konfession oder Profession? ... 140

    4.5.3 Plädoyer für ein verändertes Forschungsverständnis
         in der Psychotherapie 156

4.6 Zusammenfassender Überblick ....
    über den aktuellen Forschungsstand
    Gottfried Fischer und *Markus Fäh* 162

5. Zukunftsperspektiven der Psychotherapie(forschung)   167

5.1 Qualitative Kriterien zur Bewertung des Therapieerfolgs
    Gottfried Fischer, Jörg Frommer, Brigitte Klein 167

    5.1.1 Wozu qualitative Kriterien? 167

    5.1.2 Begrifflichkeit 170

    5.1.3 Methoden 172

    5.1.4 Ein Minimalkatalog
         für die qualitative Ergebnisbewertung 175

5.2 Überwindung des Äquivalenz-Paradoxon: Arbeitsmodelle
    zum Verständnis psychotherapeutischer Veränderung
    Gottfried Fischer, Markus Fäh, Rosmarie Barwinski Fäh ... 178

5.3 Jenseits der „Effekte": Zur methodischen Sicherung
    von Ergebnissen in der Psychotherapieforschung
    Gottfried Fischer, Markus Fäh, Brigitte Klein 188

5.4 Rückschritt oder Anreiz für die Forschung:
    Gefahren und Chancen des „Grawe-Effektes"
    (eine abschließende Würdigung)
    Gottfried Fischer, Markus Fä 190

Literatur 197

AutorInnen 217

Anschriftenverzeichnis 221

Sachregister 223

1. Einführung und Übersicht*

Gottfried Fischer, Markus Fäh

Psychotherapieforschung ist ein schwer überschaubares Gebiet, das sich gegenwärtig in rascher Entwicklung befindet. Forschung soll die psychotherapeutische Praxis überprüfen und empiriekontrolliert zu Weiterentwicklung und Fortschritt beitragen. Ziel allen Fortschritts ist es dabei, die Heilungschancen unserer Patienten zu verbessern.

Wie in der somatischen Medizin bedeutet „Heilung" auch in der Psychotherapie nicht nur die Beseitigung von Symptomen. Symptome sind einerseits Ausdruck des eingetretenen Krankheitsprozesses, andererseits aber – wie beispielsweise das Fieber – sind sie Bestandteil von Selbstheilungstendenzen des psychophysischen Organismus. Aufgabe der Psychotherapie ist es demnach, diese Selbstheilungskräfte zu stärken, um die pathologische Stagnation zu überwinden, die für psychische Störungen charakteristisch ist. Es ist heute in allen psychotherapeutischen Richtungen anerkannt, daß seelische Krisen und psychische Erkrankungen im Lebenslauf der Betroffenen nicht nur defizitäre Erscheinungen sind, sondern in sich selbst die Chance einer kreativen Persönlichkeitsentwicklung bieten. Heilung in der Psychotherapie ist also – ebenso wie in der organischen Medizin – nicht nur „Symptomheilung". Die Psychotherapiepatientin hat das Recht auf eine ursächliche, eine kausale Heilung ihrer Erkrankung, soweit diese nach dem Stand der therapeutischen Entwicklung möglich ist. Kausale Heilung heißt nicht „Beseitigung", sondern Transformation des Symptoms und seine „Integration" in den Lebenslauf und Lebensentwurf der Patientin (vgl. Fischer, 1994: Kriterium der *Integrität* eines therapeutischen Veränderungspro-

---

* Wir handhaben die Frage der geschlechtsbezogenen Sprachregelung so, daß wir im Text abwechslungsweise und zu etwa gleichen Teilen entweder das Femininum oder das Maskulinum verwenden, also von Therapeut (oder Therapeutin) bzw. Patientin (oder Patient) sprechen, wenn Angehörige beider Geschlechter gemeint sind. Wenn das grammatische Genus für den Sinn einer Passage von Bedeutung ist, heben wir dies durch Unterstreichung hervor. Die Literaturangaben zu den Abschnitten 4.1 bis 4.5 finden sich im Anschluß an diese Beiträge, jene der von Markus Fäh und Gottfried Fischer mitverantworteten Beiträge am Schluß des Buches.

zesses). Wird hingegen das Symptom rein defizitär verstanden und therapeutisch nur „beseitigt", so besteht die Gefahr, daß die Psychotherapiepatienten durch unsere Therapie nur noch kränker werden. Denn die beiden Funktionen des Symptoms (Krankheitszeichen und Selbstheilungsversuch) sind untrennbar miteinander verbunden, so daß eine reine „Symptomheilung" zugleich wertvolle Selbstheilungskräfte der Persönlichkeit zerstört. Ein solch komplexes Krankheits- und Symptomverständnis ist in der modernen Organmedizin heute selbstverständlich verbreitet. Niemand würde sich mit „Symptomheilung" begnügen, wenn die kausale Heilung, eine „restitutio ad integrum", möglich ist. Mutatis mutandis gilt dieser Grundsatz ebenso selbstverständlich für die psychologische Medizin.

Kann uns die moderne Psychotherapieforschung helfen, Heilungsprozesse unter Berücksichtigung dieses differenzierten Kriteriums zu erforschen und zu verwirklichen? Erfreulicherweise können wir diese Frage inzwischen bejahen. In den letzten Jahren ist eine eindrucksvolle Entwicklung der Forschungsaktivitäten zu beobachten. Eine angemessene Interpretation der Forschungsergebnisse ist allerdings nur im Rahmen eines differenzierten Methodenverständnisses möglich, das der Komplexität psychotherapeutischer Heilungsprozesse Rechnung trägt. Die Reichweite jeder einzelnen Forschungsmethode ist zwangsläufig durch ihre Erkenntnisinstrumente begrenzt. Wir benötigen daher Forschungsstrategien, die verschiedene Methoden berücksichtigen und deren Ergebnisse „mosaikartig" zueinander in Beziehung setzen. Erst wenn unterschiedliche Methoden, etwa systematische Fallstudien und gruppenstatistische Ansätze, zu *konvergierenden Ergebnissen* führen, können wir sicher sein, daß die Forschungsresultate nicht lediglich Artefakt der jeweiligen Methode sind. Nur die „intermethodale" Absicherung kann verhindern, daß Ergebnisse einer einzelnen Methode mit der ihr notwendigerweise anhaftenden Selektivität voreilig auf die klinische Praxis übertragen werden mit der Gefahr, unsere Patienten nach artifiziellen Kriterien zu behandeln. Leider hat sich das Interpretationskriterium *multimethodaler Konvergenz* noch nicht bei allen Psychotherapieforschern durchgesetzt. Daher werden auch heute noch Schlußfolgerungen aus einem monomethodalen Vorgehen in die fachliche und allgemeine Öffentlichkeit getragen, die selbst gegen extreme Einseitigkeit und substantielle Verzerrungen ungesichert sind. Wir werden uns im dritten Hauptteil unseres Buches mit einer „Kritik der empirischen Vernunft" in der Psychotherapieforschung befassen, um aus diesen Überlegungen heraus zukünftig bestimmte Interpretationsfehler vermeiden zu können, deren bedeutsamster gegenwärtig ein „Intermethodenfehler" zu sein scheint, nämlich eine Tendenz, weitreichende Schlußfolgerungen aus Forschungsergebnissen zu ziehen, die nur auf einem einzelnen Methodentypus beruhen. Daneben spielt auch immer wieder der „Intramethodenfehler" eine Rolle, nämlich Interpretationsfehler, die aus widersprüchlicher oder unvollkommener Anwendung einer einzelnen methodischen Strategie entspringen. Ist die erkenntnislogische Notwendigkeit eines multimethodalen Vorgehens im Bewußtsein der Psychotherapieforscherinnen verankert, so wird die Forschung unserer Überzeugung nach einen sicheren Weg nehmen, der die „naturalistischen" Rahmenbedingungen der klinischen Praxis hinreichend berücksichtigt und damit der Praxis zunehmend wertvolle Hilfen bieten kann. Beim gegenwärtigen fachlichen Diskussionsstand besteht jedoch sogar die Gefahr weitreichender Fehlplanungen im Gesundheitswesen, die sich aus einer monomethodischen Argumentation und entsprechend einseitigen Schlußfolgerungen ergibt. Wir behandeln daher im *zweiten Abschnitt* unseres Buches zunächst Strukturfragen der psychotherapeutischen Versorgung vor allem am Beispiel der Bundesrepublik Deutschland und der Schweiz.

Während *Teil 3* auf der Grundlage einer kleinen „Kritik der empirischen Vernunft" die bei Forschungsergebnissen wichtigsten Interpretationsfehler kennzeichnet, vor allem den Intra- bzw. Intermethodenfehler, befaßt sich der *vierte Abschnitt* mit methodenkritischen Detailfragen, um von dieser Basis aus ein Bild der aktuellen Forschungslage im Bereich der Psychotherapie zu entwickeln. Im fünften und letzten Abschnitt werden Perspektiven einer zukünftigen Forschung und Interpretationspraxis umrissen, die darauf zielen, die notwendige Zusammenarbeit zwischen Forschung und Klinik in der Psychotherapie zu sichern und spektakuläre Effekte zukünftig zu vermeiden, wie sie durch monomethodische Einseitigkeit unsere Wissenschaft in der Vergangenheit schon mehrfach in öffentlichen Mißkredit gebracht haben.

Von daher werden wir u. a. Vorschläge für einen Regelkanon ausarbeiten, die unseres Erachtens geeignet sind, ein sicheres, vielleicht sogar über verschiedene psychotherapeutische Paradigmen hinweg konsensuelles Bezugssystem für die Interpretation von Forschungsergebnissen zu entwickeln. Gegenwärtige Kontroversen, auf die wir im Laufe der Darstellung Bezug nehmen werden, tragen möglicherweise zu einer solchen Konsensfindung bei, da sie die Notwendigkeit eines integrativen Interpretationsrahmens für Forschungsergebnisse verdeutlichen. So werden wir vielleicht erreichen können, daß „Psychotherapie" als eine wissenschaftliche Gemeinschaft von Forscherinnen und Praktikerinnen in Zukunft auf „gesicherte Ergebnisse" verweisen kann und nicht immer wieder sensationelle Teilergebnisse in die Öffentlichkeit trägt, deren Informationswert ebenso rasch veraltet wie er zunächst „boomt".

2. Psychotherapie nach Vorschrift oder nach Bedarf – die Kontroverse um die Leistungsstruktur der Krankenversicherung

Markus Fäh, Gottfried Fischer

In diesem Abschnitt befassen wir uns mit einigen Fragen der gegenwärtigen, staatlich kontrollierten und über die Krankenversicherung finanzierten psychotherapeutischen Versorgung in der Bundesrepublik Deutschland und der Schweiz. Wir wollen von diesem Punkt aus die weitreichenden Konsequenzen verdeutlichen, welche Psychotherapieforschung auslösen kann, wenn sich Planungsinstanzen unseres Gesundheitswesens ihre Ergebnisse zu eigen machen und ihre Planung darauf basieren. Mit diesem Ausgangspunkt wollen wir zugleich die schwere Verantwortung hervorheben, die mit der Erforschung psychotherapeutischer Prozesse und insbesondere mit einer generalisierenden Interpretation der Forschungsergebnisse verbunden ist. Im negativen Fall kann sich die folgende Kette von Verantwortlichkeiten ergeben: Die Fehlinterpretation der Forschungsergebnisse führt zu Fehlplanungen im Gesundheitswesen, und diese wiederum gefährden die seelische Gesundheit weiter Teile der Bevölkerung bzw. beinträchtigen ihre Heilungschancen. Auch kann durch falsche oder einseitige Darstellung der Forschungslage die Chance für kreative soziale Lösungen vertan werden. Bedenkt man diese Dimension möglicher Konsequenzen, so werden vielleicht die Sorgfalt und Gründlichkeit verständlich, mit der in den folgenden Abschnitten erkenntnislogische, methodische und inhaltliche Ergebnisse der Psychotherapieforschung diskutiert werden.

Wir befassen uns etwas ausführlicher mit dem gegenwärtig in der Bundesrepublik Deutschland bewährten Modell der Kassenfinanzierung für Psychotherapie (2.1), schildern dann einige historische Bedingungen seiner Entstehung und Fundierung in evaluativer Forschung (2.2). Im folgenden Abschnitt (2.3) gehen wir auf den Interpretationsversuch von Grawe ein, der das inzwischen bewährte Versorgungssystem der kassenfinanzierten Psychotherapie in Frage stellt, und greifen im nächsten

Abschnitt (2.4) einen zentralen Diskussionspunkt auf: die Frage nach der angemessenen Therapiedauer, der in der gegenwärtige Debatte eine Weichenstellung zukommt. An der Frage einer a priori normierten oder flexiblen Gestaltung der Therapiedauer kann sich entscheiden, ob Psychotherapie dem Spektrum individueller Bedürfnislagen auch in Zukunft entsprechen kann.

2.1 Das bundesdeutsche Modell der Ersatzleistungen für Psychotherapie

Seit Anfang der siebziger Jahre verfügt die Bundesrepublik Deutschland über ein differenziertes Angebot an psychotherapeutischen Behandlungen im Rahmen der durch die Krankenkassen finanzierten Gesundheitsversorgung. Psychische Störungen werden analog zu körperlichen Erkrankungen in die Leistungspflicht der Krankenkassen einbezogen. Zuerst wurden die tiefenpsychologisch fundierte und die analytische Psychotherapie als Varianten der Psychotherapie in das Angebot integriert, in den achtziger Jahren kam, mit einem geringeren Leistungsumfang, die Verhaltenstherapie hinzu: Im Zeitraum von 1985 bis 1993 stieg die Anzahl der Behandlungsfälle innerhalb eines Jahres im Rahmen tiefenpsychologisch fundierter und analytischer Psychotherapie von 38.002 auf 132.585 Fälle, die Anzahl verhaltenstherapeutisch behandelter Patienten von 9.038 im Jahre 1985 auf 75.381 im Jahre 1993 (Herold, 1995). Für alle drei Therapieformen gibt es ein Gutachterverfahren. Der Therapeut stellt anhand vorgegebener Kriterien Diagnose, Behandlungsplan und Prognose dar. Ein von den Krankenkassen beauftragter Gutachter überprüft die Indikationsstellung und entscheidet über die Leistungspflicht der Krankenkasse nach dem Kriterium, ob eine Störung mit „Krankheitswert" vorliegt. Innerhalb der tiefenpsychologischen Richtung ist eine differenzierte Abstufung von Sitzungsdauer und Frequenz möglich. Beratung und Kurzintervention bis zu 20 Stunden können ohne Gutachten durchgeführt werden. Die tiefenpsychologisch fundierte Psychotherapie mit einer Sitzung pro Woche wird bis maximal 50 Sitzungen geführt. Für die analytische Psychotherapie mit einer wöchentlichen Frequenz von zwei Sitzungen und darüber hinaus stehen maximal 240 Stunden zur Verfügung. Ergänzend können neuerdings die Partner oder Familien in die Behandlung einbezogen werden.

In der Schweiz besteht für die von ärztlichen Psychotherapeutinnen durchgeführte Psychotherapie folgende Regelung: Ungeachtet der verwendeten therapeutischen Methode werden während der ersten drei Behandlungsjahre zwei Sitzungen pro Woche erstattet, in den darauf folgenden drei Jahren noch eine Sitzung pro Woche, und darauf noch eine Sitzung alle vierzehn Tage. Nach jeweils sechzig Sitzungen Psychotherapie muß dem Vertrauensarzt der Krankenkasse ein begründetes Gesuch für die weitere Kostenübernahme eingereicht werden. Für die Psychotherapie durch nichtärztliche PsychotherapeutInnen besteht in der Schweiz derzeit keine Kostenerstattungspflicht der Krankenkassen.

2.2 Forschung und Planung im Gesundheitswesen am Beispiel der Bundesrepublik Deutschland

Die Angebotspalette der Richtlinienverfahren in der Bundesrepublik Deutschland (wie auch die derzeitige Regelung für die ärztlichen Psychotherapeuten in der Schweiz, welche für die nichtärztlichen Psychotherapeuten übernommen werden soll) erlaubt es dem psychoanalytisch orientierten Psychotherapeuten, seine Behandlungen nach Zeitdauer und Fallkonzeption flexibel auf die Erfordernisse des einzelnen Patienten abzustimmen. Ausgeschlossen von der Kassenleistung ist lediglich die hochfrequente psychoanalytische Langzeitbehandlung über die Grenze von 240 bzw. 300 Sitzungen hinaus.

Die inzwischen langfristig bewährte positive Entscheidung der Krankenkassen, das Indikationsspektrum der tiefenpsychologischen und analytischen Psychotherapie in ihren Leistungskatalog aufzunehmen, wurde in der Bundesrepublik Deutschland wesentlich gefördert durch die Ergebnisse einer katamnestischen Untersuchung von Dührssen (Dührssen und Jorswieck, 1962; Dührssen und Jorswieck, 1965; Dührssen, 1972) an 1004 Patienten der Allgemeinen Ortskrankenkasse (AOK) Berlin fünf Jahre nach Behandlungsabschluß. Dührssen konnte u. a. nachweisen, daß Patienten nach einer analytischen Behandlung signifikant weniger Arztbesuche und Krankenhausaufenthalte benötigten als zuvor und sogar weniger als der Durchschnitt der Kassenmitglieder. Mit Rücksicht auf die hohen Tageldsätze in Krankenhäusern und die häufigen Arztbesuche neurotischer Patienten schien den Krankenkassen die Kostenübernahme für Psychotherapie neben den humanitären und sozialen Aspekten auch ökonomisch vertretbar zu sein.

Das breit gefächerte Behandlungsspektrum der tiefenpsychologischen und analytischen Psychotherapie hat sich in der BRD auch deshalb über mehr als zwanzig Jahre bewährt, weil es den unterschiedlichen Bedürfnissen der Patienten entgegenkommt. Es steht eine verhältnismäßig lange Zeitspanne zur Verfügung, um den therapeutischen Veränderungsprozeß optimal in das Leben des Patienten zu integrieren und so zu festigen. Beide Partner können sich relativ frei abstimmen, wann die eingetretenen Veränderungen genügend abgesichert sind, damit der Patient sich lebenstüchtig und genügend sicher fühlen kann, ohne weitere Psychotherapie oder „überflüssige" medizinische Behandlung in Anspruch nehmen zu müssen. Die günstigen Werte der Dührssen-Studie legen nahe, daß der optimale Zeitpunkt für die Beendigung der Behandlung beim einen Patienten früher, beim anderen später erreicht wird. Die verantwortlichen Planer im Gesundheitswesen haben seinerzeit den in einem variablen Zeitfaktor liegenden therapeutischen Wert erkannt (siehe dazu auch Kordy und Kächele, 1995) und den Patienten die Chance einer kausalen Heilung eingeräumt. Die Alternative dazu, unsere Patienten aufgrund von „Sparmaßnahmen" auf immer kürzere Therapiezeiten zu verpflichten und gewissermaßen unter „Genesungsdruck" zu setzen, dürfte sich letztlich auch ökonomisch ungünstig auswirken. Besser wäre es, wenn auch der Verhaltenstherapie oder anderen Therapieverfahren, die sich in Zukunft für die psychotherapeutische Krankenbehandlung qualifizieren, ein vergleichbarer zeitlicher Rahmen gewährt würde. Bei multisymptomalen Persönlichkeitsstörungen, wie z. B. dem Borderline-Syndrom, übernehmen die Kassen in der Bundesrepublik in Ausnahmefällen bereits jetzt Verhaltenstherapien mit bis zu 240 Sitzungen. Die Befürchtung, daß der Anteil längerdauernder psychotherapeutischer Behandlungen und damit ihr Kostenanteil überproportional anwächst und zu einem Kostenschub im Gesundheitswesen führen könnte, ist aufgrund der Studie von Herold (1995) unbegründet: Die Anteile der drei verschiedenen Therapieverfahren (tiefenpsychologisch fundiert, analytisch, verhaltenstherapeutisch) und der Anteil der Langzeitbehandlungen am „Gesamtkuchen" der Aufwendungen für die Richtlinienpsychotherapie veränderten sich nur geringfügig.

Bei der Dührssen-Studie handelt es sich um eine „naturalistische" Untersuchung, welche unmittelbar die Bedingungen der therapeutischen

Alltagspraxis zum Gegenstand hat. Hier wurde die wünschenswerte Verbindung von Praxis und Forschung verwirklicht. Aus „methodischen" Gründen wurde der naturalistische Untersuchungstypus später zeitweilig zugunsten der strikt kontrollierten, dem psychologischen Laborexperiment nachgebildeten Effektivitätsstudien abgewertet, deren Übertragung auf die klinische Praxis allerdings problematisch ist (s. u.). In einer neueren „naturalistischen" und landesweiten Befragung ehemaliger Psychotherapiepatienten in den USA (Seligman, 1995, 1996) wurde der Zeitrahmen von Dührssen im wesentlichen bestätigt. Es zeigte sich, daß einige Psychotherapiepatienten mit einer vergleichsweise kurzen Therapiedauer ein für sie befriedigendes Ergebnis der Therapie bzw. eine hinreichende Milderung oder Beilegung ihrer Symptome erreichen. Vor allem Patienten mit einer schlimmeren Ausgangssymptomatik jedoch brauchen länger und berichten über die zeitliche Grenze von zwei Jahren hinaus von einer kontinuierlichen weiteren Verbesserung ihres Befindens auf dem Wege zu einer insgesamt zufriedenstellenden Heilung. Sicher können Studien wie die „Consumer Reports Study" im Sinne der Methodik naturalistischer Studien noch verbessert werden, insbesondere hinsichtlich der Stichprobenselektion und der Selbsteinschätzungsinstrumente (vgl. dazu auch den Beitrag von Rüger in diesem Band, Kapitel 4.1). Seligman (1996, S. 1072) betont aber zu Recht, daß jene Kritiken, welche die Studie als bloße Konsumentenbefragung abwerten, schwach fundiert sind: Langzeitbehandlungen können nicht durch streng kontrollierte Vergleichsstudien auf ihre Wirksamkeit hin überprüft werden, weil für sie keine Therapiemanuale geschrieben werden und weil keine zufällig ausgewählten Langzeit-Placebo-Kontrollgruppen gebildet werden können. Die naturalistischen Effektivitätsstudien müssen jedoch auch deshalb als eine wichtige empirische Validierungsstragie für Langzeittherapie angesehen werden, weil es möglich ist, alternative Erklärungshypothesen für den Therapieerfolg zu eliminieren, u. a. mit statistischen Methoden (Regressionsanalysen).

Auch die neue, noch nicht veröffentlichte naturalistische prospektive Therapieverlaufsstudie aus Schweden, das „Stockholm Follow-up Project" (Sandell u. a., 1996), untersucht die Langzeitwirkung von verschiedenen Therapieansätzen. Mehr als 700 Personen, welche eine von der Stockholmer Bezirksverwaltung finanzierte Psychotherapie machten, wurden vor und während der Therapie sowie ein, zwei und drei Jahre nach Beendigung untersucht. Der Therapieerfolg wurde mit verschiedenen in der

Psychotherapieforschung etablierten Fragebögen (u. a. SCL-90 von Derogatis, 1974; Social Adjustment Scale von Weissman und Bothwell, 1976) erfaßt. Bei einer Teilgruppe wurden zusätzlich halbstrukturierte Interviews durchgeführt. Die befragten Personen verteilten sich auf die Behandlungsmodalitäten analytische Psychotherapie (von durchschnittlich 233 Stunden Therapiedauer und einer Frequenz von 1-2 Stunden pro Woche), „klassische" Psychoanalyse (mit durchschnittlich 642 Stunden Dauer und 3-4 Stunden pro Woche) und „niederdosierte" Therapie (mit im Mittel 66 Stunden Therapiedauer und einer Frequenz von weniger als einer Stunde pro Woche). Die Ergebnisse dieser naturalistischen Studie bestätigen und differenzieren die Ergebnisse der „Consumer Reports Study": Die hochfrequente „klassische" Langzeitpsychoanalyse führte zu den stärksten Verbesserungen. Insbesondere verbesserte sich der Zustand der ehemaligen Analysanden nach Therapieende weiter, während bei der analytischen Psychotherapie der Zustand ungefähr stabil blieb und sich bei der niederdosierten Therapie z. T. gar verschlechterte.

Diese ganz unabhängig vom bundesdeutschen Gesundheitssystem ermittelten Ergebnisse dürfen wir als Bestätigung dafür betrachten, daß psychotherapeutische Heilungsprozesse in etwa den in Deutschland vorgesehenen zeitlichen Rahmen benötigen.

Stimmen die Forschungsergebnisse und die Erfahrung jahrzehntelanger klinischer Praxis so gut überein wie in Deutschland, so können wir bei aller gebotenen Vorsicht davon ausgehen, daß es sich um eine vergleichsweise angemessene und humane Lösung handelt, die auch anderen Ländern als Modell empfohlen werden kann. Dabei sollten auch der psychoanalytischen Langzeittherapie, die sich in der Stockholmer Untersuchung besonders bewährt, günstige Arbeitsbedingungen eingeräumt werden.

Zu dieser Schlußfolgerung wurde allerdings kürzlich eine Gegenbehauptung aufgestellt, die weitreichende Konsequenzen haben könnte. In ihrem Buch „Psychotherapie im Wandel" wollen die Berner Psychotherapieforscher Grawe, Donati und Bernauer (1994) Psychotherapie generell auf 50, maximal 80 Stunden begrenzen. Sie berufen sich dabei auf Ergebnisse von psychotherapeutischen Wirksamkeitsstudien nach dem Modell des Laborexperiments und schließen alle praxisnahen, naturalistischen Ansätze (wie z. B. die Dührssen-Untersuchung oder die „Consumer Reports Study") aus ihrer Literaturrecherche aus. Eine Begründung für diese natürlich nicht selbstverständliche methodische Vorentscheidung wird nicht gegeben, und die Probleme der Übertragung von Forschungsergebnissen aus dem „Laborexperiment" auf die klinische Praxis werden in dem über 800 Seiten starken Band nirgends aufgegriffen. Das ist um so bedauerlicher, als die Autoren natürlich die Beweislast für die konsequenzenreiche Behauptung zu tragen haben, das Behandlungsziel von Psychotherapie sei nach 50 (maximal 80) Sitzungen, also dem Umfang der tiefenpsychologisch fundierten Therapie bzw. der Verhaltenstherapie entsprechend, erreicht.

Die Frage der Beweislast ist in wissenschaftlichen Kontroversen nicht weniger bedeutsam als bei juristischen Auseinandersetzungen. Wer eine Behauptung aufstellt, die einem anderen zum Nachteil gereicht, hat die Wahrheit dieser Behauptung nachzuweisen. Nicht der Angegriffene muß seine Unschuld unter Beweis stellen, sondern der Angreifer ist verpflichtet, die Verantwortung für seine Behauptung zu tragen und deren Wahrheitsgehalt darzulegen. Grawe et al. scheinen nun überzeugt, diesen Beweis geführt zu haben. These und Antithese stellen sich folgendermaßen dar.

These: In Übereinstimmung mit den Ergebnissen einiger „naturalistischer" Studien und der alltäglichen Erfahrung der psychotherapeutischen Praktiker gehen das gegenwärtige Gesundheitssystem in der Bundesrepublik Deutschland und die Regelung der psychotherapeutischen Versorgung durch ärztliche Psychotherapeuten in der Schweiz davon aus, daß Psychotherapiepatienten eine (in Grenzen) unterschiedliche Therapiedauer und Behandlungsfrequenz benötigen, um von ihrer Störung genesen zu können.

Antithese: Grawe u. a. dagegen behaupten, in einem einheitlich festlegbaren Zeitraum (bis zu 40, maximal 80 Stunden) könne allen Patienten ausreichend geholfen werden: „Für die Versorgungsplanung und für die Kostenrechnungen ist davon auszugehen, daß die Wirkungen, die mit Psychotherapie erreichbar sind, in der Regel innerhalb eines Jahres mit einem durchschnittlichen Aufwand von nicht mehr als vierzig bis fünfzig Therapiesitzungen erreicht werden können"(1994, S. 698). Diese Behauptung wird in eine Kritik an Psychotherapeuten umgewandelt, die Therapien über die 40-Stunden-Grenze hinaus betreiben: „Therapeuten, deren Therapien in der Regel länger dauern, arbeiten ineffektiv. (...) Therapeuten, die für sich selbst feststellen müssen, daß die Mehrzahl ihrer Therapien länger als 40 Therapiesitzungen dauert, müssen über die Bücher. Sie sind Opfer einer falschen Ausbildung und/oder einer selbst produzierten Realitätsverzerrung, der vor allem Therapeuten in freier Praxis erliegen können" (1994, S. 698). Konsequenterweise richten Grawe u. a. Empfehlungen an Psychotherapiepatienten: „Patienten, die sich in einer Psychotherapie befinden, in der sie nach etwa 25 Therapiesitzungen bzw. nach einem halben Jahr noch keine deutlichen Besserungen der Probleme feststellen, deretwegen sie sich in Therapie begeben haben, haben objektiv immer schlechtere Chancen, daß solche positiven Wirkungen im weiteren Therapieverlauf doch noch eintreten. Sie tun gut daran, den Therapeuten zu wechseln und sich in eine ganz andere Art von Therapie zu begeben" (1994, S. 698). Und: „Wenn eine bestimmte Therapie bei einem Patienten nach einem Jahr noch keine wesentlichen Besserungen bewirkt hat, dann sollte zunächst ein ganz anderes Vorgehen, u. U. in einem ganz anderen Setting angewandt werden. Es sollte also einen Therapiewechsel und keine Verlängerung der Therapiedauer innerhalb derselben Therapie geben" (1994, S. 703).

Da Grawes Behauptungen in einer bislang wohl einmaligen Medienkampagne verbreitet wurden – die Headlines in Wochenblättern lauteten z. B. „Vorsicht Psychotherapie – das Geschäft mit der Seele" (Stern 27/1995), „Das Dasein wird seziert" (Spiegel 30/1994), „Willkommen im Psycho-Warenhaus" (Sonntagszeitung, 28. August 1994), „Schluß mit den alten Psychotheorien" (Focus 43/1995) –, gerieten Patienten in Verwirrung, die über ein Jahr hinaus mit dem gleichen Therapeuten arbeiteten. Empfanden sie ihre Therapie als erfolgreich und weiterhin produktiv (wie das in den naturalistischen Studien von Dührssen, Seligman und Sandell u. a. belegt wurde), so mußten sie sich nach den Presseberichten als exotische Außenseiter fühlen. Litten sie aber an schwereren Störungen oder Problemen, die innerhalb eines halben oder ganzen Jahres nicht zu beheben waren, wurden sie durch die Presseberichte massiv betroffen und verunsichert. Sie zweifelten unnötigerweise an sich und an der Kompetenz des Therapeuten, obwohl gerade für sie eine längerfristig konstante Arbeit vonnöten war.

Grawe hat sich verschiedentlich über polemische Reaktionen beklagt, die seine Behauptungen ausgelöst haben. Auch wir halten persönliche Angriffe gegen einen Forscher, der eine bestimmte These vertritt, für ein ungeeignetes Mittel der Auseinandersetzung. Die Kritik muß vielmehr mit den Mitteln von logisch stringenter Argumentation, theoretischer Überlegung und erfahrungsgeleiteter Beweisführung erfolgen. Bei

Grawe treten allerdings besondere Probleme auf, da er seine kontroversen Behauptungen sehr schnell in eine breite Öffentlichkeit getragen und mit der Forderung verbunden hat, praktische Konsequenzen für die Umgestaltung des Gesundheitswesens, insbesondere der psychotherapeutischen Versorgung und Ausbildung, zu ziehen. Umstrittene wissenschaftliche Hypothesen wurden als bewiesene Tatsachen durch die Medien verbreitet, so daß sich ein Sog bzw. Meinungsdruck entwickelte, der besonnene Argumentation und Forschungstätigkeit eher erschweren könnte. Es entstand der Eindruck, daß nun alles klar sei: Die Forschung habe bewiesen, Psychotherapie sei wirksam, besonders, wenn sie nach Grawes Vier-Faktoren-Modell durchgeführt werde. Innerhalb von 40 bis 50 Therapiestunden könne allen geholfen werden, vielleicht bräuchten ganz wenige etwas länger. Ein manchmal jahrelanges Ringen um das seelische Überleben und um existentielle Entwicklungsschritte, die komplizierte Auseinandersetzung mit traumatischen Kindheitserfahrungen und mit dem Labyrinth des eigenen Seelenlebens, all diese manchmal mühevollen und u.U. zeitaufwendigen Prozesse, die der „Laien"-Öffentlichkeit oft undurchschaubar, unheimlich oder gar verdächtig erscheinen, reduzieren sich auf eine anscheinend klare 40-Stunden-Therapie mit angeblich bekannten und überprüften Wirkfaktoren. Wir behaupten nicht, daß Grawe in seinen Presseinterviews immer und überall diese schlichte Botschaft verbreitet habe. Nach unserem Eindruck ist sie aber der Kern dessen, was bei vielen Menschen bzw. in der Öffentlichkeit „ankam". Grawes schriftliche Ausführungen sind nicht gerade darauf angelegt, diesem entdifferenzierten Bild der Psychotherapie entgegenzuwirken.

2.3 Exkurs: Der „Grawe-Effekt"

Zwischen der persönlichen Absicht und den Äußerungen eines Autors einerseits und seiner Wirkung in der fachlichen und breiten Öffentlichkeit andererseits können große Unterschiede bestehen. Wir möchten dieser Tendenz Rechnung tragen, indem wir vom „Grawe-Effekt" oder von speziellen „Grawe-Effekten" sprechen, um das Wirkungsspektrum von Grawes Kritik zu bezeichnen im Unterschied zu seiner Person oder seinen persönlichen Absichten. Die Bezeichnung „Grawe-Effekt" meinen wir nicht ironisch. Es kommt vor, daß einem Forscher seine Thesen, Befunde und

Aussagen gewissermaßen aus der Hand gerissen und seine Absichten sogar ins Gegenteil verkehrt werden. Niemand kann sich vollkommen gegen solche Effekte schützen. Presseinterviews entfalten ihre Eigendynamik; eine Kontroverse gerät in Bahnen, die sich niemand gewünscht hat. Dementis und Klarstellungen haben in einem solchermaßen „aufgeheizten" Kontext oft eine begrenzte Wirkung oder werden nicht zur Kenntnis genommen. All diesen Phänomenen möchten wir mit der Bezeichnung „Grawe-Effekt" Rechnung tragen. Im Gegensatz zu einer personenbezogenen Kontroverse kennzeichnen wir auf diese Weise die sozialpsychologischen und auch wissenschaftspsychologischen Auswirkungen von Grawes Thesen. Wir möchten mit unserem Begriffsvorschlag eine klare Abgrenzung zur Persönlichkeit und den Absichten des Autors ziehen. Wegen der inzwischen unübersehbaren sozialen Eigendynamik der durch die Aussagen von Grawe ausgelösten Kontroverse kommen wir nicht daran vorbei, uns auch mit diesen sozialpsychologischen Auswirkungen von Grawes Thesen zu befassen.

Man kann den Grawe-Effekt in mancher Hinsicht mit der Wirkung vergleichen, die Eysencks kritischer Beitrag von 1952 auf die Psychotherapieforschung hatte. Bekanntlich enthielt dieser eine Reihe von Behauptungen, die inzwischen widerlegt sind, so etwa die Annahme, daß bei psychosomatischen und neurotischen Störungen innerhalb von zwei Jahren mit einer Rate von bis zu 80 Prozent Spontanheilungen zu rechnen sei. Dennoch hat Eysencks extrem einseitige Polemik dazu beigetragen, das methodische Bewußtsein zu schärfen und die Psychotherapieforschung zu fördern. Beispielsweise wurden die bis dahin wenig beachteten, praktisch aber sehr bedeutsamen spontanen Heilungsvorgänge bei psychischen Störungen gründlicher erforscht. Einige ähnlich positive Auswirkungen dieser Art erhoffen wir uns vom Grawe-Effekt ebenfalls. Das dürfte im Einzelfall von der Qualität der vorgebrachten Thesen abhängen. Ein eher problematisches Beispiel scheint uns die schon erwähnte Annahme, daß mit ca. 40 Therapiesitzungen jedem Psychotherapiepatienten zu helfen sei. Hier besteht die Gefahr, einen neuen „Uniformitätsmythos" (Kiesler, 1966, 1995) in der Psychotherapie zu schaffen, eine Denkweise, welche die Psychotherapieforschung im Laufe ihrer Wissenschaftsgeschichte mühsam überwunden hat: Es gibt nicht *den* Patienten, *die* Störung und *die* angemessene Psychotherapie. Warum soll es nicht auch Patienten geben, denen mit einer Kurzpsychotherapie nicht geholfen werden kann, die jedoch von einer Langzeitpsychotherapie wesentlich profitieren können? Warum soll nicht anerkannt werden, daß Veränderungsprozesse hochidiosynkratisch sind und jeder Mensch einen anderen Rhythmus, ein anderes „Tempo" hat? Warum soll einem Patienten nicht „seine Zeit" für die von ihm angestrebten Veränderungen eingeräumt werden (Henseler und Wegner, 1993)?

Leider hat der Grawe-Effekt inzwischen ein Ausmaß angenommen, das uns dazu zwingt, uns mit diesem Phänomen im Laufe des Buches wiederholt auseinanderzusetzen. Wir bitten unsere Leser, dies nicht als personenbezogene Polemik mißzuverstehen. Wir werden im Gegenteil das Unsere dazu beitragen, den Grawe-Effekt zum Positiven zu wenden. Wir werden seine negativen Auswirkungen kritisieren und das neu erwachte, sehr berechtigte Interesse an der Psychotherapieforschung aufgreifen, um Verfahren und Regeln vorzuschlagen, die uns helfen, Forschungsansätze zu entwickeln, die in engem Kontakt mit der therapeutischen Praxis stehen, um diese über fortlaufende Evaluation und Selbstevaluation der Therapeuten zu optimieren.

2.4 Die Frage der angemessenen Therapiedauer

Ein aus unserer Sicht besonders nachteiliger Grawe-Effekt träte ein, wenn es wirklich zu einer Reduktion der Krankenkassenleistungen für Psychotherapie auf die von Grawe postulierte Kurztherapie hin käme. Diese Gefahr besteht in der Bundesrepublik Deutschland wie in anderen europäischen Ländern: Planer im Gesundheitswesen könnten Grawes Behauptung einer generellen einheitlichen Heilungschance im Rahmen einer Psychotherapie mit ca. 40 Sitzungen als wissenschaftlich gesichert betrachten oder der Versuchung erliegen, diese Behauptung als Begründung für die gegenwärtig überall geforderten Sparmaßnahmen im Gesundheitswesen heranzuziehen. In der Schweiz z. B. fordern die Krankenversicherer mit Bezug auf Grawes Studie, die von nichtärztlichen Psychotherapeuten durchgeführten Psychotherapien seien weiterhin nicht von der Krankenversicherung zu übernehmen, da die Qualität der psychotherapeutischen Versorgung den von Grawe gesetzten Effizienzstandards nicht entspreche.

Gegenwärtig liegt kein schlüssiger Beweis dafür vor, daß Psychotherapiepatienten mit einer Therapiedauer zwischen 40 und 80 Stunden ihre optimale Therapiewirkung erzielen könnten. Realistisch ist vielmehr, daß die Breite optimaler Therapiewirkung sich annähernd mit den in Deutschland geltenden Richtlinien für die tiefenpsychologische bzw. analytische Psychotherapie mit ihrer Indikation für Kurz- bzw. Langzeitpsychotherapie deckt. Auch anderen psychotherapeutischen Verfahren wie z. B. der Verhaltenstherapie sollte die Möglichkeit einer Langzeittherapie in besonders indizierten und gutachterlich geprüften Fällen eröffnet werden, sofern von diesen Richtungen ein Konzept für Langzeittherapie vorgelegt wird, das klinischen und wissenschaftlichen empirischen Bewertungen standhält.

Wie im dritten Abschnitt dieses Buches näher aufgezeigt wird, läßt es die gegenwärtige Forschungslage nicht zu, den Faktor Therapiedauer in seiner Bedeutung für den Heilungserfolg definitiv abzuschätzen. Die in statistische Meta-Analysen eingehenden Basisstudien entsprechen gegenwärtig ganz überwiegend dem Typus der kontrollierten Effektstudie, die mit relativ eng begrenzter zeitlicher Dauer und manualisierten Therapien durchgeführt wird. Mit einer Studie dieser Art (Howard et al., 1986), welche Behandlungsergebnisse und Verlaufsmerkmale von 2431 Patienten zusammenfaßt, begründet Grawe seine Einschätzung der optimalen Therapiedauer, deren Gipfelpunkt hier bei 52 Therapiesitzungen angegeben ist. Rüger (im Kapitel 4.1) weist darauf hin, daß Grawe *gruppenstatistische* Parameter für einen bestimmten Anteil von Patienten mit „allgemeiner Besserung" mit *intrapersonalen* Massen für die maximale Therapiewirkung bei einzelnen Patienten verwechselt. Wenn ein gruppenstatistischer Parameter z. B. besagt (wie in der Studie von Howard u. a.), daß bei einer Therapiedauer von 26 Sitzungen 75 Prozent der Patienten eine allgemeine Besserung zeigen und bei 52 Sitzungen ca. 80 Prozent der Patienten, so besagt dies *nicht*, daß bei ca. 80 Prozent der Patienten mit 52 Sitzungen die maximale Therapiewirkung erreicht wird. Der Zuwachs an gebesserten Patienten in einer Gruppe ist nicht das Gleiche wie der Zuwachs an Besserung bei einem einzelnen Patienten. Schneider (1995) weist in seiner Analyse der Studie von Howard u. a. und einer neueren Studie von Kopta u. a. (1994), in der die Autoren Howard und Kopta ebenfalls mitwirkten, zudem auf weitere wichtige Differenzierungen beim Umgang und der Interpretation gruppenstatistischer Parameter hin: Es gibt je nach Symptombereichen unterschiedliche gruppenstatistische Rückbildungsraten. Während bei akuten Streßsymptomen schon fünf Therapiesitzungen ausreichen, um bei 50 Prozent der Patienten eine klinisch bedeutsame Besserung zu erzielen, genügen bei

Charaktersymptomen im Durchschnitt 18 Sitzungen nicht, um bei 50 Prozent der Patienten eine Besserung zu erzielen. Bei sechs Charaktersymptomen ist die Wahrscheinlichkeit unter 50 Prozent, daß sie sich im Rahmen einer Therapiedauer von 52 Sitzungen verbessern. Diese Symptome sind: Wutanfälle (Schreien oder Gegenstände herumwerfen), sich wegen geringfügiger Anlässe ärgern, häufiges Streiten, Einschlafstörungen, das Gefühl, seelisch gestört zu sein, sich nie jemandem nahe zu fühlen). Bei den 18 am häufigsten genannten Symptomen sind 58 Therapiesitzungen nötig, um bei 75 Prozent der Patienten eine Besserung zu erzielen. In der früheren Studie kamen die beiden Autoren auf 26 Sitzungen, um eine 75-Prozent-Rate an gebesserten Patienten zu erzielen. Die Autoren erklären dies damit, daß sie in der zweiten Studie ein anspruchsvolleres Erfolgskriterium anwendeten: Rückkehr zu normalem Funktionieren und nicht – wie in der ersten Studie – lediglich allgemeine Besserung. Selbst für eine auf den Gruppendurchschnitt beschränkte Perspektive ist also Grawes Diktum der generell hinreichenden Therapiedauer von 50 Stunden nicht zutreffend. Bei persönlichkeitsverwurzelten Charaktersymptomen sind die gruppenstatistischen Besserungsraten gering, was die Indikationsrichtlinien für analytische Psychotherapie bestätigt, welche es ermöglichen, weit über 100 Stunden hinaus zu therapieren, bis sich beispielsweise auch selbstzerstörerische charakterliche Einstellungen verändern.

Was ferner gegen Grawes Verallgemeinerung einer hinreichenden Therapiedauer von 50 Stunden spricht, ist die Tatsache, daß es sich bei den in die beiden Meta-Analysen einbezogenen Basisstudien mehrheitlich um eklektische und psychodynamische Therapien handelt (Grawe u. a., 1994, S. 697), also um jenen Therapietypus, der im bundesdeutschen Versorgungssystem mit einer Obergrenze von 50 Sitzungen angesetzt ist (mit Verlängerungsmöglichkeit bis 80 Therapiesitzungen). Die Studien von Howard und Kopta bestätigen also höchstens, daß es generell (nicht in jedem Einzelfall!) vertretbar ist, bei diesem Therapietyp ein Limit bei 50 Stunden anzusetzen, sie unterstützen demnach die Indikationsrichtlinien für tiefenpsychologische Therapie bzw. Verhaltenstherapie in Deutschland. Die Richtlinien für analytische Langzeittherapie, welche es ermöglichen, je nach individuellem Behandlungsverlauf und bei bestimmter Indikation (z. B. schweren Persönlichkeitsstörungen) langfristig hochfrequent therapeutisch zu arbeiten, werden durch den Befund dieser Studien nicht in Frage gestellt.

Grawes Folgerung, daß sich aus der (ersten) Howard-Studie eine generelle Begrenzung der Stundenzahl für alle Psychotherapien ableiten lasse, übergeht also die neuere Studie von Kopta und Howard, beruht auf der erwähnten Verwechslung von Gruppendurchschnitt mit individueller Besserung und einem merkwürdigen Zirkelschluß: Die erwähnten 2341 Patienten wurden nämlich im Hinblick auf ihre Eignung für psychodynamische Therapie (analog zur tiefenpsychologisch fundierten Psychotherapie in Deutschland) ausgewählt. Die „Howard-Kurve" belegt also primär, daß für diese Patientengruppe die richtige Indikation und Prognose gestellt wurde und die psychodynamische Kurztherapie – gemessen an den erhobenen Kriterien – erfolgreich ist. Aus dem Erfolg einer korrekt indizierten Kurztherapie nun abzuleiten, Langzeittherapien seien aus dem Versorgungssystem auszuschließen, wie Grawe es fordert und wie dies im Rahmen des Grawe-Effektes z. T. von Verantwortlichen der Krankenversicherer ebenfalls vertreten wird, kann argumentationslogisch nur als abenteuerlich bezeichnet werden.

Die Frage, ob Langzeittherapie in der Versorgung überflüssig und daher eventuell auszuschließen sei, läßt sich nur an einer nicht selektierten, unter realen Praxisbedingungen erhobenen („naturalistischen") Stichprobe von Psychotherapiepatienten klären: Sofern sich nämlich zeigen würde, daß alle Patienten, die sich in der freien Praxis an einen Psychotherapeuten wenden, innerhalb der 52-Stunden-Grenze (oder mindestens bis 80 Stunden) ihre persönliche optimale Therapiewirkung erzielen. In einer solchen naturalistischen Studie könnte unter realen Praxisbedingungen das gesamte Spektrum des therapeutischen Versorgungsangebots der verschiedenen Methoden um die optimale Therapie aller verschiedenen Störungen „konkurrieren", und Grawes Behauptung, daß innerhalb von 50 (maximal 80) Stunden alle Patienten ihre optimale Wirkung erzielen, wenn sie die richtige „Allgemeine Psychotherapie" erhalten, ließe sich ebenfalls bestätigen oder falsifizieren. Jeder Patient, der sich aus freien Stücken und ohne spezifische Indikation in eine „Allgemeine Psychotherapie" begeben würde, müßte innerhalb des betreffenden Zeitraums sein seelisches Funktionieren zurückerlangen (und behalten).

Die bereits vorliegenden naturalistischen Studien weisen allerdings in eine andere Richtung: Sowohl die Dührssen-Studie als auch die Consumer Reports-Studie belegen die Notwendigkeit einer breiteren Zeitspanne für die individuelle, optimale Therapiewirkung. Innerhalb der tiefenpsychologischen Richtung zeigt die Untersuchung von Rudolf und

Mitarbeitern (s. Manz, Henningsen, Rudolf, 1995), daß Langzeit- im Vergleich zu Kurzzeittherapie statistisch gesichert zu stärkeren Effekten führt. Auch der Vergleich über die Therapiemethoden hinweg, zwischen psychodynamischer Langzeittherapie und verhaltenstherapeutischer Kurzzeittherapie, fällt erwartungsgemäß zugunsten der Langzeittherapie aus. Weiner und Exner (1991) konnten größere Effektstärken und ein breiteres Wirkungsspektrum der psychodynamischen Langzeittherapie nachweisen (vgl. dazu den Beitrag von Leichsenring in diesem Band). Schließlich glauben wir nicht, daß irgendein erfahrener Psychotherapeut, gleichgültig welcher „Schulrichtung", Grawes Behauptung zustimmen würde, daß alle Patienten mit 40 bis 50 (maximal 80) Stunden zufriedenstellend zu behandeln seien.

Grawes „40-Stunden-Argument" kann im Lichte des gegenwärtigen Forschungsstandes und der praktischen Erfahrung nicht als bewiesen angesehen werden. Und es bestehen gute Gründe, an der in der Bundesrepublik Deutschland jahrzehntelang bewährten Differenzierung zwischen Kurz- und Langzeittherapie festzuhalten, zumal dieses System in Ausnahmefällen auch den flexiblen Übergang zwischen beiden Therapietypen erlaubt.

Zusammenfassend können wir festhalten: Bislang liegen keine Forschungsergebnisse vor, die das in der Bundesrepublik Deutschland praktizierte System der Kostenerstattung für Psychotherapie in Frage stellen. Im Gegenteil: Die vorliegenden, für die Fragestellung relevanten Untersuchungen bestätigen durchgehend die Überlegenheit von Langzeittherapie bei gegebener Indikation. Die deutschen Psychotherapierichtlinien bilden demnach ein humanes und in der Praxis bewährtes System, das Therapeut und Patient den für die differentielle Therapieplanung und Optimierung der Therapiewirkung erforderlichen Zeitrahmen zubilligt. Ohne in den Verdacht nationaler Überheblichkeit zu geraten, können wir (G. F. als Deutscher und M. F. als Schweizer) auch anderen Ländern dieses Modell zur Übernahme empfehlen. Neben den klinischen Erfahrungen liegen ermutigende Forschungsergebnisse vor, die zeigen, daß es letztlich auch aus der ökonomischen Kosten-Nutzen-Perspektive sinnvoll ist, Psychotherapiepatienten den für ihre Heilung erforderlichen zeitlichen Rahmen zu gewähren (Heinzel, Breyer und Klein, 1995). Ein negativer Grawe-Effekt könnte sich dagegen aus einer kurzsichtigen, einseitig kostenorientierten Position ergeben. So könnte eine restriktive Limitierung der Kostenerstattung auf 50 Stunden für alle

Psychotherapiepatienten dazu führen, daß viele „antherapierte", aber nicht zu Ende behandelte Patienten nach immer neuen therapeutischen Erfahrungen suchen, ohne zu einer befriedigenden Lösung ihrer Probleme zu finden. Diese Entwicklung birgt die Gefahr von Chronifizierung und Dekompensationen in sich, was neben großem Leid auch unnötige Mehrkosten verursacht.

3. Zur Kritik der empirischen Vernunft in der Psychotherapie(forschung)

Gottfried Fischer, Markus Fäh

Wie schon der Titel ankündigt, wollen wir in diesem Band Kriterien entwickeln, die uns erlauben, zuverlässige Ergebnisse und Strategien in der Psychotherapieforschung von verzerrten Ansätzen und voreiligen Schlußfolgerungen zu unterscheiden. Die Psychotherapie ist eine angewandte Wissenschaft; theoretische Behauptungen und empirische Ergebnisse verbleiben nicht im luftleeren Raum, sondern haben unmittelbare Konsequenzen für die klinische Praxis und damit für die Gesundheit unserer Patienten. Der hippokratische Grundsatz „zuerst nicht schaden" gilt für die psychologische Behandlungskunst ebenso wie für die medizinische. Daraus ergibt sich eine gewisse „konservative" Einstellung psychotherapeutischer Praktiker, nicht im Sinne einer politischen Haltung, sondern im Sinne einer verständlichen Skepsis gegenüber „nur theoretischen" oder „statistischen" Argumenten. Man vertraut auf das, was sich in der eigenen Praxis bewährt oder was von klinisch erfahrenen Lehrern vermittelt wurde, wie im Handwerk übertragen vom Meister auf den Lehrling. Dieser Grundsatz ist keineswegs unvernünftig, kann allerdings zu ernsten Beschränkungen führen, wenn er nicht systematisch durch Formen einer von der Praxis vergleichsweise unabhängigen empirischen Überprüfung und Erkenntnisgewinnung ausbalanciert wird. Um zu diesem fruchtbaren Dialog zu finden, müssen Forschung und Praxis allerdings eine gemeinsame Sprache entwickeln. Dies war historisch nicht immer der Fall und ist auch heute noch problematisch. Die Gründe für mögliche „Kommunikationsstörungen" sind vielfältiger Art und können auf seiten der Klinik wie auch der Forschung liegen.

Um mit der Forschung zu beginnen: Viele Psychotherapieforscher hatten selbst keine klinische psychotherapeutische Erfahrung und wenn, dann allenfalls mit einer sehr speziellen Klientel wie etwa Studenten oder Patienten, die sich freiwillig für die Teilnahme an Forschungsprojekten zur Verfügung stellten. Der klinische Praktiker dagegen kann sich seine bevorzugte Patientengruppe nur selten auswählen und ist im Gegenteil oft gezwungen, zu „improvisieren", d. h. ein therapeutisches Konzept zu entwerfen, das individuell bei diesem Patienten weiterhilft. So entwickelt er ein „intuitives", oft implizites Wissen vom Umgang mit krisenhaften Situationen und ein theoretisches, verallgemeinerndes Wissen, das nahezu ausschließlich auf „klinischer Empirie" beruht. Wird nun dieses Modell des Wissenserwerbs verallgemeinert, so bleibt für systematische fallübergreifende Forschung kein Raum. Es entsteht ein „selbstgenügsames" Gebäude von Theorie und Anleitung zur Praxis, das nach außen hin einen unsystematischen Eindruck erwecken kann und gegen Idiosynkrasien und selbst extreme Einseitigkeiten nicht immer geschützt ist. Ähnliche Verhältnisse bestehen übrigens auch in der Medizin, in sogenannten „paramedizinischen Disziplinen" beispielsweise, die sich oft ganz bewußt und explizit von der sogenannten „Schulmedizin" und ihren Forschungs- und Heilmethoden abgrenzen.

Ähnlich wie die „Schulmedizin" kann die wissenschaftliche Psychotherapieforschung sich ihrerseits so weit von der Praxis entfernen, daß ihre Methoden und Ergebnisse von Praktikern als völlig fremdartig empfunden werden, so als lebten die Forscher in einer anderen Welt. Ein Grund hierfür war der lange Zeit vorherrschende „methodologische Positivismus". Darunter verstehen wir die Auffassung, daß Wissenschaft und Wissenschaftlichkeit durch einen vorgegebenen, einheitlichen Kanon von Methoden bestimmt und nicht vom Gegenstand und den durch ihn bestimmten Problemstellungen her entwickelt werden müssen. Die Aussage: „Als wissenschaftlich gesichert gilt nur das, was durch einen statistischen Signifikanztest gesichert ist" wäre ein Beispiel für diese Position. Erstarrter methodologischer Positivismus steht also im Gegensatz zur Kreativität in der Entwicklung geeigneter, der jeweiligen Fragestellung angemessener wissenschaftlicher Methoden.

Wenn wir nun die erste Position, die Selbstgenügsamkeit der klinischen Empirie, als *„Klinizismus"* bezeichnen, so steht ihr der *methodische Positivismus*, die schematische Anwendung vorgegebener, ein für allemal als „wissenschaftlich" geltender Methoden konträr gegenüber. Beide stellen ein Extrem ihres jeweiligen Erfahrungsfeldes dar, wobei die erstere Position vor allem in der klinischen Praxis, die zweite an den Universitäten gepflegt wurde und wird. Es kann wenig verwundern, daß angesichts dieser unterschiedlichen Prämissen gegenseitiges Mißtrauen die Stelle einer möglichen Kooperation einnimmt – zum Nachteil beider

Seiten. Der klinische „Immanentismus" verzichtet auf die Chance einer „extraklinischen" Überprüfung und eventuell Korrektur seiner praxisleitenden Annahmen. Der methodische Positivismus verharrt in seiner „Diktatur der Methode" und ist nicht bereit, sich auf den erforderlichen „Dialog mit dem Gegenstand" einzulassen. Klinischer Mystizismus und methodischer Positivismus bedingen einander und schaukeln sich bisweilen gegenseitig hoch. Die „Betonköpfe" beider Fraktionen suchen und finden ihre Bestätigung an der Gegenseite.

Was hier weiterhilft, ist natürlich, wie auch sonst im Leben, kein Aufruf zu Zusammenarbeit und Versöhnung, der weitgehend ungehört verhallt; vielmehr eine kritische Selbstbesinnung auf die Grenze der jeweiligen Erkenntnismethode – analog zur Vernunftkritik, die wir einigen großen Philosophen verdanken, so etwa Kant die Kritik der „reinen" und der „praktischen Vernunft", Sartre die Kritik der „dialektischen Vernunft". Zu erwähnen ist auch der Beitrag zur Kritik der „interpretatorischen Vernunft" von Lenk (1993). Wünschenswert wäre in der Psychotherapie als einer multidisziplinären Grenzwissenschaft mit unmittelbaren Anwendungskonsequenzen eine umfassende Kritik der „empirischen Vernunft", die sowohl die klinische Empirie berücksichtigt wie auch die übrigen als „empirisch" bezeichneten Forschungsansätze. Wir werden uns in den nächsten Abschnitten auf das eher pragmatische Ziel beschränken, Erkenntnismöglichkeiten und -grenzen der drei wichtigsten Methodentypen in der Psychotherapieforschung zu skizzieren: fallorientierte Forschungsstrategien, experimentelle Wirkungsforschung und naturalistische Korrelations- bzw. Feldstudien. Im folgenden Abschnitt greifen wir die Kontroverse dort auf, wo sie sich traditionell festgefahren hat: beim Gegensatz zwischen klinischer Praxis und außerklinischer, sogenannter „empirischer" Forschung.

3.1 Klinische und außerklinische Empirie: Erkenntnismöglichkeiten und – grenzen

Oft wird der Ausdruck „empirisch" gleichbedeutend mit quantitativen, statistisch ausgewerteten Untersuchungen verwendet. Gegner solcher Untersuchungen in der Psychologie und Psychotherapieforschung wenden sich dann pauschal gegen die „empirische Psychologie" oder gegen die „akademische Psychologie", womit wir uns inmitten jener problematischen Spaltung von „Schulpsychologie" und „Außenseitermethoden", von „Schulmedizin" und „paramedizinischen" Verfahren befinden, wie sie oben beschrieben wurde.

Um dieser begrifflichen Verwirrung zu entgehen, müssen wir uns klarmachen, daß es zum Begriff „Empirie" oder „empirisch", verstanden als erfahrungsbezogen oder erfahrungsgeleitet, keine Alternative gibt. Auch das klinische Wissen des „erfahrenen" Praktikers ist ein empirisches Wissen, es beruht auf *klinischer Empirie*. Etwas anderes bezeichnet dagegen der erkenntnistheoretische Begriff „Empirismus". Hier wird die Überzeugung vertreten, daß unser gesamtes Wissen aus der Erfahrung abgeleitet sei. Diese erkenntnistheoretische Auffassung hat Kant in seiner Vernunftkritik korrigiert, indem er die Aufmerksamkeit auf eine andere, nichtempirische Quelle unseres Wissens lenkte, nämlich auf die a priori wirksamen Kategorien unseres Verstandes, die das Erfahrungsmaterial strukturieren. Die Gestaltpsychologie und die neuere Kognitionswissenschaft haben gezeigt, daß solche strukturbildenden Auswahlprozesse schon in der Wahrnehmung wirksam sind. Wenn wir also den Begriff „Empirie" sorgfältig von der erkenntnistheoretischen Position des Empirismus unterscheiden, so folgt daraus für die Psychotherapieforschung, daß sie „empirisch" verfahren kann, ohne sich einem empiristischen und positivistischen Wissenschafts- und Methodenverständnis unterwerfen zu müssen. Entsprechend der zuerst von Kant ausgearbeiteten „transzendentalen" Dimension der Vernunftkritik (die apriorischen Voraussetzungen unserer Erkenntnis betreffend) müssen wir darauf achten, ob und inwiefern unsere Überzeugungen und wissenschaftlichen Kategorien (z. B. unsere Terminologie) das empirische Material so vorstrukturieren, daß alternative Phänomene und alternative Interpretationen ausgeschlossen werden. Popper hat mit seiner Forderung nach empirischer Falsifizierbarkeit theoretischer Annahmen einen Beitrag zur Vernunftkritik geleistet, der allerdings das „transzendentale" Problem offenläßt, wie der „kategoriale Anteil" theoretischer Annahmen durch empirische Beobachtungen widerlegt werden kann. Ohne diese grundlegenden Fragen zu klären, können sich wohl die meisten Forscherinnen auf die pragmatische Forderung einigen, daß unsere Beobachtungen, ob nun im klinischen Rahmen oder extraklinisch, so angelegt sein sollten, daß alternative Erklärungshypothesen für die beobachteten Phänomene gebildet und zumindest ansatzweise auch überprüft werden können. Dies setzt voraus, daß zwischen Beobachtungsmethoden und dem jeweiligen Beobachtungsgegenstand ein offenes Verhältnis besteht. Die Beobachtungsmethoden müssen den Phänomenen angemessen sein und erlauben, daß sich die gegenständliche Erfahrung relativ ungehindert entfalten kann. Andererseits müssen die gegenständlichen Phänomene methodisch, d. h. sorgfältig und systematisch erfaßt werden, da nur so gesicherte wissenschaftliche Erkenntnis möglich wird. In der Beschäftigung mit dem Gegenstand verfeinern sich die Methoden, und umgekehrt strukturiert sich in der methodischen Erkenntnis der Gegenstand. Dieses dialektische Verhältnis von Gegenstand und Methode schließt die Möglichkeit aus, Wissenschaft generell durch einen ein für allemal vorgegebenen Methodenkanon zu definieren, wie es der *methodologische Positivismus* versucht. Hier wird wissenschaftlicher Fortschritt unmöglich, der Erkenntnisprozeß gewissermaßen eingefroren. Andererseits ist eine nichtmethodische, nichtsystematische wissenschaftliche Erkenntnis natürlich ein Widerspruch in sich.

Eine Kritik der empirischen Vernunft in der Psychotherapieforschung, die analog zur Kantschen Vernunftkritik verfährt, müßte nun die kategorialen Voraussetzungen aufzeigen, auf denen die Wahl einer bestimmten Beobachtungsmethode und einer empirischen Strategie beruht. Dann wären wir in der Lage, in umfassender Weise jene Grenzen unserer Erkenntnis zu bestimmen, welche die jeweilige empirische Annäherung an den Gegenstand mit sich bringt. An dieser Stelle müssen wir uns jedoch auf einige eher forschungspragmatische Vorüberlegungen zu einer umfassenderen Vernunftkritik beschränken, indem wir Erkenntnisstärken und -grenzen jeweils von fallorientiertem Vorgehen, Effektivitätsstudien und naturalistischen Feldstudien aufzeigen als drei der gebräuchlichsten Forschungsstrategien in der Psychotherapie.

3.1.1 Empirie in der klinischen Praxis

Zur Zuverlässigkeit von klinischen Beobachtungen existiert mittlerweile ein breite kritische Literatur. Einer der ersten Kritiker war der Psychoanalytiker und Methodiker Paul Meehl mit seiner ausführlichen, keineswegs nur polemischen Begründung, warum er an Fallbesprechungen in Zukunft nicht mehr teilnehmen wolle: „Why I do not attend case-conferences" ist der Titel seines methodologischen Traktats. Meehl, der an der Definition des „hypothetischen Konstrukts" beteiligt war, kritisierte die sprunghafte, unsystematische und rein intuitive Art vieler Fallbesprechungen, die ihm als Methodiker Unwohlsein bereitete. Er forderte ein systematisches Vorgehen, vor allem bei der Erstellung einer Fallkonzeption. Gegen freie Assoziation und „brainstorming" in der ersten Phase einer Ideensammlung hatte er allerdings nichts einzuwenden.

Während Meehl die Fallbesprechung in einer supervidierten Gruppe psychotherapeutischer Kollegen einer Kritik unterzog, greift Adolf Grünbaum in „Die Grundlagen der Psychoanalyse" (1988) die Möglichkeit von Wissenserwerb in der klinischen Situation überhaupt an. Die „klinische Erfahrung" sei insgesamt durch Suggestionseffekte „kontaminiert" und erweise sich vor allem als selbsterfüllende Prophezeiung, die sich aus der jeweiligen Theorie des Psychoanalytikers ergebe. Für eine Falsifikation von Vorannahmen lasse die klinische Situation keinen Raum. Grünbaum richtet seine methodologisch begründete Kritik zwar primär gegen die Psychoanalyse. Sinngemäß müßte sie sich aber wohl auf alle Psychotherapieformen ausdehnen lassen, insofern sie durch theoretische Annahmen bestimmt sind, von deren Nutzen der Therapeut überzeugt ist. Wegen der prinzipiellen Unzuverlässigkeit klinischer Empirie fordert Grünbaum eine systematische „extraklinische" Überprüfung aller psychotherapeutischen Wissensbestände. Nur ihr allein könne ein wissenschaftlicher Erkenntniswert zugestanden werden.

Grünbaum begründet seine Position nicht empirisch, sondern methodologisch und mit einer Apriori-Argumentation. Es erhebt sich jedoch die Frage, ob das Problem suggestiver Beeinflussung a priori zu lösen ist oder ob hier eine empirische Fragestellung vorliegt. Niemand wird bezweifeln, daß Psychotherapeuten bisweilen im negativen Sinne „suggestiv" vorgehen können. Manche arbeiten mit Suggestivfragen und sind außerstande, ihre Vorannahmen oder Vorurteile zu kontrollieren und ihre Gegenübertragung zu reflektieren. Solch offen manipulative „Suggestion" ist unseres Erachtens von der noch zu wenig untersuchten Beeinflussungskomponente zu unterscheiden, die sich in jeder Psychotherapie, wahrscheinlich aber auch in jeder zielgerichteten sozialen Interaktion findet. Grünbaums pauschale, angeblich methodologisch begründete und zum Angelpunkt der Kritik gemachte These, daß alle klinische Erfahrung mit „Suggestionseffekten" untrennbar vermischt sei, differenziert nicht zwischen Graden der Beeinflussung, so daß die therapeutische Beziehungsgestaltung von manipulativer Suggestion nicht länger zu unterscheiden ist. Auch die heilsamen, produktiven Aspekte therapeutischer „Suggestion" werden pauschal denunziert, anstatt sie als Element der therapeutischen Situation zu begreifen, zu untersuchen und zu analysieren. Natürlich ist Psychotherapie keine absichtslose, kontemplative Forschungssituation, sondern zielt auf produktive therapeutische Veränderung ab. Folgt aber daraus, daß alle im psychotherapeutischen Veränderungsprozeß gewonnenen Erkenntnisse durch diese Absicht „kontaminiert" und daher nutzlos sind?

Der Kritik von Grünbaum kann auf verschiedene Weise entgegnet werden: Während Wurmser (z. B. 1989, S. 395 ff.) Grünbaum vorwirft, das Kind quasi mit dem Bade auszuschütten und aufgrund eines nicht weiter hinterfragten suggestiven Anteils der Pychoanalyse das ganze Unternehmen als wissenschaftlich gescheitert zu disqualifizieren, fordern Pohlen und Bautz-Holzherr (1991), eine suggestive Komponente anzuerkennen, die Übertragung als die der Psychoanalyse als Methode immanente Suggestion zu enttabuisieren und zum Kernpunkt der wissenschaftlichen Auseinandersetzung zu machen.

Fischer (1989, 1996) hat mit Bezug auf den psychoanalytischen Behandlungsprozeß die methodischen Kriterien der „kommunikativen Validierung", der „argumentativen" und der „Handlungsvalidierung" herausgearbeitet (S. 112 ff.). Diese drei Momente können an einem gelingenden Veränderungsschritt der Patientin nachgewiesen werden. Bei der kommunikativen Validierung stimmt sich die Analytikerin empathisch in die Erfahrungswelt der Analysandin ein. Mit Interventionen wie Konfrontation, Klarifikation oder deskriptiven Deutungen macht sie, im Rahmen der argumentativen Validierung, die Analysandin auf Aspekte ihrer Umwelt bzw. ihres Verhaltens und Erlebens aufmerksam, die sie bislang übersehen oder ausgeblendet hat. Die Operationen der „Handlungsvalidierung" zielen speziell auf abgespaltene, erfahrungsfremde Verhaltensmuster bei der Analysandin ab. Sie verhält sich so, „als ob" sie eine bestimmte Intention verfolgte, die ihr als solche aber nicht bewußt ist. Die drei Validierungsstrategien bauen interaktionslogisch aufeinander auf: Argumentative und Handlungsvalidierung setzen eine gelingende kommunikative Validierung der empathisch gewonnenen Annahmen der Analytikerin voraus. Mit der argumentativen und der Handlungsvalidierung überschreitet sie allerdings die immanente phänomenale Sphäre des bewußten oder bewußtseinsfähigen Selbst- und Weltverständnisses. Im dialektischen Prozeßmodell von Psychoanalyse und Psychotherapie nach Fischer (1989) haben die Validierungskriterien einen zugleich methodologischen und praktisch-therapeutischen Status: Nur wenn

Analytikerin und Analysandin gemeinsam die sich wechselseitig korrigierende Überprüfung und Validierung ihrer Vorannahmen leisten, kommt ein produktiver therapeutischer Veränderungsschritt zustande. Machtwirkung und Manipulationseffekte der Therapeutin verhindern dagegen diese produktive Selbstentwicklung. Voraussetzung ist allerdings, daß die Psychoanalyse in der gewöhnlichen Umgangsprache der Analysandin geführt wird und nicht in einer metapsychologischen Kunstsprache, wie sie z. B. manche Anhänger der Kleinianischen Schule verwenden. Einen ähnlichen Zusammenhang zwischen methodologischen Wahrheitskriterien und therapeutischer Veränderung zeigt Carlo Strenger (1991) für die einzelnen Momente der psychoanalytischen Deutung auf.

Im Rahmen unserer Kritik der empirischen Vernunft scheint es sinnvoll, Grünbaums Kritik in folgender Hinsicht zu modifizieren: Zunächst ist die jeder therapeutischen Methode inhärente Veränderungsabsicht oder „Suggestion" zu enttabuisieren und zu einem zu untersuchenden Phänomen und Kernpunkt wissenschaftlicher Auseinandersetzung zu machen. Insoweit erscheint die „Kontamination" klinischer Daten als notwendig und unvermeidlich. Ausgehend von dieser grundsätzlichen Anerkennung des durch „Beeinflussung" entstandenen Entdeckungszusammenhangs psychotherapeutischer Erfahrung sind Methodologien zu entwickeln, wie die klinische Erfahrung aufbereitet, erfaßt und erforscht wird, so daß sie im extraklinischen wissenschaftlichen Diskurs intersubjektiv validiert werden kann. Deshalb sollte die Grünbaum-Kritik nicht zu einer pauschalen Abwertung klinischer Erfahrung führen. Psychotherapeutinnen, die monate-, manchmal jahrelang mit ihren Patienten arbeiten, erhalten in der Regel einen sehr viel tieferen und umfassenden Einblick in deren Lebensgeschichte und „innere Welt", als dies beispielsweise in Forschungsinterviews und einer standardisierten – und noch so streng „kontrollierten" – Exploration möglich ist. Für die Psychotherapie als Wissenschaft wäre es fatal, wollte sie ausgerechnet auf diese zentrale Erfahrungsquelle verzichten. Wie aber können wir die Spreu vom Weizen trennen? Wie lassen sich wissenschaftlich unproduktive und sich nur in den eigenen Präkonzepten und Theorien bestätigende Fallberichte von solchen unterscheiden, in denen therapeutisch-immanent – im Rahmen der klinischen „on-line"-Forschungstätigkeit des Psychotherapeuten – und „off-line", d. h. in der „Nachbeforschung" der klinischen Daten (Moser, 1989, 1991, 1992), ein produktiver Forschungsprozeß vorliegt?

Ein naheliegender Vorschlag ist die Systematisierung von Fallstudien und Fallberichten nach Kriterien, wie sie in Abschnitt 5 dieses Bandes noch weiter ausgeführt werden. Hier kann sich der Leser von Therapieberichten selbst ein Bild machen und die Schlußfolgerungen überprüfen, die der Therapeut schon „on-line", in seinen Deutungen, gezogen hat und die in Kommentaren vielleicht noch sekundär („off-line") aus dem Fallmaterial abgeleitet werden. Es müssen nicht immer Tonband- oder Videoaufzeichnungen vorliegen, obgleich diese natürlich ein unabhängiges Auswertungsverfahren erleichtern. Auch systematische Prozeßnotizen können zu einem wertvollen, wissenschaftlich akzeptablen Beitrag verarbeitet werden und dies mit einem relativ bescheidenen Arbeitsaufwand, der nur wenig über die schon bei gewöhnlichen Falldarstellungen verwendeten Strukturierungshilfen hinausgeht (Vorschläge bei Fischer 1989, 1996, 1997, im Druck). Möglicherweise würde bei Beachtung dieser Regeln auch Paul Meehl seine Verweigerungshaltung aufgeben und wieder an der einen oder anderen Fallbesprechung teilnehmen.

3.1.2 Systematische Fallstudien

Der anlaßgebundene klinische Bericht geht in eine systematische Fallstudie über, wenn Materialauswahl und Analyseverfahren intersubjektiv nachvollziehbar gestaltet werden. Fallvignetten werden hier nicht nur als „Demonstration" für bereits „gesicherte" theoretische oder klinische Annahmen präsentiert. Vielmehr wird das Fallmaterial so dargeboten, daß verschiedene Interpretationen möglich und Kriterien vorhanden sind, um zwischen ihnen zu entscheiden. Auch in der praktischen Forschungsarbeit hat sich mittlerweile die Strategie einer systematischen hermeneutischen Exklusion von Erklärungshypothesen für einen bestimmten Phänomenbereich bewährt (sog. „hermeneutischer Exklusionismus" nach Fischer 1986, S. 140 ff.). Hier werden für ein beobachtetes klinisches Phänomen zunächst möglichst zahlreiche und divergente Erklärungshypothesen gebildet, von denen in der anschließenden Phase der argumentativen Validierung möglichst viele „ausgeschlossen", d. h. widerlegt werden. Poppers Primat der Falsifikation erleichtert die systematische Interpretationsarbeit, da es oft leichter fällt, bestimmte Annahmen zu widerlegen, als Hypothesen oder Theorien definitiv zu bestätigen. Wenn mehrere konkurrierende Erklärungen übrigbleiben, kann es durch weitere klinische Forschung unter abgewandelten Beobachtungsbedingungen zu einer zunehmenden Einengung und Reduktion des Hypothesensatzes kommen, so daß eine empiriegeleitete systematische Entwicklung klinischer Theorie möglich wird.

Ein besonderes Problem stellt eine Verallgemeinerung dar, die aufgrund von klinischen Fällen vorgenommen wird. Grundsätzlich ist natürlich die systematische Fallstudie auch hierzu ein geeignetes Erfahrungsfeld. Schon Freud hatte viele seiner Entdeckungen in der Bearbeitung und Auswertung seiner Fälle gemacht. Inzwischen sind auch viele seiner Irrtümer transparent, wie etwa seine Verwicklung in den „Fall Dora". Die minutiöse Prozeßforschung an Einzelfällen eröffnet heute ein breites Forschungsfeld mit faszinierenden Aussichten. Für weiterreichende Schlußfolgerungen stellt sich allerdings die Frage, wie sich mehrere Fallberichte sinnvoll zusammenfassen lassen.

Jüttemann (1990) hat kürzlich das auf William Stern zurückgehende Konzept einer „komparativen Kasuistik" weiterentwickelt, das schon Stern als systematische Ergänzung zur „Korrelationsmethode" empfohlen hatte, auf der wiederum das Experiment und die Korrelationsstudie beruhen. Entsprechend würde Stern vermutlich auch heute ein multimethodales Vorgehen mit sich gegenseitig ergänzenden Methoden befürworten, wie auch wir dies tun.

Komparative Kasuistik ist heute fast schon ein Modebegriff geworden. Auch deshalb wollen wir in unserem Beitrag zur *Kritik der empirischen Vernunft* vergleichend den besonderen Charakter dieses Konzepts herausarbeiten, der es einzigartig gegenüber den anderen Methoden macht. In die komparative Kasuistik oder die Kombination von „within-case-"und „cross-case-studies" geht zugleich – methodisch verfeinert – die Besonderheit der klinischen Empirie ein.

Hierzu müssen wir uns den Unterschied zwischen einem variablenorientierten Vorgehen und einem fallorientierten Ansatz vor Augen führen. Das variablenorientierte Verfahren, wie es in weiten Bereichen der Forschung üblich ist und lange Zeit nahezu unangefochten dominierte, löst aus einer individuellen Fallkonstellation einzelne Merkmale heraus und verallgemeinert sie zu transindividuellen Variablen oder Dimensionen. „Neurotizismus" ist ein Beispiel für eine solche Dimension. Nun führt dieser Schritt in der psychologischen Forschung einerseits zu einer Erweiterung von Erkenntnismöglichkeiten: Wir können zahlreiche Vergleiche zwischen Individuen oder Gruppen anstellen, die sonst nicht möglich sind. Durch den Schritt der Variablenisolierung gehen aber

3.1.2 Systematische Fallstudien

zugleich auch Erkenntnismöglichkeiten verloren, die sich aus der Einbettung des Merkmals in viele individuelle Konstellationen ergeben. Letztlich gibt es nicht den Neurotizismus, sondern ebensoviele „Neurotizismen" wie Individuen. Wie werden wir diesem Widerspruch, der seinerseits den Widerspruch zwischen Individuum und Gesellschaft reflektiert, gerecht?

Unser Vorschlag lautet ganz ähnlich wie bei William Stern: Eine Ergänzung des variablenorientierten Ansatzes durch systematische und vergleichende Einzelfallstudien ist geboten. Wir werden im folgenden sogar von einem „Intermethodenfehler" sprechen, wenn bei verallgemeinernden Schlüssen in der Psychotherapie die Ergebnisse von Fallstudien unberücksichtigt bleiben. Diese erfordern eine heuristische Methodik. Natürlich arbeiten auch „cross-case-studies" (vergleichende Einzelfallstudien) mit der Bildung von Variablen, die gemeinsame Merkmale verschiedener Fälle bezeichnen. Deren Bedeutung wird aber immer wieder aus der individuellen Fallkonstellation abgeleitet und auf diese zurückbezogen. Die qualitative, hermeneutische Fallanalyse geht also dem Schritt der Variablenformulierung voraus und begleitet ihn fortlaufend weiter. Neue Variablen können gebildet werden, wenn sich im Fallmaterial Strukturen zeigen, die vorher noch nicht erkennbar waren. Es handelt sich um eine heuristisch-hermeneutische Methodik, die sich von der korrelationsstatistischen Variablenverarbeitung in wesentlichen Merkmalen unterscheidet. Wie auch William Stern sehen wir kein Ausschließungsverhältnis zwischen Korrelationsstudie und „cross-case-studies". Besonders für die Psychotherapie, die es ja nicht mit Variablen, sondern mit individuellen Fallkonstellationen (darunter auch Gruppen) zu tun hat, fordern wir, das Ergänzungsverhältnis zwischen beiden Methoden systematisch zu berücksichtigen. Unser Postulat lautet:

Dann und nur dann, wenn Effekte eines therapeutischen Verfahrens oder einer Technik sowohl mit variablenorientierten als auch mit fallbasierten, qualitativen Verfahren nachgewiesen werden, gehen wir von einer praxisrelevanten, zuverlässigen wissenschaftlichen Erkenntnis in der Psychotherapieforschung aus.

Diese Forderung ergibt sich aus dem Komplementärverhältnis, aber auch der gegenseitigen Unersetzbarkeit von Fall- und Korrelationsstudie. Kommt es zu einer Diskrepanz zwischen den Ergebnissen beider Erkenntniswege, so werden weitere Prüfungen notwendig.

3.1.3 Experimentelle Wirkungsforschung

Bei diesem Methodentypus soll ein streng kontrolliertes Design verwirklicht werden, das sich möglichst eng an die Bedingungen des psychologischen Experiments anschließt. Im Idealfall werden nur wenige, gut überschaubare Variablen eingeführt und über Ernst- und Kontrollgruppen hinweg systematisch variiert. Im Hintergrund steht bei einigen Forschern das Modell der Pharmakaforschung mit Placebo-Gruppe, Doppel-Blindversuch und eventuell noch einer Erwartungskontrollgruppe. In der Psychotherapie sind die Voraussetzungen für diesen Methodentypus schwierig, aber nicht grundsätzlich undurchführbar. So wird die Placebo-Gruppe oft ersetzt durch eine Wartegruppe, entweder im Sinne einer Eigenkontrolle (dieselben Patienten werden im Warte- und Behandlungszeitraum verglichen) oder einer Fremdkontrollgruppe (die Wartegruppe ist von der Behandlungsgruppe verschieden). Als Vergleichsgruppen bieten sich natürlich auch Patienten an, die mit einem anderen, eventuell konkurrierenden Therapieverfahren behandelt werden. Bis in die achtziger Jahre hinein war dieser Untersuchungstypus stark vorherrschend. Man versuchte oft, das eigene Verfahren gegen andere abzugrenzen und es so auf dem Psychotherapiemarkt zu etablieren. Kritisch sprach man damals von einer „Pferderennen-Mentalität", die unter den Therapieforschern um sich griff. Die meisten der in der Meta-Analyse von Grawe u. a. (1994) berücksichtigten Studien stammen aus dieser Phase der Psychotherapieforschung. Da sich jedoch keine wesentlichen Unterschiede zwischen den Therapieformen – zumeist Kurztherapien – zeigten, kam das Wort vom Vogel Dodo aus „Alice im Wunderland" (Carroll, 1946) in Umlauf: Alle haben gewonnen und alle haben einen Preis verdient. Grawe u. a. befristen die Studienselektion für ihre Meta-Analyse also nicht ohne Grund um das Jahr 1983, da hier allmählich die Epoche der „Pferderennen" zu Ende ging und der modernen Phase-3-Forschung (vgl. Kächele, 1992; Fischer und Klein, 1997; s. a. Abschnitt 3.3) mit einem breiteren Methodenspektrum Platz machte. In dieser Hinsicht ist der *Grawe-Effekt* also unzeitgemäß. Er beschert uns im deutschsprachigen Raum die Wiederauflage eines Forschungsstils und einer Mentalität, die in der internationalen Psychotherapieforschung bereits überwunden ist. Dennoch behält natürlich der Methodentyp der experimentellen Wirkungsforschung bei entsprechender Fragestellung seine relative Berechtigung, da er in seiner Kernfrage, dem Gruppenvergleich zwischen

Outcome- und Prozeßvariablen, durch die anderen Strategien nicht ersetzbar ist.

Grawe u. a. behaupten bekanntlich, „Vogel Dodo" endgültig widerlegt und insbesondere die Überlegenheit der Verhaltenstherapie über die psychodynamische Kurztherapie unzweifelhaft nachgewiesen zu haben. Wer aufmerksam die Methodenkritik im Abschnitt 4 dieses Bandes liest, wird wohl kaum zustimmen, daß dieser Nachweis gelungen sei. Im Gegenteil: Vogel Dodo ist so munter wie eh und je, zumindest was das Rennen zwischen Verhaltenstherapie und psychoanalytischer Kurztherapie betrifft. Wir wollen hier jedoch nicht den Studien im Abschnitt 4 vorgreifen, sondern einige Gesichtspunkte diskutieren, die für die methodenkritische Einschätzung der Effektstudien von allgemeiner Bedeutung sind.

Der erste Gesichtspunkt ist die Auswahl von Kriterien und Skalen für die Erfolgsmessung, auf die u. a. im Abschnitt 4.4 näher eingegangen wird. Hier wird eine Parallele zur Kantschen Vernunftkritik sichtbar. Psychometrische Skalen und Operationalisierungen können den Gegenstand so vorstrukturieren, daß bestimmte Merkmale selektiv hervorgehoben werden und andere in den Hintergrund treten. Wenn etwa der Erfolg der kognitiven Depressionstherapie mit einem Fragebogen gemessen wird, dessen Items während der Behandlung trainiert werden, sind hohe „Effektstärken" kaum verwunderlich. Ein Ausweg ist die Forderung, Ergebniswerte mit verfahrensneutralen Skalen und auch mit verfahrensspezifischen zu erheben, so daß die Auswirkung dieser Untersuchungsbedingung kontrollierbar wird. In domänebezogener Forschung, z. B. bei der Therapie von Phobien oder dem psychotraumatischen Belastungssyndrom, müssen natürlich auch Skalen verwendet werden, die speziell für dieses Problemfeld entwickelt wurden.

Ein vernunftkritisches Grundlagenproblem im Rahmen dieses Methodentypus stellt der sogenannte „Verschlechterungseffekt" dar, den Bergin (1971) beschreibt. Es hatte sich gezeigt, daß auch bei erfolgreichen Therapiestudien eine Varianzerweiterung der Ergebniswerte zu beobachten ist. Es gibt also auch in den erfolgreichen Studien, die publiziert und in aller Welt als vorbildlich rezipiert werden, Erfolglosigkeit oder aber Verschlechterung in Einzelfällen. Diese Beobachtung bildete den Ausgangspunkt der psychotherapeutischen Mißerfolgsforschung, die sich entweder mit Therapiefehlern im allgemeinen (etwa Strupp, Hadley, Gromes-Schwartz, 1994) befaßt oder mit bestimmten Fehlertypen wie beispielsweise sexuellen Übergriffen (Becker-Fischer und Fischer, 1996). Der Verschlechterungseffekt („deterioration-effect") von Psychotherapie, wie er sich vor allem in den Effektstudien zeigt, wirft grundsätzliche methodologische Probleme auf, die vor allem die interne Validität dieses Methodentypus betreffen. Wie ist ein „Therapeutikum" zu beurteilen, das bei der Mehrheit der Untersuchungsteilnehmer zwar positive Effekte zeigt, bei einer Minderheit aber wirkungslos bleibt oder zu einer Verschlechterung führt? Von einem Pharmakon dieser Art würden wir sicherlich abraten, zumindest so lange, bis die näheren Umstände geklärt sind, die für die Verschlechterung verantwortlich sind. Es sollte also, wie oben schon ausgeführt, die variablenisolierende Wirkungsforschung durch systematische Einzelfallstudien ergänzt werden. Im Abschnitt 5.1 wird dementsprechend das Postulat formuliert, vor allem gescheiterte Verläufe zu erforschen, diese mitzuteilen und zugleich die Bedingungen für das Scheitern der spezifischen Technik oder des Verfahrens anzugeben, soweit sie ermittelt werden konnten.

Erkenntnistheoretisch und vernunftkritisch zeigt sich am Verschlechterungseffekt eine grundsätzliche Problematik des gruppenvergleichenden und variablenisolierenden Studientypus. Die wesentliche Frage, was genau an dem untersuchten Verfahren therapeutisch wirksam und was schädlich ist, kann durch diese Untersuchungsmethode allein nicht schlüssig beantwortet werden. Die „interne Validität", das Kriterium, ob und wieweit die Versuchsanordnung die inhaltliche Untersuchungsfrage zu beantworten erlaubt, ist in diesem Untersuchungstypus, der in Psychologie und Medizin lange Zeit als der „exakteste" galt, aus prinzipiellen Gründen fraglich. Die Frage nach dem therapeutischen Wirkungsmechanismus kann nicht *wahrscheinlichkeitstheoretisch* durch Hinweis auf die „durchschnittlich zu erwartende" Wirkung eines Verfahrens beantwortet werden. Es handelt sich vielmehr um eine *qualitativ-kausale* Frage, die sich in der Psychologie am ehesten durch systematische Einzelfallprozeßforschung, also den im Abschnitt 3.1.2 behandelten Untersuchungstypus klären läßt.

Dies leitet über zu einem weiteren Problem, welches seit langem die Psychotherapieforschung beschäftigt, dem *sogenannten Äquivalenzparadoxon*. Darunter verstehen wir die Tatsache, daß Therapieverfahren mit manifest sehr unterschiedlichem Vorgehen – wie etwa die psychodynamische Therapie und die Verhaltenstherapie – jeweils annähernd gleich positive Effekte beim Durchschnitt ihrer Klienten erzeugen. Dieser durchschnittliche Befund schließt nicht aus, daß eine Therapieform der anderen etwa störungsbezogen überlegen sein kann. So scheint z. B. die Verhaltenstherapie bei isolierten Symptomen wie Zwängen oder Phobien in vergleichsweise kürzerer Zeit eine Symptomverbesserung zu bewirken.

Im ganzen stehen wir aber vor der Tatsache, daß „viele Wege nach Rom führen", d. h. ganz unterschiedliche Strategien zu ähnlichen Ergebnissen führen. Muß daraus geschlossen werden, daß der Heilerfolg in der Psychotherapie durch allgemeine, unspezifische Wirkfaktoren hervorgerufen wird, wie z. B. positive Suggestionseffekte, allgemeine Ermutigung, das Eröffnen einer hoffnungsvollen Perspektive und „Remoralisierung"? Sind die spezifischen therapeutischen Theorien und daraus abgeleiteten Techniken quasi beiläufige Ideologien, deren zentraler Sinn laut Frank (1971) darin besteht, den Psychotherapeuten mit Überzeugungskraft für den Nutzen der Therapie zu beflügeln? Sicher spielen solche Faktoren mit, sie reichen unserer Ansicht nach aber noch nicht aus, um die Vielfalt der therapeutischen Ansätze und ihre Wirkung zu erklären.

Die wichtigste unspezifische Komponente in jeglicher Form von Psychotherapie ist die therapeutische Beziehung bzw. das therapeutische Arbeitsbündnis. Doch diese Erkenntnis ist so allgemein, daß sie wiederum (fast) nichts erklärt. Das Äquivalenzparadoxon ist also nach wie vor unaufgelöst.

Wir möchten an dieser Stelle den methodologischen Gesichtspunkt einbeziehen. Solange die Forschung vorwiegend mit dem hier verhandelten Methodentypus „experimentelle Wirkungsforschung" betrieben wurde und wird, können die Wirkfaktoren der Therapie überhaupt nicht exakt bestimmt werden. Die mangelnde interne Validität der Methode ist einer der entscheidenden Gründe. Sie verbleiben also schon aus methodischen Gründen weitgehend im Bereich des Unspezifischen, allgemein Menschlichen usf. Auch die Vanderbiltstudien von Strupp u. a. (1979, 1984), in denen u. a. studentische Klienten von fachlich nicht vorgebildeten Professoren relativ erfolgreich behandelt wurden, können für diese Hypothese herangezogen werden. „Unspezifisch" ist jedoch nur ein Negativbegriff. Er bezeichnet zunächst nichts weiter als eine Wissenslücke der bisherigen Psychotherapieforschung, die in vieler Hinsicht ein Artefakt ihres dominierenden Methodentypus ist. Je besser es jedoch gelingt, die Mikrostruktur der therapeutischen Wirkung einer Technik, der therapeutischen Beziehung und der Eigenschaften des Therapeuten zu erforschen, desto mehr dürfte das „Unspezifische" spezifisch werden und desto präziser wird unser Wissen von den realen therapeutischen Wirkfaktoren. Im Abschnitt 5.2, bei den Arbeitsmodellen zum Verständnis psychotherapeutischer Veränderung, werden wir dieser Frage genauer nachgehen.

Der unverzichtbare Beitrag der Effektstudien für die Psychotherapieforschung liegt in ihrer Möglichkeit, die durchschnittliche therapeutische Wirkung einer Technik, eines Verfahrens oder einer Therapeutengruppe bei verschiedenen Störungen festzustellen. Eine experimentelle Kausalanalyse von „Wirkfaktoren" erlaubt diese Methode aus einer ihr immanenten Begrenzung heraus – im Gegensatz zur weit verbreiteten Meinung – jedoch nicht. Das in manchen verhaltenstherapeutischen Studien verwendete sogenannte „A-B-A-Design" in seinen verschiedenen Varianten bedürfte einer längeren Diskussion, die wir hier nicht leisten können. Die therapeutische Wirkbedingung wird wie eine unabhängige Variable in der experimentellen Psychologie behandelt in der Erwartung, daß ihr Einsatz beispielsweise ein Symptom verändert, während ihr anschließender Entzug dazu führt, daß das Symptom wieder auftritt, also die therapeutische Ausgangslage wiederhergestellt wird. Neben den ethischen Problemen kann man diesem Design zwar eine gewisse Analyse (mechanischer) Kausalitäten zubilligen. Dafür erscheint es aber von der realen Praxis noch weiter entfernt als herkömmliche Wirkungsstudien.

Besondere Vorsicht ist allgemein geboten, wenn aus der Anlage und dem Ergebnis von Effektstudien auf die Bedingungen der therapeutischen Versorgungspraxis geschlossen werden soll. Dieser Vorbehalt betrifft die „externe" oder auch „ökologische Validität" dieses Methodentypus (vgl. auch Abschnitt 4.3). Effektstudien werden zumeist mit vorher festgelegter zeitlicher Begrenzung durchgeführt; die Patienten werden nach Zufallskriterien auf die Behandlungsbedingung(en) verteilt; die Auswahlkriterien trennen die Gruppe oft von den Aufnahmebedingungen der ambulanten psychotherapeutischen Praxis; die Patienten können ihren Behandler nicht persönlich aussuchen, sondern werden ihm zugeteilt; die Therapie erfolgt manualgeleitet und kann nur in relativ engen Grenzen „maßgeschneidert" den Bedürfnissen des einzelnen Patienten angepaßt werden (vgl. auch Seligman, 1995). Die Klärung dieser realen Praxisbedingungen ist vor allem jenem Studientypus vorbehalten, den wir im folgenden Abschnitt diskutieren.

3.1.4 Naturalistische Korrelationsstudien und Feldforschung

Hierzu zählen auch Katamnesestudien, die auf einer Mehrpunkte-Erhebung beruhen, jedoch ohne kontrolliertes Vergleichsgruppendesign durchgeführt werden. Wegen der letzteren Bedingung wurden sie zeitweilig als minderwertig eingestuft und aus der „exakten" Forschung ausgeklammert. Bedenkt man aber die Einschränkung externer Validität, die den Effektstudien anhaftet, so wird dieser Mangel an Kontrolle durch andere Vorzüge ausgeglichen. Die katamnestische Befragung erlaubt es, eine vergleichsweise große Anzahl von Patienten einzubeziehen. In manchen Fällen stellt sie eine repräsentative Auswahl her und erfüllt sogar Kriterien einer Zufallsstichprobe (vgl. Abschnitt 4.1). Wird die Methode mit einer Vorgehensweise gemäß der systematischen Fallstudie (siehe Abschnitt 3.1.2) kombiniert, so ergeben sich weitere Vorzüge für eine praxisnahe, naturalistische Erforschung der realen Ablaufbedingungen von Psychotherapie. So kann beispielsweise über Extremgruppenbildung, etwa durch Vergleich zwischen erfolgreich und erfolglos behandelten Fällen, die kausale Wirkungsweise der Therapie überprüft werden.

Die Einschränkungen dieser Methode ergeben sich komplementär aus den Vorzügen der zuvor diskutierten Ansätze. Deshalb können wir uns vergleichsweise kurz fassen, was aber keine Abwertung des Untersuchungstyps andeuten soll. Im Vergleich mit der Effektstudie ist die Möglichkeit kontrollierter Beobachtung relativ gering. Verglichen mit der fallorientierten Strategie fehlt die „Tiefendimension" der Prozeßforschung und Prozeßanalyse. Es liegen im allgemeinen nur querschnitthafte Momentaufnahmen, eventuell aus verschiedenen Zeitabschnitten vor. Dieses Bild relativiert sich natürlich, und das Verfahren gewinnt an Aussagekraft, wenn es auf eine Längsschnittstudie hin erweitert wird und derselbe Personenkreis zu verschiedenen Zeiten über einen längeren Zeitraum hinweg befragt wird. Hier sind für die subjektiven Erfolgsmaße zwei Phänomene zu berücksichtigen, welche den Wert einer Wiederholungsmessung in Frage stellen können: der sog. „Deckeneffekt" einer Meßskala und das Phänomen einer „Transformation des subjektiven Bewertungssystems" für den Therapieerfolg in einem gelingenden psychotherapeutischen Veränderungsprozeß. Wenn ein Proband etwa wiederholt in einer Mehrpunkte-Erhebung nach seiner Zufriedenheit mit dem bisher erreichten Behandlungsstand gefragt wird, so dürfte er schon nach vergleichsweise geringfügiger Besserung relativ rasch die „Decke" der Skala erreichen. Dies nicht nur aus meßtheoretischen Gründen, sondern vor allem deshalb, weil bei einer Mehrpunkte-Erhebung der subjektive Bewertungsmaßstab für den Therapieerfolg seinerseits einer Transformation unterliegt. Er „wandert" gleichsam mit über die einzelnen Stufen des therapeutischen Veränderungsprozesses hinweg. Die Bewertung ist aber nur retroaktiv, nicht proaktiv möglich. So wird ein Proband relativ früh, nach Feststellung erster positiver Veränderung, seine volle Zufriedenheit mit der Therapie ausdrücken, ohne sich die weiteren Veränderungsschritte und Transformationsstufen seiner Probleme vorstellen zu können. Die Transformation kognitiver Strukturen und Beziehungsschemata ist ein subjektiv nicht vorhersehbarer Prozeß, der erst im nachhinein, und dies auch nur in Grenzen, rekonstruierbar ist. Diesem retrograden Erkenntnisverlauf muß die Erfolgsbeurteilung Rechnung tragen, da andernfalls eine artifizielle, methodisch bedingte Überschätzung von Kurztherapien resultiert (vgl. Fischer, 1995).

3.2 Multimethodales Vorgehen, Intra- und Intermethodenfehler

Die drei Methodentypen weisen, wie gezeigt, immanente Erkenntnisbegrenzungen, aber auch besondere Stärken auf. Ihre Begrenzungen sind so fundamental, daß es ratsam scheint, uns auf keine der Methoden allein zu verlassen. Die klinische Methode als solche gibt keine Auskunft über die relative Auswirkung einer Therapiemethode oder therapeutischen Intervention innerhalb einer größeren Bezugs- oder Vergleichsgruppe. Die experimentelle Wirkungsforschung vermag – entgegen landläufiger Auffassung – keinen Aufschluß über kausale Wirkfaktoren und -prozesse zu erbringen und ist durch ihre immanenten Kriterien auf relativ praxisferne Untersuchungsbedingungen festgelegt. Und die Mängel der Feldstudie schließlich bestehen in ihrer Distanz zum konkreten therapeutischen Veränderungsprozeß, der ein bestimmtes Therapieergebnis hervorbringt. Hier liegt es natürlich nahe, ein Ergänzungsverhältnis der drei Methodentypen zu postulieren und solche Ergebnisse höher zu bewerten, die innerhalb mindestens zweier Methoden, möglichst aber im Rahmen aller drei unterschiedlichen Methoden Bestand haben.

Negativ formuliert können wir zwei verschiedene Fehlertypen und Fehlerquellen feststellen. Einmal den *Intramethodenfehler*, der darin besteht, daß die Regeln einer einzelnen Methode unsachgemäß gehandhabt werden. Beim *Intermethodenfehler* dagegen werden Schlußfolgerungen gezogen und Verallgemeinerungen getroffen, die eines anderen, ergänzenden methodischen Zugangs bedürften, die Aussagebegrenzung des jeweiligen Methodentyps übersteigen und hierdurch gegen die Prinzipien der empirischen Vernunft verstoßen. Natürlich ist es zulässig und sehr erwünscht, Forschungen auch separat, innerhalb aller drei Methodenbereiche durchzuführen. Unser Postulat darf nicht dahingehend verstanden werden, daß immer alle Methodentypen zugleich anwendbar seien. Zurückhaltung ist lediglich bei der Interpretation der Ergebnisse und bei verallgemeinernden Schlüssen geboten.

Für die Psychotherapie als angewandte Wissenschaft ist die Vermeidung des Intermethodenfehlers von besonderer Bedeutung. Allzu oft werden Verfahren zur Anwendung in der Praxis empfohlen, die allein in experimentellen Wirkungsstudien bewährt sind. Transferprobleme sowohl für die Handhabung des Einzelfalls wie auch auf die „naturalistischen" Bedingungen der täglichen Praxis bleiben weitgehend unberücksichtigt mit der Folge, daß praxisferne Verfahren unter ungeklärten Bedingungen in einem Anwendungsgebiet zum Einsatz kommen, das gegenüber „Kunstfehlern" besonders vulnerabel ist. Von daher sollte das Kriterium der multimethodalen Verankerung bzw. der *Intermethoden-Konvergenz* von Forschungsergebnissen im Bereich der Psychotherapie zunehmend berücksichtigt werden.

3.3 Die Entwicklung des modernen Multimethoden-Ansatzes in der Geschichte der Psychotherapieforschung

Unsere kritische Aufarbeitung dreier wichtiger Forschungsmethoden im vorigen Abschnitt wollen wir in eine wissenschaftsgeschichtliche Perspektive einordnen. In der Psychotherapieforschung lassen sich drei Epochen unterscheiden, die regelhaft zu beobachten sind, wenn praktizierende Psychotherapeuten darangehen, ihr Verfahren wissenschaftlich zu überprüfen. Es handelt sich um die Epochen oder Phasen der
1) Ergebnisforschung (welche Ergebnisse erzielt das Verfahren?);

2) Erforschung der Kombination von Prozeßvariablen und Ergebnismerkmalen (welche Prozeßmerkmale sind mit welchem Ergebnis korreliert?);
3) naturalistischen Wende mit der Untersuchung von therapeutischen Mikroprozessen und der Evaluation von Psychotherapie im Kontext realer Praxisbedingungen.

Eine weitere Konkretisierung und Ausrichtung an der klinischen Wirklichkeit wird dadurch erreicht, daß bestimmte klinische Problemstellungen (sogenannte „Domänen") untersucht werden und nicht mehr bevorzugt die Therapieverfahren als solche. Dieser domänenbezogene Ansatz fördert psychotherapeutische Methodenkombinationen wie etwa zwischen Psychoanalyse und Verhaltenstherapie.

Die Forschungsphasen wurden in vergleichbarer Weise dargestellt von Kächele (1992) und Fischer und Klein (1997). Manchmal wird noch eine vierte Phase unterschieden und die Therapieevaluation unter realen Praxisbedingungen als Phase-4-Forschung bezeichnet (Linden 1987). Sicher fügen sich nicht alle Studien diesem Schema ein. Auch kommt in den Forschungsphasen neben dem Interesse an Erkenntnis natürlich auch das Bestreben einer Therapierichtung zum Ausdruck, sich zu legitimieren und sich gegenüber anderen, konkurrierenden Verfahren am Therapiemarkt zu behaupten. So wird in der ersten Phase das Interesse verständlich, die eigenen Ergebnisse nach außen hin darzulegen. Hierzu verwendeten die meisten Therapierichtungen zunächst eine methodisch wenig verfeinerte Form der Katamnese oder Verfahren der Feldforschung unter Einschluß von Interviews. Da so Therapieerfolge, aber auch Erfolglosigkeit oder Mißerfolg zu beobachten sind, ergibt sich die Frage, welche Prozeßmerkmale mit den positiven Ergebnissen korreliert sind und welche mit negativen oder stagnierenden Verläufen. Zugleich wird versucht, das eigene Verfahren in Kontrollgruppendesigns gegenüber anderen, zumeist schon etablierten, abzugrenzen oder zu behaupten. Ein Beispiel ist die Untersuchung von Sloane und Mitarbeitern (1975), die das damals noch junge Verfahren der Verhaltenstherapie mit der schon eingeführten psychodynamischen Kurztherapie verglich und dabei im wesentlichen auf das *Äquivalenz-Paradoxon* stieß, daß nämlich beide sehr unterschiedliche Vorgehensweisen zu annähernd gleichen Ergebnissen führen (zur näheren Diskussion siehe Abschnitte 1 und 4.3 dieses Buches). Die Methodik entspricht in dieser Phase vor allem dem Typus der experimentellen, vergleichsgruppenkontrollierten Wirkungsforschung.

Die Wende zur dritten Phase ergibt sich wiederum aus der im vorigen Abschnitt dargelegten immanenten Erkenntnisgrenze dieses Methodentyps, aus seiner relativen Praxisferne und seine durch die dominante Variablenorientierung bedingten Entfernung vom klinischen Fallbezug und der Wirklichkeit klinischer Prozeßverläufe. Während die Ergebnisse der Phase-2-Forschung sich auch heute noch im wesentlichen durch das Äquivalenz-Paradoxon und die „Vogel-Dodo-Hypothese" kennzeichnen lassen – wir nehmen damit ein wesentliches Ergebnis der methodenkritischen Analyse im Abschnitt 4 vorweg –, besteht für die Phase-3-Methodik das Ziel, das Paradoxon schrittweise zu überwinden. Durch die subtile und systematische Untersuchung konkreter Therapieprozesse können wir mit der Zeit immer genauer herausfinden, welche Faktoren therapeutischen Fortschritt bedingen und welche ihn behindern oder definitiv verhindern können. Das Äquivalenz-Paradoxon als ein hervorstechendes Ergebnis der Phase-2-Forschung besagt ja lediglich, daß sich *mit dieser Methodik* und durch den pauschalen Vergleich von Therapieverfahren nicht herausfinden läßt, welche Wirkfaktoren oder Wirkungsmuster gelingende von scheiternden Therapien letzten Endes unterscheiden. Das Paradoxon bedeutet noch nicht, daß das Rätsel der Therapiewirkung an sich unlösbar ist und daß wir uns mit dem Hinweis auf „unspezifische" Wirkfaktoren im Sinne „allgemein-menschlicher" therapeutischer Wirkkräfte zufriedengeben müßten. Im Gegenteil: Die Phase-3-Forschung hat schon heute einen eindrucksvollen Blick hinter die Kulissen des Rätsels ermöglicht. So wissen wir, daß psychodynamische Therapien erfolgreich sind, wenn es dem Therapeuten gelingt, den „zentralen unbewußten Beziehungskonflikt" des Patienten in seinen Interventionen zutreffend zu deuten und zu bearbeiten (Luborsky u. a., 1993). Eine spannende Frage ist, ob nicht der gelungene Umgang mit wichtigen Beziehungskonflikten ganz allgemein, durch alle Therapierichtungen hindurch, die Herstellung einer *„optimalen Differenz* zwischen lebensgeschichtlicher Vorerfahrung und therapeutischer Beziehung" (vgl. Fischer 1994; ferner Abschnitt 5.2) ein Faktor ist, der Heilungsprozesse fördern, zumindest sie aber im negativen Falle verhindern kann. Das würde erklären, weshalb alle Therapierichtungen dem Wirkfaktor „Beziehung" neben der therapeutischen Technik neuerdings ein besonderes Gewicht einräumen (etwa Schulte, 1996). Trifft diese Vermutung zu, so wären mit der etwa seit 1980 international einsetzenden Phase-3-Forschung bereits jetzt Voraussetzungen geschaffen, Psychotherapie auf ein wissenschaftliches Fundament zu stellen und methodenbedingte Artefakte der Phase 2, wie etwa das Äquivalenzparadoxon, schrittweise zu überwinden. Allerdings liegen Ergebnisse der systematischen fallorientierten Strategie in der Psychotherapieforschung erst in relativ wenigen Ansätzen vor, leider bisher weitgehend begrenzt auf die psychoanalytische Richtung.

In der Arbeit von Fischer (1989, 1996) wird mit der Methodik der systematischen Einzelfallstudie die psychoanalytische Langzeitbehandlung eines Patienten erforscht, der in seiner Lebensgeschichte eine über 10-jährige Alkoholkarriere hatte und zwei schwere Suizidversuche unternahm. Er litt zu Therapiebeginn an in seinen Lebensalltag stark eingreifenden Arbeits-, Entscheidungs- und Beziehungsstörungen auf der Basis einer Borderline-Persönlichkeitsstruktur. Diese Störung konnte im Rahmen der durch die Kassenfinanzierung gesicherten Therapiedauer kausal und katamnestisch dauerhaft aufgearbeitet werden. Die einzelnen therapeutischen Veränderungsschritte werden in der Untersuchung methodisch rekonstruiert und nachvollziehbar aufgezeigt. Weitere Beispiele für die wissenschaftliche Erforschung und Offenlegung psychoanalytischer Langzeitbehandlungen stellen die im Lehrbuch der Psychoanalyse von Thomä und Kächele (1985) berichteten Fälle dar, die in der Ulmer Textbank archiviert und in verschiedenen Studien im Sinne der Phase-3-Forschung empirisch aufgearbeitet wurden. Leuzinger-Bohleber (1987, 1989) konnte an fünf aggregierten psychoanalytischen Langzeitverläufen einen kontinuierlichen Veränderungsprozeß in kognitiven Dimensionen aufzeigen, die von der psychoanalytischen Theorie aus als veränderungsrelevant einzuschätzen sind. Wenn aus den verschiedenen psychotherapeutischen Richtungen eine genügende Anzahl von Fallberichten vorliegt, welche auch qualitativen Kriterien der Erfolgsbeurteilung genügen (vgl. Abschnitt 5.1), wächst entsprechend die Chance, unterschiedliche therapeutische Verfahren und Techniken nach Kriterien der Intermethoden-Konvergenz und mit den Mitteln der Phase-3-Forschung zu überprüfen. Leider sind wir, wie auch der folgende Abschnitt zeigen wird, von diesem wünschenswerten Zustand noch relativ weit entfernt.

4. Methodenkritische Prüfung des aktuellen Forschungsstands

Wir werden in diesem Abschnitt die bisher entwickelten, aus einer „Kritik der empirischen Vernunft" in der Psychotherapieforschung abgeleiteten Gesichtspunkte verwenden, um den gegenwärtigen Stand der Forschung kritisch zu überprüfen und darzulegen. In den Abschnitten 4.1 ff. sind Beiträge wiedergegeben, die sich mit speziellen Forschungsfragen methodenkritisch und inhaltlich auseinandersetzen. Manche dieser Arbeiten überschneiden sich in gewissen Aussagen und kommen z. T. zu ähnlichen Ergebnissen. Wir haben uns dennoch entschlossen, die einzelnen Beiträge ungekürzt aufzunehmen, da sie von einem jeweils unterschiedlichen methodischen Gesichtspunkt aus die Datenlage aufarbeiten. Wenn sie zu gleichen Ergebnissen kommen und sich teilweise ergänzen, so kann dies als Hinweis auf die Gültigkeit und Zuverlässigkeit der Schlußfolgerungen gewertet werden.

Wir müssen uns auch in diesem Abschnitt wieder gezielt mit einigen Thesen von Grawe u. a. auseinandersetzen. Dies ist insofern unumgänglich, als Grawe in seiner Arbeit „Psychotherapie im Wandel" den Forschungsstand völlig anders resümiert, als er bislang angesehen wurde, und in einer Weise, die von der gegenwärtig in der Psychotherapieforschung international vorherrschenden Sichtweise scharf abweicht. So wurde bisher davon ausgegangen, daß die „Vogel-Dodo-Hypothese", der zufolge sich kein wesentlicher und konstanter Unterschied im Wirksamkeitsvergleich zwischen den wissenschaftlich bislang hinreichend erforschten Therapieverfahren zeigte, nicht schlüssig widerlegt sei. Grawe u. a. behaupten hingegen, diesen Beweis geführt und beispielsweise die Überlegenheit der Verhaltenstherapie über die psychodynamische Kurzzeittherapie überzeugend nachgewiesen zu haben. Es läßt sich also nicht vermeiden, daß wir uns detailliert mit Grawes Beweisführung auseinandersetzen. Unsere Leser müssen wir auch in diesem Abschnitt um Verständnis dafür bitten, daß wir uns so ausführlich mit den Thesen einer einzelnen Forschergruppe befassen. Wir wollen damit keine persönliche Polemik führen. Wissenschaft ist in sich ein kritisches Unternehmen. Eine an den Sachfragen ausgerichtete Kontroverse bietet oft günstige Lernmöglichkeiten, dies auch für Berufsanfänger oder interessierte Laien. So hoffen wir, daß unsere Leser der Auseinandersetzung als solcher nicht zuviel Beachtung schenken, sondern die Chance wahrnehmen, sich am Beispiel konkreter Probleme methodische und inhaltliche Grundlagen der Psychotherapieforschung anzueignen. Die folgende, von erfahrenen Psychotherapieforschern geleistete detaillierte Untersuchung methodischer und inhaltlicher Probleme bietet unseres Erachtens für problemorientiertes Lernen vielfältige Gelegenheit.

4.1 Über Statistische Methoden in der Psychotherapieforschung

Bernhard Rüger

4.1.1 Vorbemerkungen

„Mathematisch-statistische Effizienzerhebungen gehören zum ‚engineering', nicht zur Psychotherapie, nicht zum menschlichen Wesen, nicht zur Seele. Und wenn Sie in diese Richtung mit der Psychotherapie in Deutschland gehen, dann werden Sie wieder zum Faschismus kommen" (J. Hillman in: Geuter, 1995, S. 49). Diese provozierende Äußerung Hillmans stellt glücklicherweise einen extremen Standpunkt dar, der nicht typisch ist für die Haltung, die unter Psychotherapeuten, auch unter Psychoanalytikern, gegenüber statistischen Methoden in der Psychotherapieforschung eingenommen wird. Andererseits stößt die Anwendung statistischer Verfahren in Evaluationsstudien auch nicht gerade auf einhellige Zustimmung. Wie unterschiedlich die Standpunkte sind, soll aus den folgenden Zitaten hervorgehen.

> „Ich denke, es ist deutlich geworden, daß diese Methodologie [die Tiefenhermeneutik, B.R.] eine gänzlich andere Vorgehensweise als die experimentell-statistische Forschung darstellt, bei der eine Versuchsperson von außen beobachtet und kategorisiert wird, um auf diese Weise zu Gesetzmäßigkeiten des psychischen Funktionierens zu kommen. Auf der einen Seite die strikte Trennung zwischen dem Erkenntnissubjekt und dem Erkenntnisobjekt in der Absicht, physikalische Forschungsmethoden in der Psychologie einzusetzen und jegliche Subjektivität des Forschers zu minimieren, und auf der anderen Seite die Einfühlung und Identifizierung in den zu beforschenden Menschen, was nur im humanwissenschaftlichen Bereich überhaupt möglich ist (denn mit den Reaktionen von chemischen Stoffen z. B. kann man sich nicht identifizieren), mit dem Ziel einer größtmöglichen Subjektivität, die allerdings reflektiert, hermeneutisch abgearbeitet und durch zahlreiche

Sicherungsverfahren der tiefenhermeneutischen Methodik strukturiert wird" (Mertens 1994, S. 82).

„... haben doch beide, Praktiker und Forscher, das gleiche Anliegen, die Suche nach verifizierten Tatbeständen, sei es mehr i. S. mitteilbarer dyadenspezifischer Erkenntnis, sei es mehr als generalisierbare, übergeordnete Theoriebildung aus ‚gehäuften Eindrücken'. – Binder et al. vergleichen 1992 die derzeitige Theorie der Technik mit einer kontinentalen Landkarte, die nur Landesgrenzen ohne Straßenmarkierungen aufzeige. Dem Reisenden wird zwar Ausgangspunkt und Ziel deutlich, doch das dazwischenliegende Terrain bleibt Terra incognita.
Zudem werden empirische Forschungsergebnisse dem Praktiker oft ungeschickt und wenig interessant präsentiert. Meist fehlt die Klarstellung, daß Forschung den hermeneutischen Zirkel des Erkennens nicht außer Kraft setzen, sondern ihn durchleuchten will, um die ‚Chemie psychoanalytischer Prozesse' zu erhellen. Nicht mehr die Eigenschaften des Patienten, sondern die dynamischen Austauschprozesse zwischen ihm und dem Therapeuten, mithin die Persönlichkeit des Therapeuten selbst, rücken in den Blickpunkt der Forschung" (Tress et al. 1994, S. 342).

„Wie kann der Idiosynkrasie des Einzelfalls in der psychoanalytischen Psychotherapieforschung Rechnung getragen werden, ohne auf den Anspruch ganz zu verzichten, daß Forschung immer auf generalisierte Aussagen gerichtet ist? ... Strenger (1991) lokalisiert die Psychoanalyse wissenschaftstheoretisch zwischen der Hermeneutik und der Nomothetik ... Die scharfe Trennung zwischen Verstehen und Erklären sowohl in den Geistes- als auch in den Naturwissenschaften gilt inzwischen als überholt, da beide Modalitäten am Erkenntnisprozeß des Forschers beteiligt sind. Nicht überholt ist dagegen die Frage, ob sich die Psychoanalyse mit der innerpsychoanalytisch-klinischen Forschung begnügen kann oder, falls sie an ihrem Wissenschaftsanspruch festhält, verpflichtet ist, ihre Erkenntnisse in der „scientific community" «öffentlich zu machen», d. h. sich dem interdisziplinären Dialog und der Kritik von außen zu öffnen. Strenger plädiert dafür, daß die Psychoanalyse die »interne bzw. narrative Kohärenz« ihrer Deutungen u.ä. durch externe Kohärenz ergänzt, d. h. sich bemüht, daß ihre Interpretationen und Konzepte nicht im Widerspruch zum generell akzeptierten Wissen anderer wissenschaftlicher Disziplinen und der eigenen Kultur stehen" (Leuzinger-Bohleber, 1995, S. 473).

„Die Reserve vieler Psychoanalytiker gegen eine quantifizierende Erfassung von Psychotherapieergebnissen hat eine fatale Folge gehabt: Über lange Zeit haben sich Psychoanalytiker bei der Operationalisierung von Outcome-Variablen kaum beteiligt und waren dann in ihrem Legitimationsbedürfnis gezwungen, für die Erfassung psychoanalytischer Behandlungen vorgefundene fremdbestimmte, oft außerordentlich reduktionistische Erfassungsinstrumente anzuwenden – was zwangsläufig zur Enttäuschung und Verfestigung des ursprünglichen Vorurteils führen mußte" (Rüger und Senf 1994, S. 112).

Eine sehr bescheidene, klinische Beobachtungen wenigstens ergänzende, Möglichkeit zu generalisierten Aussagen zu gelangen, bieten statistische Methoden in empirischen Psychotherapiestudien. Woher kommt die nicht zu übersehende Voreingenommenheit vor allem auf seiten der Psychoanalytiker (aber nicht nur bei ihnen) gegenüber statistischen Verfahren und deren Ergebnissen? Haben sie ausschließlich ihren Grund in der Besonderheit psychoanalytischer Therapien und den damit zu behandelnden seelischen Störungen, wie es bei W. Mertens (s. o.) anklingt oder auch in einer Bemerkung von *Freud* aus dem Jahre 1909 (vgl. Freud 1947, S. 56 u. 58): „Neurosen haben keinen ihnen eigentümlichen Inhalt, der nicht auch bei Gesunden zu finden wäre ... Ich weiß, daß alle meine Anhänger erst durch die Erfahrung mit der Übertragung von der Richtigkeit meiner Behauptungen über die Pathogenese der Neurosen überzeugt worden sind, und kann sehr wohl begreifen, daß man eine solche Sicherheit des Urteils nicht gewinnt, solange man selbst keine Psychoanalyse gemacht, also nicht selbst die Wirkungen der Übertragung beobachtet hat." Ich meine nicht. Vielmehr gibt es eine Reihe weiterer Gründe für eine Voreingenommenheit gegenüber statistischen Untersuchungen in Psychoterapiestudien.

Einer davon liegt in der problematischen beruflichen Zuständigkeit eines Psychoanalytikers (und der eines Psychotherapeuten im allgemeinen): Psychoanalyse und Psychotherapie wird von vielen als ein eigenständiger wissenschaftlicher Bereich angesehen, der weder Teilgebiet der Medizin noch der Psychologie ist. (Man vergleiche dazu auch Condrau 1995.) Diese Eigenständigkeit, so kann befürchtet werden, droht verlorenzugehen, wenn man sich auf statistische Methoden in der empirischen Psychotherapieforschung verläßt, weil diese Methoden einerseits auf dem Gebiet der klinisch-medizinischen Therapieforschung üblicherweise eingesetzt werden und dadurch eine Vereinnahmung seitens der Medizin drohe und weil sie andererseits im Bereich der Psychologie entwickelt worden seien und eine psychologische Methodenlehre der Statistik sui generis darstellten, mithin eine Vereinnahmung seitens der Psychologie zu befürchten sei. Der letzten Befürchtung wird auch dadurch Vorschub geleistet, daß von vielen Psychologiestatistikern und Psychometrikern übersehen wird, daß es längst, nämlich nun schon in der fünften Wissenschaftlergeneration, eine allgemeine, vom jeweiligen Anwendungsgebiet unabhängige Methodenlehre der Statistik gibt, in der die Grundlagen und Voraussetzungen der einzelnen statistischen Verfahren behandelt und als allgemeinverbindlich ausgewiesen werden.

Ein zweiter Grund für die Voreingenommenheit gegenüber empirisch-statistischer Forschung liegt sicherlich in der mangelnden Transparenz, mit der statistische Ergebnisse hergeleitet werden, in der (scheinbaren) Widersprüchlichkeit mancher Ergebnisse, vor allem aber auch in dem

Ohnmachtsgefühl angesichts der Flut von Veröffentlichungen auf dem Gebiet der Psychotherapieforschung schlechthin: Zum Thema Evaluation gibt es in der Datenbank PSYNDEX im Zeitraum 1977-1996 fast 10.000 Titel, in der Datenbank PSYCHLIT sogar mehr als 13.000 innerhalb der neunziger Jahre.

Der dritte Grund, der eine Reserviertheit gegenüber statistischen Methoden verständlich macht, ist die sehr oft fehlerhafte und unkritische Art ihrer Anwendung – und genau damit wollen wir uns hier beschäftigen. Positiv gewendet mündet das Ziel der vorliegenden Beitrages in die Aufforderung von Jürg Willis, ich zitiere nach Condrau (1995, S. 1359) „Andererseits aber meint er [Jürg Willis, B.R.], auch eine gute deskriptiv-phänomenologische Untersuchung sollte gewisse Grundsätze der empirisch-statistischen Forschung beachten" ... Hier wird ein Punkt angesprochen, der gar nicht ernst genug genommen werden kann. Er zielt auf die folgende wissenschaftliche Grundhaltung eines Statistikers:

Die Beachtung der methodischen Grundsätze statistischer Verfahren entscheidet über den Wert, d.h. die Glaubwürdigkeit eines statistischen Ergebnisses – und nicht der Inhalt des Ergebnisses. Die Ausrichtung (der „Rückzug") auf die Methoden ist für einen verantwortungsvoll arbeitenden Statistiker absolut notwendig: Er arbeitet nicht ergebnis- sondern verfahrensorientiert. Um es verschärft auszudrücken: Wenn man den statistischen Nachweis eines Ergebnisses nicht methodengerecht durchführt, ist das Ergebnis selbst (statistisch!) wertlos, unabhängig davon, wie plausibel es ansonsten sein mag. Nur unter der Wahrung dieses Standpunktes kann empirisch-statistischen Untersuchungen Vertrauen entgegengebracht werden.

Im folgenden geht es um die kritische Beurteilung einiger wichtiger statistischer Verfahren im Bereich der Psychotherapieforschung. Dabei werde ich mich weitgehend auf Hinweise, Fragen und Beispiele beschränken, welche die „klassischen" statistischen Methoden betreffen, einmal, weil diese Methoden (immer noch) am häufigsten eingesetzt werden, zum anderen, weil ihre theoretischen Grundlagen und statistischen Voraussetzungen besonders gut abgesichert und allgemeinverbindlich sind. Die „modernen" statistischen Verfahren, die auch in der Psychotherapieforschung angewendet werden, z. B. Methoden aus der Zeitreihenanalyse, der Theorie stochastischer Prozesse oder der Chaostheorie, besitzen zwar ebenso gut abgesicherte theoretische Grundlagen, sind aber oft für ganz andere Anwendungsgebiete entwickelt worden und verwenden daher als

Voraussetzungen Modelle, die sich nur sehr bedingt auf psychotherapeutische Prozesse übertragen lassen. Zweifellos befindet sich die Statistik hier wie auch woanders in einem Dilemma, das sie als Methodenlehre weder beneidenswert noch attraktiv macht: Ihre Verfahren sollen Erkenntnisse, die in der klinischen Forschung und therapeutischen Praxis oft genug schon vorliegen, empirisch verbindlich absichern, die Entwicklung der dazu geeigneten statistischen Methoden hinkt aber oft dem Erkenntnisprozeß der klinischen Forschung hinterher, die Ergebnisse der in der Regel sehr komplizierten statistischen Verfahren erwecken dann keine Neugier mehr.

4.1.2 Evaluation, Validität, Reliabilität

Eine allgemeinverbindliche Methodik zur Evaluation (Bewertung) von sozialpolitischen oder auch psychotherapeutischen Maßnahmen existiert nicht – mit jeder Evaluationsstudie wird immer ein Stück Neuland betreten, auch in methodischer Hinsicht. Gleichwohl enthalten Evaluationsstudien auch Gemeinsamkeiten, die hier im Mittelpunkt stehen sollen. Dazu gehören im Bereich der Psychotherapieforschung vor allem die Verwendung von Effektgrößen, mit denen die Wirkung einer Therapie oder Intervention erfaßt werden soll, und die Beobachtungen dieser Effektgrößen in einem Patientenkollektiv.

Die Effektgrößen resultieren aus Rating-Instrumenten (Manuals, Inventaren, Fragebögen), die zur Diagnose und Beurteilung psychischer Störungen eingesetzt werden. In der mir zugänglichen Literatur habe ich Hinweise auf insgesamt mehr als 60 verschiedene solche Instrumentarien gefunden; sie stellen ein breit gefächertes und sehr vielseitiges Spektrum mit ganz verschiedenen Schwerpunkten dar. Darunter gibt es Instrumente, die sich auf ganz spezielle Symptombereiche konzentrieren und jeweils nur ein oder zwei Effektgrößen abgeben, und andere, die wesentlich umfassender und differenzierter aufgebaut sind, körperliche, seelische und soziale Beeinträchtigungen enthalten und jeweils eine ganze Reihe von Effektgrößen liefern.

Die Wahl oder Konstruktion geeigneter Effektgrößen und deren Skalierung sind wesentliche Bestandteile einer Evaluationsstudie. Insbesondere müssen die Effektgrößen mit Hilfe eigener oder früherer Patientenstichproben auf ihre Validität und Reliabilität hin überprüft werden. Die Validität ist auf die Frage gerichtet, ob die Effektgröße wirklich das mißt, was gemessen werden soll, und die Reliabilität auf die Frage, wie genau oder zuverlässig mit der Effektgröße gemessen wird. Die allgemeinen Grundsätze und Methoden zu Evaluation, Validität und Reliabilität findet man bei Bergin und Garfield (1994); Bortz und Döring (1995); Faller und Frommer (1994); Koch und Wittmann (1990); Lienert und Raatz (1994); Steyer und Eid (1993), ihre Anwendungen und Probleme sowie Beispiele speziell auf dem Gebiet der Psychotherapieforschungen bei Kächele und Kordy (1995); Lang (1990); Leuzinger-Bohleber (1995); Manz und Schepank (1993); Rudolf (1991); Rudolf et al. (1994); Rüger und Senf (1994); Senf und von Rad (1995); Tschuschke und Czogalik (1990); Zielke (1993). Die entscheidenden Schritte einer Evaluationsstudie sind: Auswahl der Effektgrößen, Skalierung der Effektgrößen, Validitätsprüfung und Reliabilitätsprüfung. Dabei sind folgende Probleme und kritische Punkte zu beachten:

1) Oft wird die Wirkung einer Therapie mit der durch sie verursachten Veränderung der Effektgrößen einfach gleichgesetzt.
2) Die Skalierung einer Effektgröße (die Abstufung eines Items) ist in der Regel sehr frei und teilweise willkürlich festlegbar. Wie stark hängen die (durch eine Therapie verursachten) Veränderungen der Effektgröße von der gewählten Skala ab?
3) Die Validität einer Effektgröße wird in der Regel durch eine Korrelation gemessen, nämlich derjenigen zwischen der Effektgröße und einer Kriteriumsgröße (Zielgröße), mit der die Wirkung einer Therapie verbindlich beurteilt werden kann (Kriteriumsvalidität). Mit dem betreffenden Korrelationskoeffizienten r wird nach Konvention die folgende Validitätsanforderung aufgestellt: Bei Werten von r zwischen 0.4 und 0.6 gilt die Effektgröße als mittelmäßig und bei Werten oberhalb von 0.6 als ausreichend valide. Wenn es ein solches „ideales" Kriterium gibt, so ist die Verwendung einer Effektgröße an seiner Stelle in Evaluationsstudien nur zu rechtfertigen, wenn die Effektgröße wesentlich einfacher erhoben werden kann als die Kriteriumsgröße. Oft wird als Kriterium nur eine andere, mehr oder weniger gut erprobte Effektgröße verwendet, deren Validität nicht angegeben wird; dann handelt es sich bei der Validität der neuen Effektgröße nur um einen relativen Wert.
4) Die Reliabilität wird durch mehrfache, in der Regel nur zweifache Erhebungen der Effektgröße (des Rating-Instrumentes) gemessen (Retestverfahren, Paralleltestverfahren, Testhalbierungsverfahren) und durch den dabei festgestellten Anteil der Kovarianz an der Vari-

anz oder einfach durch Cronbachs Alpha angegeben. Reliabilitätswerte zwischen 0.8 und 0.9 gelten als mittelmäßig, solche oberhalb von 0.9 als hoch. Diese Vorgehensweise ist an bestimmte Voraussetzungen (Homogenitätsannahme, Annahme über die Unkorreliertheit der Meßfehler) gebunden, die in den meisten Evaluationsstudien nicht überprüft werden. Bei Verletzung der Voraussetzungen ist nicht mehr gewährleistet, daß Cronbachs Alpha ein komparatives Maß für die Reliabilität darstellt; zwei verschiedene Alpha-Werte sind dann u. U. nicht mehr vergleichbar.

5) Da es sich wohl in nahezu allen Fällen der Psychotherapieforschung um qualitative Effektgrößen (und Kriteriumsgrößen) handelt, darf bei der oben beschriebenen Art der Validitäts- und Reliabilitätsmessung nicht der übliche Korrelationskoeffizient nach Bravais-Pearson verwendet werden. Vielmehr ist an seiner Stelle der Spearmansche Rangkorrelationskoeffizient zu benutzen, wenn ordinal skalierte Größen vorliegen, oder ein Kontingenzkoeffizient bei lediglich nominal skalierten Größen. Diese Koeffizienten sind nicht unempfindlich gegenüber einer Veränderung der Anzahl der zugrunde gelegten Stufen der Ordinalskala bzw. Ausprägungen der Nominalskala. Damit wird die Validitäts- und Reliabilitätsmessung von der Feinheit der Skalierung der untersuchten Effektgröße (von der Anzahl der für ein Item vorgesehenen Antworten) abhängig.

Mit meinen Bemerkungen habe ich mich ausschließlich auf die weit verbreiteten „klassischen" Evaluationsstudien bezogen, die sich allein auf Effektgrößen stützen. In einer „modernen" Evaluationsmethodik steht das Prozeßgeschehen einer Therapie stärker im Mittelpunkt; als Analyseinstrumente stehen u. a. zur Verfügung: Direktbeobachtungen des Behandlungsprozesses durch Tonband- oder Videoaufzeichnungen, Analysen der therapeutischen Beziehungsentwicklung, dynamische Modelle zur Beschreibung des Prozesses, laufende Forschungsinterviews mit den Patienten, Untersuchungen der psychischen Struktur (strukturellen Störung), Kombinationen von On-Line- und Off-Line-Forschung, Einbeziehung von Supervisionen. Man vergleiche dazu etwa Bergin und Garfield (1994) (Teil III); Hartkamp und Heigl-Evers (1995); Leuzinger-Bohleber (1994, 1995); Rudolf et al. (1995); Schiepek (1994); Schiepek und Kowalik (1994); Shapiro und Emde (1995) und Tress et al. (1994). Auch hier werden aber zur Untersuchung von Einzelfragen immer wieder Effektgrößen herangezogen.

4.1.3 Anwendbarkeit statistischer Tests

Innerhalb einer Evaluationsstudie werden die in einer oder mehreren Patientenstichproben festgestellten Werte der Effektgrößen in der Regel mit statistischen Verfahren ausgewertet. Welche Verfahren sind dafür (in einer gegebenen Situation) geeignet? Mit „geeignet" ist dabei zweierlei gemeint: „erlaubt" und „dem Studienziel gerecht werdend". Hier wenden wir uns der ersten Bedeutung zu, die zweite ist Gegenstand des nächsten Abschnitts.

Jedes statistische Verfahren beruht auf mehr oder weniger stark einschneidenden Voraussetzungen, und nur wenn diese (wenigstens hinreichend genau) erfüllt sind, darf das Verfahren angewendet werden, ist es erlaubt. Man vergleiche dazu die einschlägige Literatur zur statistischen Methodenlehre, z. B. Bortz (1993); Bortz et al. (1990); Büning und Trenkler (1994); Lehmann (1986,1991); Menges (1982); Rüger (1996a) sowie Bredenkamp (1972); Morrison und Henkel (1970).

Die Voraussetzungen richten sich einerseits an die Qualität der Stichprobe, andererseits an die Skalenart und die (Wahrscheinlichkeits-)Verteilung der Effektgrößen. Tendenziell gilt: Je schärfer die Aussagen sind, die das statistische Verfahren ermöglicht, desto einschneidender sind die Voraussetzungen an die Stichproben und Effektgrößen. Am häufigsten werden in Studien zur Psychotherapieforschung die schärfsten statistischen Verfahren eingesetzt, nämlich Signifikanztests, obwohl sie auf Voraussetzungen beruhen, die in diesen Studien praktisch nie erfüllt sind. Generell setzen statistische Tests
(1) Zufallsstichproben
   voraus und bauen darüber hinaus auf ganz bestimmten
(2) Unabhängigkeitsannahmen
   auf, die im wesentlichen besagen, daß die in die Prüfgröße des Tests eingehenden Werte der Effektgrößen unabhängig sein müssen (d.h. zumindest: von verschiedenen Patienten stammen müssen). Die beliebten T-Tests und F-Tests sind zusätzlich an
(3) kardinal skalierte Effektgrößen und
(4) normalverteilte Effektgrößen
   gebunden. Schließlich benötigen die häufig eingesetzten Verfahren der einfachen und multivariaten Varianzanalyse (ANOVA und MANOVA) über die bereits genannten Voraussetzungen hinausgehend noch die Erfüllung der

(5) Varianzhomogenität
in den verschiedenen Gruppen. Ich nehme an, daß fast jeder empirisch arbeitende Psychotherapieforscher diese Voraussetzungen kennt. Kaum einer von ihnen scheint sie aber ernst zu nehmen – und wird in dieser Haltung nicht nur von der Mehrzahl der Veröffentlichungen seines Forschungsbereiches immer wieder bestärkt, sondern auch von einschlägigen methodisch orientierten Lehrbüchern seines Gebietes. Bei Cohen (1988) wird z. B. die entscheidende Voraussetzung (1) an zwei Stellen (S. 2 u. 19) eher beiläufig erwähnt und ansonsten (stillschweigend) als erfüllt vorausgesetzt, und bei Bortz und Döring (1995) findet man dazu auf S. 375 den bemerkenswerten Satz: „Prinzipiell ist für jede irgendwie geartete Stichprobe bzw. für eine ‚Ad-hoc'-Stichprobe im nachhinein eine (fiktive) Population konstruierbar, für die die Stichprobe repräsentativ bzw. zufällig ist."
Andererseits gibt es aber auch nicht nur in theoretischen Statistiklehrbüchern warnende Gegensteuerungen. So zeigten z. B. Scariano und Davenport (1987), wie stark im Fall der ANOVA die α–Wahrscheinlichkeit und erst recht die β-Wahrscheinlichkeit anwachsen, wenn in Verletzung von (2) die Intraklasskorrelation nicht Null (sondern z. B. nur 0.1) ist. Ähnliche Verfälschungen entstehen, wenn eine ANOVA durchgeführt wird, ohne daß (5) erfüllt ist. Zu diesen speziell die ANOVA betreffenden Fragen vergleiche man auch Miller (1986).

Die Probleme, die entstehen, wenn eine geforderte Verteilungsannahme, beispielsweise die Normalverteilungsannahme (4), nicht erfüllt ist, führen zu Untersuchungen der Robustheit des betreffenden Verfahrens; man nennt ein Verfahren robust, wenn es relativ unempfindlich ist gegenüber Abweichungen von der vorausgesetzten Verteilung. Beispielsweise sind der T-Test und der F-Test robust gegenüber Abweichungen von der Normalverteilungsannahme – diese positive Eigenschaft betrifft allerdings nur den Fehler 1. Art (α-Fehler) und nicht die Power und damit den Fehler 2. Art (β-Fehler) dieser Tests. Robustheitsuntersuchungen haben sich innerhalb der Statistik zu einer eigenen Disziplin entfaltet, man vergleiche dazu Büning (1991); Hampel et al. (1986) und vor allem Huber (1981).

Auch eine Verletzung von (3) könnte man unter den Blickwinkel der Robustheit einordnen, nämlich der relativen Unempfindlichkeit des Verfahrens gegenüber Veränderungen der vorausgesetzten Skalierung. Hat man dabei eine Abänderung der Kardinalskala in eine Ordinal- oder

4.1.3 Anwendbarkeit statistischer Tests

sogar nur Nominalskala vor Augen, so wird das Problem jedoch anders gestellt und gelöst: Statt der auf der Kardinalskala aufbauenden Testverfahren (z. B. T-Tests oder F-Tests) werden sogenannte verteilungsfreie oder nichtparametrische statistische Tests (z. B. Wilcoxon-Tests oder Kruskal-Wallis-Tests) verwendet; man vergleiche dazu Bortz et al. (1990); Büning und Trenkler (1994); Conover (1980) und Wolf (1980). Andererseits haben wir bereits darauf hingewiesen, daß bei Ordinal- oder Nominalskalen oft die Anzahl der Abstufungen bzw. Ausprägungen relativ willkürlich ist und z. B. Korrelations- oder Kontingenzmaße davon empfindlich berührt werden. Dieser Sachverhalt trifft auch auf viele nichtparametrische Verfahren zu. Ein spezielles, aber doch sehr erhellendes Beispiel für solche Empfindlichkeiten auch „in umgekehrter Richtung" findet man bei Maxwell und Delany (1993), wo nachgewiesen wird, daß eine Dichotomisierung stetiger Prädiktorgrößen zu einer Überschätzung der Stärke des Zusammenhanges und damit zu Scheinsignifikanzen führen kann.

Wenn man auch, wie wir angedeutet haben, bei Verletzung einiger der genannten Voraussetzungen auf andere Verfahren ausweichen oder sich mit Robustheitsargumenten begnügen kann, muß betont werden, daß die Voraussetzung (1) generell keine Abschwächung gestattet, wenn man statistische Tests verwenden will. (Unter geringfügigen Einschränkungen gilt für Voraussetzung (2) ähnliches.)

Liegen keine Zufallsstichproben vor, so ist die Durchführung von statistischen Tests mit Angaben von P-Values eine sinnleere Konvention. Ein P-Value ist dann weder absolut (im Sinne einer Irrtumswahrscheinlichkeit) noch relativ (im Sinne eines komparativen Signifikanzmaßes) interpretierbar.

Mit „komparativem Signifikanzmaß" ist die übliche Verwendung von P-Values gemeint im Sinne von: „Je kleiner der P-Value, desto höher die Signifikanz". Diese Eigenschaft eines statistischen Tests und seiner P-Values geht im Fall von nichtzufälligen Stichproben verloren, weil dann die Wahrscheinlichkeit dafür, daß der Test zur Ablehnung der Nullhypothese führt, obwohl diese richtig ist (also die Wahrscheinlichkeit für den Fehler 1. Art) nicht nur prinzipiell unberechenbar ist, sondern schlicht eine sinnlose Größe darstellt.

Beispiel 1: Manz und Schepank (1993)
In dieser Studie wird ein von den Autoren entwickeltes Selbstrating-

Instrument zur Erfassung körperlicher, psychischer und sozial-kommunikativer Beeinträchtigungen (KÖPS) an zwei verschiedenen Stichproben untersucht. Bei der ersten handelt es sich offensichtlich um eine Ad-hoc-Stichprobe, bestehend aus 177 Patienten; darunter befinden sich 78 „Gesunde" (Anführungszeichen von Manz und Schepank), 79 psychosomatische Patienten bei Aufnahme in die Psychosomatische Klinik des ZISG Mannheim und 20 organisch erkrankte Patienten des Klinikums Mannheim. Bei der zweiten Stichprobe handelt es sich um 240 Personen eines epidemiologischen Feldforschungsprojektes, das innerhalb des Mannheimer Kohortenprojektes oder in Zusammenhang mit diesem durchgeführt wurde; dem Mannheimer Kohortenprojekt liegt eine Zufallsstichprobe zugrunde (vgl. z. B. Tress, 1986, S. 56-61); von dieser stellen die 240 Personen, wie ich annehme, eine (zufällige?) Teilstichprobe dar. In beiden Stichproben werden T-Tests und F-Tests durchgeführt, ohne auf die darin erforderlichen Voraussetzungen einzugehen. Manz und Schepank führen die genannten Tests jedoch eher marginal, im Sinne zusätzlicher Hilfsinstrumente durch, wie ich den Eindruck habe, und legen das Hauptgewicht ihrer Untersuchung auf die Ergebnisse einer explorativen Faktorenanalyse (Hauptkomponentenanalyse) und die Beurteilung der Validität und Reliabilität ihres Rating-Instrumentes.

Beispiel 2: Howard et al. (1986)
Die Arbeit enthält die Untersuchung eines Kollektivs von 151 Patienten und eine Meta-Analyse über 15 Therapiestudien mit insgesamt 2.431 Patienten. Bei den 151 Personen handelt es sich um erwachsene weibliche Patienten einer privaten psychatrischen Klinik in Chicago. Diese stellen mit großer Sicherheit wieder nur eine „Ad-hoc-Stichprobe" und keine Zufallsauswahl dar. Dieser Situation angemessen und entsprechend dem Ziel der Arbeit (Schätzung einer Dose-Effect-Relation) verwenden Howard et al. keine statistischen Tests zur Auswertung dieser Stichprobe, sondern ein besonderes Schätzverfahren, die Probit-Analyse (vgl. etwa Tutz (1990) oder Fahrmeir und Tutz (1994), die zu einer ganzen Klasse von Schätzverfahren gehört, die für kategoriale Daten mit ordinalem Skalenniveau, wie sie in der Psychotherapieforschung regelmäßig vorliegen, besonders geeignet sind. Doch auch diese Verfahren sind an bestimmte Voraussetzungen gebunden, die auch die Stichprobe betreffen und von Howard et al. (stillschweigend) als erfüllt unterstellt worden sein

müssen. Außerdem werden die 15 Studien in der Meta-Analyse bei Howard et al. an einer Stelle, nämlich bei der Bestimmung von Konfidenzintervallen, so behandelt, als ob sie eine Zufallsstichprobe darstellten, für welche die 15 geschätzten Prozentwerte einer Normalverteilung gehorchen, obwohl beide Annahmen (Zufallsstichprobe und Normalverteilung) kaum erfüllt sein dürften.

Beispiel 3: Seligman (1995)
Im Jahr 1994 führte Consumer Reports eine Befragung unter seinen 180.000 Lesern durch, in der außer den sonst üblichen Fragen über Güter und Dienstleistungen auch solche über Psychotherapie und Medikamente gestellt wurden. Unter den 22.000 Personen, die antworteten, gab es 2.900, die professionelle Unterstützungen oder Therapien bei psychisch oder „nervlich" bedingten Problemen während der letzten drei Jahre in Anspruch nahmen (oder noch nehmen?), darunter 37% bei Psychologen, 22% bei Psychiatern, 14% bei Sozialarbeitern, 9% bei Eheberatern und 18% bei anderen Therapeuten. Seligman wurde bei der Auswertung dieser Erhebung als Berater hinzugezogen. Er beurteilt die Stichprobe folgendermaßen (Seligman, 1995, S. 969): „This survey is, as far as I have been able to determine, the most extensive study of psychotherapy effectiveness on record. The sample ... is roughly representative of the middle class and educated population who make up the bulk of psychotherapy patients ... The CR sample, moreover, is probably weighted toward problem solvers, people who actively try to do something about what troubles them." In Hinblick auf die Beurteilung der Repräsentativität ist Seligman sicherlich zuzustimmen; um eine Zufallsstichprobe handelt es sich bei diesen 2.900 Personen aber natürlich nicht, und konsequenterweise erscheint auch nur an einer Stelle, und zwar sehr marginal, einmal die Angabe des Ergebnisses eines statistischen Tests, nämlich als Fußnote einer Tabelle auf Seite 969.

Beispiel 4: Schulte et al. (1991)
Die Patientenstichprobe besteht in dieser Studie aus 120 Phobikern; sie ist nach einem Erhebungsschema (vgl. Abbildung 1 bei Schulte et al., 1991, S. 19) zustandegekommen, an dem man erkennt, daß sicherlich keine Zufallsstichprobe vorliegt – auch die „weitgehend nach Zufall" (Schulte et al., 1991, Seite 17) vorgenommene Verteilung dieser 120 Patienten auf drei verschiedene Behandlungsgruppen ändert nichts daran.

(Aus einer nichtzufälligen Ausgangsstichprobe entstehen durch randomisierte Zuweisungen keine Zufallsstichproben.) Gleichwohl steht die Durchführung statistischer Tests im Mittelpunkt der Auswertungsverfahren der Erhebung: Für die verschiedensten Fragestellungen und Teilstichproben (teilweise mit einstelligem Stichprobenumfang) werden nicht weniger als 75 Tests durchgeführt (Chi-Quadrat-Tests und F-Tests), deren spezielle, über die Annahme einer Zufallsstichprobe hinausgehende Voraussetzungen sicherlich auch nicht erfüllt sind.

4.1.4 Geeignete statistische Verfahren

Die Antwort auf die für jede empirische Studie ganz zentrale Frage, welche statistischen Verfahren zur Auswertung der beobachteten Daten geeignet sind, hängt von drei Kriterien ab: der Skalierung der Effektgrößen, der Qualität der Stichprobe und der Art der Untersuchung (dem gesteckten Untersuchungsziel).

Skalierung der Effektgrößen
Für Effektgrößen wie ganz allgemein für Untersuchungsmerkmale werden die folgenden drei Skalenarten (in aufsteigender Reihenfolge) unterschieden: *Nominalskala* (die Ausprägungen des Merkmals stellen Bezeichnungen dar und dienen der Klassifizierung, Beispiele: Geschlecht, Familienstand), *Ordinalskala* (zwischen den Ausprägungen des Merkmals herrscht eine Rangabstufung oder Ordnungsrelation, Beispiele: Beurteilung einer Leistung, Schwere einer Erkrankung, nahezu alle Items eines Rating-Instrumentes) und *Kardinalskala* (der Unterschied zwischen zwei Ausprägungen läßt sich durch ihre Differenz *(Intervallskala)* oder ihren Quotienten *(Verhältnisskala)* wiedergeben, Beispiele: Temperatur, Länge, Gewicht, Dauer einer Behandlung). Zu jeder Skala gibt es die passenden statistischen Verfahren und Parameter; diese beruhen (unmittelbar oder mittelbar, d. h. unter Anwendung geeigneter Transformationen) bei nominalskalierten Daten auf Häufigkeitsverteilungen der Stichprobe (Beispiele: Kontingenztafeln, Chi-Quadrat-Tests), bei ordinal skalierten Daten auf den Rängen der Beobachtungswerte (Beispiele: Rangkorrelationen, Wilcoxon-Tests) und nur bei kardinal skalierten Daten unmittelbar auf den beobachteten Werten selbst (Beispiele: übliche Korrelationen, T-Tests, F-Tests).

4.1.4 Geeignete statistische Verfahren

Qualität der Stichprobe

Auch für Stichproben möchte ich drei Qualitätsstufen (in aufsteigender Reihenfolge) unterscheiden: beliebige oder „ad-hoc" Stichproben (an die keinerlei Voraussetzungen gestellt werden), *repräsentative Stichproben* (mit gewissen, mehr oder weniger starken Repräsentativitätsanforderungen) und *Zufallsstichproben* (bei denen jedes Element der Population eine berechenbare und von Null verschiedene Wahrscheinlichkeit besitzt, in die Stichprobe zu gelangen). – In diesem allgemeinen Sinn fallen unter die Zufallsstichproben auch *geschichtete Stichproben* und *Klumpenstichproben*. Die *uneingeschränkte* oder *reine Zufallsauswahl*, bei der jede gleich große Teilmenge (und damit insbesondere jedes Element) der Population die gleiche Wahrscheinlichkeit besitzt, in die Stichprobe zu gelangen, ist eine spezielle Zufallsstichprobe. Auch die Beobachtungen einer Effektgröße in einem oder mehreren Patientenkollektiven stellt eine Zufallsstichprobe dar, wenn man davon ausgehen kann, daß die Beobachtungen voneinander unabhängig sind und jeweils bei jedem Patienten des Kollektivs derselben Verteilung gehorchen, die auch in der betreffenden Population herrscht. – Die Repräsentativität einer Stichprobe wird in der Regel dadurch nachgewiesen, daß gewisse Merkmale wie Alter, Geschlecht, Krankheitsbilder usw. in der Stichprobe mit etwa denselben relativen Häufigkeiten auftreten wie in der Population, aus der die Stichprobe gewählt wurde. Bei der *Quotenstichprobe* werden solche Anteilswerte („Quoten") der Population für die Stichprobe vorgeschrieben, wobei die Erfüllung der Quoten nach Gutdünken vorgenommen wird. Es bleibt anzumerken, daß es sich bei der „Repräsentativität" um einen recht vagen Begriff (jedenfalls keinen statistischen Fachbegriff) handelt.

Art und Ziel der Untersuchung

In der Statistik werden drei Typen von Untersuchungen mit denen ihnen zugehörigen statistischen Verfahren betrachtet: deskriptive, explorative und konfirmative Untersuchungen. *Deskriptive Untersuchungen* dienen einer möglichst informativen Beschreibung der beobachteten Datenmenge; sie sind an keine Voraussetzungen über die ihnen zugrundeliegenden Stichproben gebunden; streng genommen beziehen sich alle Aussagen deskriptiver Art nur auf die vorliegenden Beobachtungswerte. *Explorative Untersuchungen* haben den Zweck, Gesetze oder Hypothesen aus den beobachteten Daten zu erkennen, Sachverhalte also, die über die Beobachtungsdaten hinausgehen und typisch oder charakteristisch für den Untersuchungsgegenstand sind; daher setzen solche Untersuchungen nicht zu kleine und (in irgendeiner Form) repräsentative Stichproben voraus. *Konfirmative (explanative) Untersuchungen* dienen der Prüfung, dem statistischen Nachweis (der „Signifikanz") von Gesetzen oder Hypothesen, die in einer Population gültig sind, aus der die Stichprobe mit ihren Beobachtungswerten stammt; diese Untersuchungen und ihre statistischen Verfahren (Tests, Schätzungen, Konfidenzintervalle) sind an Zufallsstichproben gebunden. Jede der drei Untersuchungsarten hat ihre eigenen statistischen Methoden; es gibt deskriptive, explorative und konfirmative statistische Verfahren.

Zusammenfassend ist festzustellen, daß bereits bei der Planung einer empirischen Studie dafür zu sorgen ist, daß das gesteckte Untersuchungsziel und die Qualität der Stichprobe zusammenpassen, damit überhaupt adäquate statistische Verfahren existieren und in Abhängigkeit von der vorliegenden Skalenart ausgewählt werden können. Innerhalb der Psychotherapieforschung überwiegen bei weitem solche Studiensituationen, in denen deskriptive und explorative Methoden die adäquaten statistischen Verfahren sind.

Diese Methoden findet man z. B. bei Enke et al. (1992); Ferschl (1985); Hoaglin et al. (1983, 1985, 1991); Lebart (1984); Menges (1982); Polasek (1994); Tukey (1977).

4.1.5 Multiple Tests (Simultaneous Inference)

In empirischen Studien zur Psychotherapieforschung, in denen statistische Tests zur Anwendung gelangen, werden in nahezu allen Fällen nicht ein, sondern mehrere, oft sehr viele Tests auf dieselbe Erhebung (Stichprobe) angewendet und die dazugehörigen P-Values bestimmt, wobei in jedem Einzeltest ein Ergebnis als signifikant bzw. hochsignifikant ausgewiesen wird, wenn der betreffende P-Value kleiner als 0.05 bzw. 0.01 ausfällt.

Beispiele: Bei Schulte et al. (1991) werden in einer Erhebung von 120 Patienten (nach Reduzierung der Drop-outs nur noch 97 Patienten) 75 verschiedene statistische Tests durchgeführt. Bei Reinders et al. (1994) werden in einer Erhebung von 9 Patienten 8 verschiedene Tests zur Anwendung gebracht. Bei Weinert und Schneider (1993) werden in einer Stichprobe von 192 Kindern an einer Stelle (Tab. 12, S. 127) 26 verschiedene F-Tests (Gruppenvergleiche in einer Varianzanalyse) durchgeführt, wovon die beiden mit signifikanten Ergebnissen hervorgehoben und interpretiert werden.

Diese dargestellte Vorgehensweise der Durchführung mehrerer Tests in ein und derselben Stichprobe (multiple Tests, simultane Inferenz) bedarf einer Adjustierung der Signifikanzniveaus (Schranken für die Wahrscheinlichkeiten der Fehler 1. Art) der Einzeltests, die dazu führt, daß das Ergebnis eines Einzeltests erst bei einem wesentlich kleineren P-Value als signifikant bzw. hochsignifikant anzusehen ist als den dafür üblichen Schranken 0.05 bzw. 0.01. Eine solche Korrektur wird in keiner der mir bekannten Studien vorgenommen. Sie ist notwendig, weil die einzelnen Tests mit derselben Stichprobe durchgeführt werden und damit voneinander abhängig sind. Diesem Umstand trägt man in der Theorie multipler Tests dadurch Rechnung, daß man die Einzeltests zu einem Gesamttest (einer ganzen Testprozedur) zusammenfaßt und an den Gesamttest die Forderung stellt, daß seine globale oder multiple Wahrscheinlichkeit für den Fehler 1. Art eine vorgegebene Schranke α nicht überschreitet. Dies wird dadurch erreicht, daß die Einzeltests mit einer deutlich kleineren Schranke für die betreffenden Irrtumswahrscheinlichkeiten als das globale α durchgeführt werden. Die einfachste derartige Vorgehensweise ist die Testprozedur nach Bonferroni: Werden k Einzeltests durchgeführt, so wird nach dieser Prozedur die globale Schranke α zu gleichen Teilen α/k auf die Einzeltests aufgeteilt; dadurch ist (wenn auch auf sehr konservative Weise) gewährleistet, daß der Gesamttest das Signifikanzniveau α einhält. Ein Einzeltest weist also erst dann ein signifikantes bzw. hochsignifikantes Ergebnis auf, wenn sein P-Value kleiner als 0.05/k bzw. 0.01/k (Bonferroni-Adjustierung) ausfällt. Es gibt andere, ausgefeiltere multiple Testprozeduren, die nicht so konservativ wie die Bonferroni-Testprozedur sind und mit einer weniger starken Adjustierung auskommen; man vergleiche dazu die einschlägige Literatur zu multiplen Tests, z. B. Bauer et al. (1988); Horn und Vollandt (1995); Hsu (1996); Miller (1981).

4.1.6 Meta-Analysen

In Meta-Analysen sollen die Ergebnisse mehrerer, oft sehr vieler empirischer Studien eines gemeinsamen Forschungsgebietes zusammenfassend beurteilt werden. Angesichts der Flut von Arbeiten in der empirischen

Psychotherapieforschung sind auf diesem Gebiet Meta-Analysen besonders wichtig und beliebt. Sie erhalten oft die Bedeutung einer letztinstanzlichen Gerichtsentscheidung über den Wert und die Wirkung einer Therapiemethode, auch im Vergleich zu anderen Therapieverfahren. Die methodische Vorgehensweise einer Meta-Analyse muß daher auch in statistischer Hinsicht besonders gewissenhaft und sachadäquat sein. Neben den allgemeinen Prinzipien der statistischen Methodenlehre sind insbesondere die folgenden Grundsätze bei der Lösung typischer meta-analytischer Probleme zu beachten; man vergleiche dazu vor allem Bortz und Döring (1995, S. 589-607) sowie Cook et al. (1992); Cooper und Hedges (1994); Fricke und Treines (1985); Glass et al. (1981); Hedges und Olkin (1985).

Auswahl und Bewertung der Studien
In eine Meta-Analyse sollten möglichst alle empirischen Studien des betreffenden Forschungsgebietes eingehen, die vergleichbare Fragestellungen behandeln und gewisse methodische Mindestanforderungen erfüllen (liberale Selektionskriterien). Die ausgewählten Studien sollten bezüglich bestimmter Qualitätsmerkmale mit Hilfe von Rating-Skalen bewertet werden, so daß jeder Studie die Qualitätsstufen zugeordnet werden, die sie in den verschiedenen Qualitätsmerkmalen erreicht hat (vergleichbar mit den Noten der verschiedenen Fächer eines Zeugnisses). Als Qualitätsmerkmale können dabei berücksichtigt werden: Umfang und Qualität der Stichprobe, Berücksichtigung von Kontroll- und Vergleichsgruppen, Validität und Reliabilität der eingesetzten Effektgrößen (Fragebogen), Adäquatheit der verwendeten statistischen Verfahren usw. Die Bewertung einer Studie sollte dann mit ihren Effektgrößen in Beziehung gesetzt werden, so daß eine Art Gewichtung der in jeder Studie beobachteten Effekte stattfindet.

Gesamtstichprobe einer Meta-Analyse
Grundsätzlich basieren die Ergebnisse einer Meta-Analyse auf einer Gesamtstichprobe, die durch Vereinigung der Stichproben der Einzelstudien zustandekommt, so daß der Umfang der Gesamtstichprobe die Summe der einzelnen Stichprobenumfänge ist. Nach diesem Grundsatz darf in ein meta-analytisches Ergebnis von jeder Einzelstudie nur ein Testergebnis eingehen, und zwar gewichtet mit dem Umfang der Studien-

stichprobe. Auf diese Weise geht die Anzahl der Patienten, an denen ein bestimmter Therapieeffekt beobachtet wurde, als eine wesentliche Größe in das meta-analytische Ergebnis ein.

Behandlung abhängiger Effektgrößen
In der Regel werden in jeder Einzelstudie an ein und derselben Patientenstichprobe mehrere Effektgrößen beobachtet. Diese Beobachtungen sind voneinander abhängig und dürfen deshalb nicht als Einzelbefunde in ein meta-analytisches Ergebnis eingebracht werden. Täte man dies nämlich, so entstünde die untragbare Tendenz, daß eine Einzelstudie in der Meta-Analyse ein desto höheres Gewicht bekommt, je mehr Effektmaße in ihr erhoben wurden; die Anzahl der in ihr untersuchten Patienten würde demgegenüber an Gewicht verlieren. Dieser Umstand verdient auch deswegen besondere Beachtung, weil es Studien gibt, in denen die Anzahl der erhobenen Effektmaße relativ zur Auswahl der Patienten unverhältnismäßig groß ist, letztere sogar übersteigt. Abhängige Effektgrößen, die aus derselben Studie stammen, müssen zu einer Größe, einer Art „Gesamteffekt" der Studie, zusammengefaßt werden, bevor sie in eine meta-analytische Aussage eingehen. Eine solche Zusammenfassung (oft durch einfache Mittelbildung) darf aber nur für die Effektgrößen vorgenommen werden, die homogen sind, d. h. den gleichen Populationseffekt beschreiben. Vor ihrer Zusammenfassung ist also ein Homogenitätstest durchzuführen.

Behandlung inhomogener Effektgrößen
Oft enthält eine Studie (auch nach Zusammenfassung von jeweils homogenen Effektmaßen) noch mehrere inhomogene Effektgrößen, die verschiedene, unvergleichbare Therapiewirkungen beschreiben. Ist das in den für eine Meta-Analyse ausgewählten Studien der Fall, so hat man für jede dieser inhomogenen Effektgrößen eine eigene Meta-Analyse durchzuführen. In eine solche auf eine Effektgröße bezogene Sub-Meta-Analyse können natürlich nur die Studien einbezogen werden, die diese Effektgröße untersuchen.

Beurteilung des Gesamteffektes
Zur meta-analytischen Beurteilung eines Gesamteffektes, der aus k einzelnen Studien resultiert, geht man von einem Einzeleffekt Δ_i aus, der in der Studie i an einer Patientenstichprobe des Umfangs n_i beobachtet

wurde (i=1,...,k), und unterstellt, daß diese Einzeleffekte $\Delta_1,...,\Delta_k$ gegebenenfalls nach geeigneten Transformationen auf derselben Skala gemessen werden. (Zu diesen meines Erachtens nach nicht unproblematischen Transformationen vergleiche man Bortz und Döring (1995, S. 592-595.) Dabei ist vorauszusetzen, daß die $\Delta_1,...,\Delta_k$ homogen sind. (Auch hier ist ein entsprechender Homogenitätstest angebracht.) Auf dieser Grundlage bildet man das gewogene Mittel $\overline{\Delta} = \frac{1}{n}(n_1\Delta_1+...+n_k\Delta_k)$, wobei $n=n_1+...+n_k$ ist, und betrachtet $\overline{\Delta}$ als Schätzung des unbekannten Populationseffektes δ. Weiterhin wird angenommen, daß $\overline{\Delta}$ hinreichend gut normalverteilt ist – eine Annahme, die für kleine Werte von k fragwürdig ist (es sei denn, man könnte davon ausgehen, daß jedes Δ_i normalverteilt ist) – und führt damit einen statistischen Test für die Nullhypothese $\delta = 0$ durch; wird dabei die Nullhypothese abgelehnt, so liegt ein signifikanter Gesamteffekt vor.

Kombination statistischer Tests
Viele empirische Studien begnügen sich mit der Angabe des Stichprobenumfangs und der Mitteilung der Ergebnisse von Signifikanztests einschließlich der betreffenden P-Values, geben aber keine Werte von Effektgrößen an. Solche Studien sind für eine Meta-Analyse nur bedingt tauglich – die oben beschriebenen Verfahren lassen sich in diesen Fällen jedenfalls nicht anwenden. Man kann aber versuchen, die einzelnen Signifikanzaussagen der Studien zu einer Gesamtaussage über die Signifikanz oder Nichtsignifikanz eines Effekts zu kombinieren. Für derartige Kombinationen von Signifikanztests werden bei Bortz und Döring (1995, S. 604 ff.) vier Verfahren angeführt: Auszählungen der signifikanten Ergebnisse („vote-counting"), Vorzeichentest, Binomialtest und Bestimmung der exakten Irrtumswahrscheinlichkeiten (nach Stauffer et al.). Auch für diese Verfahren darf man grundsätzlich aus jeder Studie nur eine Signifikanzaussage verwenden. Kombinierte Signifikanztests sind nach Bortz und Döring „nur als ein selten einzusetzender Notbehelf" anzusehen, und zwar vor allem aus zwei Gründen: Erstens enthalten sie keine Information über die Größe des zugrundeliegenden Effekts, und zweitens erlauben sie oder besser die betreffenden Einzelstudien keine Homogenitätsprüfungen, so daß ungeklärt bleiben muß, ob die einzelnen Signifikanzaussagen auf homogenen, miteinander vergleichbaren Effektgrößen beruhen, eine Bedingung, die erfüllt sein muß, damit die meta-analytische Gesamtaussage des kombinierten Signifikanztests sinnvoll wird. Unter den vier genannten Kombinationsverfahren gilt das

„vote-counting" als das schwächste; mit ihm kann nach Bortz und Döring (s.o.) nur „ein erster Überblick über den Forschungsstand vermittelt werden".

Beispiel 5: Grawe et al. (1994)
Die bekannte Monographie von Grawe et al. (1994) stellt den fast 900seitigen Untersuchungsbericht eines sehr aufwendigen und intensiven meta-analytischen Forschungsprojektes dar, an dem eine Berner Forschergruppe um Grawe mit bis zu 16 Wissenschaftlern über mehr als 13 Jahre gearbeitet hat (Erhebungszeitraum über mehr als vier Jahre, Auswertungzeitraum über etwa neun Jahre [vgl. Grawe et al. 1994, S. 31]). Die Monographie enthält zwei Meta-Analysen, eine sehr umfangreiche und differenzierte auf den Seiten 55-653 und eine kürzere, mit wesentlich schärfer formulierten Ergebnissen auf den Seiten 653-671. Darüber hinaus werden auf den Seiten 696-703 Beurteilungen zur Dauer einer Psychotherapie abgegeben, die sich im wesentlichen auf zwei Studien stützen, nämlich auf die oben in Beispiel 2 erwähnte Arbeit von Howard et al. (1986) und auf eine Meta-Analyse von Orlinsky et al. (1994). Die Meta-Analyse von Grawe et al. hat eine ganze Reihe kritischer Stellungnahmen und Gegendarstellungen hervorgerufen: Mertens (1994); Tschuschke et al. (1994); Kächele (1995); Kaiser (1995); Leichsenring (1996); und Heckrath und Dohmen (1997). Zu den statistischen Methoden der Meta-Analyse gibt es die kontroversen Darstellungen von Rüger (1994), Grawe (1995), Rüger (1996 b) und Grawe (1996). Darauf muß hier nicht mehr in allen Einzelheiten eingegangen werden. Erwähnt werden sollen nur die folgenden Kritikpunkte, welche die oben vorgestellten meta-analytischen Grundsätze betreffen.

1) Die der ersten Meta-Analyse zugrundeliegenden 897 Studien – sie stellen eine nach bestimmten Selektionskriterien vorgenommene Auswahl aus allen bis Ende 1983 durchgeführten kontrollierten Psychotherapiestudien (mehr als 3500 an der Zahl) dar – werden zwar einer sehr differenzierten Qualitätsbeurteilung mit acht Gütekriterien unterzogen, diese Bewertung der Studien geht aber nicht in die meta-analytischen Auswertungen und Ergebnisse ein. Dieser Umstand wird auch bei Tschuschke et al. (1994, S. 289) bedauert.
2) Auch wenn Grawe et al. in der ersten Meta-Analyse eine Differenzierung der Therapiewirkung nach zehn verschiedenen Veränderungsbereichen vornehmen, besteht in ihrer Art der meta-analytischen Beur-

teilung eines Bereichs die fragwürdige Tendenz, daß mit der Anzahl der Effektgrößen, die in einer Studie innerhalb des Bereichs erhoben werden, das Gewicht der Studie in der Meta-Analyse zunimmt. Man vergleiche dazu die bei Grawe et al. (1994, S. 94) beschriebene Vorgangsweise: „Pro Veränderungsbereich wurde eine Veränderung konstatiert, wenn bei der untersuchten Behandlungsbedingung in *mindestens einem* [Hervorhebung B.R.] Maß eine signifikante Veränderung aufgetreten war bzw. sich ein Unterschied zur Kontrollgruppe oder einer anderen Vergleichsbedingung gezeigt hatte."

3) Diese Tendenz verstärkt sich noch, wenn über die zehn Veränderungsbereiche, sei es auch nur als verbale Zusammenfassung, aggregiert wird, wie dies zur meta-analytischen Gesamtbeurteilung einer Therapieart bei Grawe et al. häufig geschieht. Hier wird dann nicht mehr zwischen unabhängigen (aus verschiedenen Studien) und abhängigen (aus gleichen Studien stammenden) Effektgrößen und den entsprechenden Signifikanztests unterschieden.

4) Die Stichprobenumfänge (Größe der Patienten- bzw. Probandenkollektive) in den Einzelstudien gehen in die meta-analytische Auswertung nicht ein. Diese doch ganz entscheidenden Größen werden zwar im Kriterienkatalog zur Qualitätsbeurteilung der Studien herangezogen – dazu heißt es bei Grawe et al. (1994, S. 74): „Negativ wurde gewichtet: ... wenn die Anzahl der Versuchspersonen pro Behandlungsbedingungen geringer als 10 war"–, die Sample-Umfänge werden auch in den sehr ausführlichen Übersichten über die 897 Studien der ersten Meta-Analyse angegeben, in den meta-analytischen Gesamtbeurteilungen der verschiedenen Therapiearten werden sie (innerhalb der ersten Meta-Analyse) jedoch nicht berücksichtigt. (Für die zweite Meta-Analyse, die auf 41 größtenteils anderen Studien beruht, bleibt diese Frage offen; die betreffenden Stichprobenumfänge werden nicht angegeben.)

5) Aus den drei letzten Kritikpunkten ergibt sich der bemerkenswerte Umstand, daß (in der ersten Meta-Analyse von Grawe et al.) die Anzahl der Effektgrößen und ihrer Messungen in einer Einzelstudie der betreffenden Studie ein höheres Gewicht verleiht als die Anzahl der in ihr untersuchten Patienten. Dieser Sachverhalt gilt tendenziell auch für die zweite Meta-Analyse.

6) Die der zweiten Meta-Analyse zugrundeliegenden 41 Studien werden nicht mehr einer so differenzierten Qualitätsbeurteilung wie die 897

Studien der ersten Meta-Analyse unterzogen. Die 41 Studien sind aufgrund bestimmter Selektionskriterien (vgl. Grawe et al. 1994, S. 653) aus allen bis 1991 veröffentlichten Therapiestudien ausgewählt worden, in denen mindestens zwei der vier folgenden Therapieformen verglichen werden: kognitiv-behaviorale Therapie, psychoanalytische Therapie, Gesprächstherapie und Familientherapie. Eine Bewertung der Studien findet nicht statt. Es werden statistische Tests benützt, deren erforderliche Voraussetzungen nicht überprüft werden und wohl kaum erfüllt sein dürften; vergleiche dazu Rüger (1994).

7) Zum Vergleich zweier Therapieformen in der zweiten Meta-Analyse werden zunächst einmal stets die Differenzen aus den Messungen der Effektgrößen innerhalb der betreffenden Studien graphisch dargestellt und interpretiert (vgl. dazu die sogenannten Differenzwertprofile auf den Seiten 663-667 bei Grawe et al. [1994]), ohne zu unterscheiden, ob es sich dabei um abhängige, weil aus der gleichen Studie stammende Werte handelt, oder nicht. Um den Vergleich einem statistischen Test zugänglich zu machen und die dazu erforderliche Unabhängigkeit herzustellen, wird anschließend zwar für jede Studie aus ihren verschiedenen Effektwerten eine mittlere Effektstärke bestimmt (und die unabhängigen mittleren Effektstärken verglichen) – die dazu erforderliche Homogenitätsprüfung der betreffenden Effektgrößen (sowohl innerhalb als auch zwischen den Studien) findet jedoch nicht statt.

Man erkennt, daß sich die hier und auch schon bei Rüger (1994) vorgebrachten Kritikpunkte ausschließlich auf die statistischen (auch metaanalytischen) Methoden bei Grawe et al. (1994) beziehen und auf den unterstellten Sicherheitsgrad der dort behaupteten Aussagen, nicht aber auf den Inhalt der von Grawe et al. formulierten Ergebnisse. Diese in der Statistik übliche methodenorientierte Grundhaltung wird mir gerade auch von Grawe selbst bestätigt, indem er in seinem Kommentar zu meiner Kritik schreibt: „Die strikte Abstinenz Rügers gegenüber allem Fachspezifischen kommt auch darin zum Ausdruck, daß er sich nie zu inhaltlichen Spekulationen darüber hinreißen läßt, welche Auswirkungen seine kritischen Anmerkungen auf die resultierenden inhaltlichen Ergebnisaussagen haben könnten, ..." (Grawe 1995, S. 224 f.). So leicht, wie es sich Grawe mit Spekulationen über den Inhalt von Ergebnisaussagen macht, kann ein Statistiker damit allerdings nicht umgehen; so leicht nämlich, wie es bei Grawe (1995) auf Seite 226 anklingt, wenn er schreibt: „In keiner einzigen Meta-Analyse hat es bisher auch nur den Hauch einer Andeutung gegeben, daß die psychoanalytische Therapie bessere Therapieeffekte erzielt als die Verhaltenstherapie. Es geht in Wirklichkeit immer nur um das Ausmaß, in dem die Verhaltenstherapie überlegen ist. Der Streit darum, ob dieses Ausmaß statistisch signifikant ist, ist letztlich müßig."

4.1.7 Datenbedingte Grenzen

Neben den oben beschriebenen statistisch-methodischen Voraussetzungen und Bedingungen setzen die Daten, die in einer oder mehreren empirischen Untersuchungen erhoben werden, den Auswertungen und Interpretationen in einer Studie oder auch in einer Meta-Analyse auf ganz natürliche Weise Grenzen. Ihre Bedeutung läßt sich oft nur tendenziell beurteilen und wird eher am Rande einer statistischen Methodenlehre diskutiert. Die Grenzen werden in Psychotherapiestudien vor allem durch die Anzahl der in einer Studie untersuchten Patienten und durch die psychotherapeutischen Methoden festgelegt, mit denen sie behandelt wurden. In Mißachtung dieser Grenzen kommt es oft zu Über- oder Fehlinterpretationen, zu Überfrachtungen und zu Vermengungen von intra- und interindividuellen Unterschieden.

Über- oder Fehlinterpretationen kommen z. B. zustande, wenn in einem relativ kleinen Patientenkollektiv unter vielen nichtsignifikanten auch einige signifikante Auffälligkeiten entdeckt und in den Mittelpunkt gestellt werden oder wenn die Ergebnisse, die für eine bestimmte spezielle Therapieform nachgewiesen werden konnten, auf andere oder allgemeinere Therapiearten ohne nähere Begründung übertragen werden. Diese Arten von Interpretationsfehlern lassen sich nicht selten deswegen so schwer aufdecken, weil die ursprünglichen Beobachtungsdaten mitsamt dem gesteckten Therapierahmen nicht oder nur unvollständig mit veröffentlicht werden.

Beispiel 6: Grawe et al. (1994) und Grawe (1996)
In der zweiten Meta-Analyse bei Grawe, K. et al. (1994) kommen die Autoren auf Seite 662 zu dem Ergebnis: „Wir können daher ohne jeden Vorbehalt die inhaltliche Ergebnisaussage machen: Verhaltenstherapie ist im Durchschnitt hochsignifikant wirksamer als psychoanalytische Therapie." Diese Ergebnisaussage wird auf 19 Therapiestudien und deren mitt-

lere Effektmaße gestützt. Diese 19 Mittelwerte werden allerdings nicht bei Grawe et al. (1994), sondern erst in Grawe (1996, Tab. 1, S. 65) angegeben. Darunter befinden sich 18 Werte, die eine Überlegenheit der Verhaltenstherapie ausdrücken, und nur einer, der eine Überlegenheit der psychoanalytischen Therapie darstellt. Die Kritik an der Mittelung über alle Effektmaße einer Studie, darunter mit Sicherheit auch recht inhomogener, wurde oben bereits vorgebracht (vgl. Beispiel 5). Hier steht die Datenlage der 19 Studien zur Debatte, genauer: die in diesen Studien angewandten psychotherapeutischen Methoden. Eine nähere Untersuchung der Studien (man vergleiche dazu auch Leichsenring (1996) oder Heckrath und Dohmen (1997) zeigt: In keiner der Studien wird eine klassische psychoanalytische Langzeittherapie untersucht, nur einige wenige, etwa fünf Studien, haben psychoanalytisch orientierte Kurztherapien zum Gegenstand, die durchschnittliche Dauer der in den Studien durchgeführten und als „psychoanalytisch" ausgewiesenen Therapien beträgt im Einzelsetting 17 Wochen mit ca. 20 Sitzungen, im Gruppensetting ca. 40 Sitzungen. Diese Datenlage hätten Grawe K. et al. zu einer wesentlich eingeschränkteren Ergebnisaussage veranlassen müssen als der oben erwähnten!

Überfrachtungen entstehen, wenn an einer relativ kleinen Patientenstichprobe eine unverhältnismäßig große Anzahl von Variablen erhoben oder statistische Auswertungen vorgenommen werden. Es ist verständlich, wenn durch die Erhebung sehr vieler Variablen ein möglichst breiter und differenzierter Erhebungsrahmen für die Beurteilung einer Therapiemethode geschaffen werden soll. Tendenziell wächst jedoch die statistisch bedingte Unsicherheit und Ungenauigkeit mit der Anzahl der beobachteten Variablen bzw. Auswertungen, die an einem festen Patientenkollektiv vorgenommen werden, so daß Situationen entstehen, die zu Unsicherheiten und Nichtidentifizierbarkeiten von Parametern führen. (Aus einer Stichprobe vom Umfang n lassen sich höchstens n unbekannte Parameter der Population schätzen; man beachte in diesem Zusammenhang, daß die Mittelwerte, Varianzen und Korrelationen von k Variablen bereits k(k+3)/2 Parameter darstellen; für die Anzahl k der Variablen kann als Beschränkung die Faustregel $k \leq \sqrt{n}$ gelten.) Nicht selten hat man bei empirischen Studien zur Psychotherapieforschung den Eindruck, daß der Nachteil eines kleinen Stichprobenumfanges durch eine möglichst große Anzahl von Variablen oder statistischen Tests kompensiert werden soll. Man trifft sogar auf Studien, in denen die

Anzahl der Variablen diejenigen der Patienten übertrifft. Es kann nur fallweise beurteilt werden, ob und in welchem Ausmaß Überfrachtungen zu irrtümlichen Aussagen oder Fehlinterpretationen führen. Es muß nicht mehr betont werden, daß es sich bei „Überfrachtung" nicht um einen statistischen Fachbegriff handelt.

Beispiel 7: Grawe et al. (1990)
Der Berner Therapievergleichsstudie von Grawe, K. et al. (1990) liegt ein Kollektiv von 63 Patienten zugrunde. Diese werden in vier Gruppen (dreimal mit 16, einmal mit 15 Patienten) nach vier verschiedenen Therapiemethoden (drei verschiedene Arten von Verhaltenstherapie und Gesprächstherapie) behandelt. Von jedem Patienten werden 55 Variablen beobachtet und sowohl innerhalb als auch zwischen den Gruppen ausgewertet. Zum Beispiel werden auf Seite 354 innerhalb einer jeden Gruppe die Korrelationskoeffizienten gebildet (das sind fast 1500 Parameter im Vergleich zu 16 Patienten) und zu mittleren Quadratsummen für bestimmte Unterbereiche der 55 Variablen zusammengefaßt.

Zu Vermengungen von intra- und interindividuellen Unterschieden kommt es in der Psychotherapieforschung allein schon deswegen, weil in kontrollierten Studien herkömmlicher Art das Hauptgewicht auf die Beurteilung und statistische Auswertung interindividueller Unterschiede gelegt wird – vielleicht auch nur gelegt werden kann, wenn man an Vergleiche zwischen verschiedenen Behandlungsgruppen denkt – und nicht mehr erfaßt wird, in welchem Ausmaß diese Unterschiede auch intraindividuell verursacht werden. Offensichtlich ist aber gerade in der Psychotherapieforschung eine klare Trennung zwischen intra- und interindividuellen Unterschieden und deren Bedeutung unerläßlich. Dazu stellt Asendorpf (1995, S. 235 f.) fest: „In den letzten zwei Jahrzehnten macht sich international wie im deutschsprachigen Raum eine zunehmende Tendenz bemerkbar, Arbeiten im Überlappungsbereich von Persönlichkeitspsychologie und anderen psychologischen Grundlagenfächern nur noch sekundär als persönlichkeitspsychologisch zu verstehen ... Dieser schleichende Verfall der Persönlichkeitspsychologie hat fatale Folgen für die gesamte Psychologie ... Es kommt leicht zu ... Fehlinterpretationen differentieller Befunde aufgrund einer Verwechselung inter- und intraindividueller Unterschiede." Wie wichtig eine Unterscheidung zwischen inter- und intraindividuellen Befunden ist, wird allein schon durch den folgenden Umstand deutlich, für den auch Asendorpf (1995) Beispiele angibt: In einer multivariaten Erhebung können zwei Variablen intraindividuell positiv und (gleichzeitig) interindividuell negativ korreliert sein. Eine ganz besondere Bedeutung kommt einer solchen Unterscheidung zu, wie wir im nächsten Abschnitt sehen werden, wenn die Dauer einer Psychotherapie und deren Einfluß auf die Therapiewirkung untersucht werden soll.

4.1.8 Über den Zeitfaktor in der Psychotherapieforschung

Es ist nicht meine Aufgabe, auf die tieferen Zusammenhänge einzugehen, in denen die verschiedenen Wirkfaktoren einer Psychotherapie stehen, wie sie auf den Besserungsprozeß eines Patienten einwirken, wie sich dieser Prozeß im Verlauf der Therapie entwickelt und welchen Einfluß dabei insbesondere die Therapiedauer selbst ausübt. Man vergleiche dazu Henseler und Wegner (1993); Leuzinger-Bohleber (1994, 1995); Mertens (1995); Rudolf (1991); Rudolf et al. (1994); Shapiro und Emde (1995); Senf und von Rad (1995); Tschuschke und Czogalik (1990); Tschuschke et al. (1994), und Zielke (1993). Hier geht es vielmehr nur um einige Bemerkungen zur statistischen Erfassung und Beurteilung des Zeitfaktors in der Psychotherapieforschung.

Zunächst steht einmal außer Zweifel, daß „the amount of therapeutic benefit is positively associated with amount of treatment", wie bei Howard et al. (1986, S. 159) festgestellt und belegt wird. In dieser Arbeit, in der es auf Seite 159 weiterhin heißt "To date there has been no systematic attempt to specify the mathematical form of this dose-effect relationship or to determine its accuracy", wird zum ersten Mal eine Bestimmung (Schätzung) einer Dosis-Effekt-Beziehung durchgeführt. Seitdem wird als Ergebnis dieser und anderer Studien immer wieder festgestellt, daß zwischen der Dauer (Dosis) einer Therapie und deren Wirkung (Benefit: Nutzen, den der Patient aus der Therapie zieht) ein logarithmischer Zusammenhang besteht: Die Wirkung einer Therapie wächst proportional zum Logarithmus ihrer Dauer. Dieser Zusammenhang wird wohl auch deswegen so gern herangezogen, weil er mit dem in der Ökonomie bekannten Gesetz vom fallenden Grenznutzen übereinstimmt. Es muß festgestellt werden, daß ein Gesetz dieser Form von Howard et al. (1986) so nicht aufgestellt wurde und auch nicht in darauffolgenden Arbeiten empirisch nachgewiesen wird. Mißverständnisse über den Inhalt von Dosis-Effekt-Beziehungen in der Psychotherapieforschung entstehen,

wenn man die beiden folgenden Fragen an die Wirkung der Therapiedauer nicht auseinanderhält:
(1) Wie hängen die durch eine Therapie bewirkten Veränderungen bei einem Patienten im Mittel von der Dauer der Therapie ab?
(2) Wie hängt die mittlere Anzahl der Patienten, die in einer Therapie Besserung erfahren, von der Therapiedauer ab?

Die erste Fragestellung ist schwieriger zu untersuchen. Hier steht die Psychotherapie eines Patienten als ein dynamischer Prozeß im Mittelpunkt sowie die vergleichende Zusammenfassung verschiedener derartiger Prozesse. Zweckmäßige Untersuchungsbedingungen sind Längsschnittanalysen, Einzelfallstudien, prospektive oder auch retrospektive zeitabhängige (auch katamnestische) Erhebungen, die den Verlauf einer Therapie und ihre Wirkung bei einem Patienten erfassen, und die zusammenfassende Beurteilung eines Samples von Therapieverläufen. Einen ersten groben, aber aus statistischen Gründen nicht unproblematischen Einblick kann auch eine einfache Ex-Post-Befragung von Patienten (z. B. nach Dauer und Erfolg der Therapie) geben.

Die zweite Fragestellung hat vornehmlich eine Kosten-Nutzen-Analyse (auch im gesundheitspolitischen Sinne) zum Gegenstand. Es wird danach gefragt, nach jeweils wievielen Sitzungen einer Therapie wieviel Prozent der behandelten Patienten eine Besserung erfahren haben. In einer entsprechenden Untersuchung ist zunächst festzulegen, was unter einer Besserung zu verstehen ist (Erfolgskriterium); danach wird dann für verschiedene Zeitpunkte der Behandlung festgestellt, wie groß der Anteil der Patienten ist, die das Kriterium erfüllen; diese Erhebung kann durch Therapeuteneinschätzung oder Patientenselbsteinschätzung während der Behandlung durchgeführt werden. Hier liegen mehrere, an verschiedenen Zeitpunkten einer Therapie erhobene Querschnittsuntersuchungen vor.

Beispiel 8: Der Zeitfaktor bei Grawe et al. (1994), Howard et al. (1986) und Seligman (1995)
In der Studie von Howard et al. (1986) wird der Zeitfaktor (Anzahl der Sitzungen) als „Therapiedosis" in Beziehung gesetzt zum Anteil der Patienten, die eine Besserung erfahren haben. Das Erfolgskriterium „Besserung" wird nach zwei Methoden erhoben, einmal mit Hilfe einer retrospektiven Einschätzung am Ende der Therapie durch Psychotherapieforscher (Auswertung von Krankenblättern), zum anderen durch eine

4.1.8 Über den Zeitfaktor in der Psychotherapieforschung

nach jeder Sitzung durchgeführte Patientenselbsteinschätzung. Offensichtlich wird hier eine Untersuchung zur Fragestellung (2) durchgeführt; als Ergebnis erhalten Howard et al. die Dosis-Effekt-Beziehung: Der Anteil der gebesserten Patienten wächst ungefähr proportional zum Logarithmus der Therapiedauer. (Genauer : „... a log-normal transformation would produce a linear function"; Howard et al., (1986, S. 160). Dabei wird nur nach „gebessert" und „nicht oder noch nicht gebessert" mit einem festen Besserungskriterium unterschieden. Auch in der durchgeführten Meta-Analyse (s. o. unter Beispiel 2) kommen Howard et al. zu vergleichbaren Ergebnissen. Danach ist z. B. bei etwa 75% aller Patienten eine Besserung nach 26 Sitzungen und bei etwa 80% nach 52 Sitzungen zu verzeichnen. Howard et al. versehen diese Ergebnisse mit dem Zusatz auf Seite 163: „This of course, does not mean that such patients have achieved maximum treatment benefits."

Bei Grawe et al. (1994) werden auf Seite 697 die Ergebnisse von Howard et al. folgendermaßen wiedergegeben: „... bei 75% aller Patienten treten bis zur 26. Therapiesitzung deutliche Besserungen ein, und bei 52 wöchentlichen Therapiesitzungen, also nach einem Jahr, haben die Patienten im Durchschnitt die maximale Wirkung [Hervorhebung: B.R.] erreicht." Auf der gleichen Seite heißt es weiterhin bei Grawe et al.: „Allerdings handelt es sich ... um einen logarithmischen Zusammenhang, d. h. der Zuwachs an Besserung [Hervorhebung B.R.] wird mit zunehmender Therapiedauer immer geringer." Im Gegensatz zu Howard et al. wird der entscheidende Unterschied zwischen den beiden Fragestellungen (1) und (2) bei Grawe et al. verwischt: Der Zuwachs an gebesserten Patienten wird mit dem Zuwachs an Besserung verwechselt. Auf dieser Verwechslung beruht unter anderem auch das Urteil Grawes (Grawe et al., 1994, S. 698): „Therapeuten, die für sich selbst feststellen müssen, daß die Mehrzahl ihrer Therapien länger als 40 Therapiesitzungen dauert, müssen über die Bücher. Sie sind Opfer einer falschen Ausbildung und/oder einer selbst produzierten Realitätsverzerrung." Auch bei Orlinsky et al. (1994) klingt eine solche Verwechslung an, wenn es, wiederum unter Bezug auf Howard et al. (1986) auf Seite 352 heißt: „Overall, the findings indicate that patients tend to improve more the longer they stay in treatment, although the relationship between duration and outcome is clearly far from linear."

In der Arbeit von Seligman (1995) findet man eine Untersuchung, die der Fragestellung (1) nachgeht. Darin wird die Wirkung einer Therapie

nach drei globalen Gesichtspunkten unterschieden (Seligman 1995, S. 967 f.): „Specific improvement ('How much did treatment help with the specific problem that led you to therapy?'), Satisfaction ('Overall how satisfied were you with this therapist's treatment of your problems?') and Global improvement (how respondents described their 'overall emotional state' at the time of the survey compared with the start of treatment)."
Die Antworten von 2.846 Patienten (der knapp 2.900 in Beispiel 3 oben erwähnten) auf diese drei Fragen wurden jeweils auf eine 100-Punkte-Skala transformiert und additiv zu einer 300-Punkte-Skala zusammengefaßt und anschließend der Dauer der Therapie gegenübergestellt. In dem Ergebnis (vgl. z. B. Figur 1, S. 968, in: Seligman, 1995) zeigt sich eine deutlich größere Wirkung solcher Therapien, die länger als zwei Jahre dauern, gegenüber solchen, die eine kürzere Dauer (ca. 18 Monate oder weniger) aufweisen. Dieses Ergebnis steht nicht im Widerspruch zu dem Resultat von Howard et al. (1986), da hier im Vergleich zu dort eine andere Fragestellung behandelt wird: hier das Ausmaß der Therapiewirkung in Abhängigkeit von ihrer Dauer, dort der Zuwachs an gebesserten Patienten in Abhängigkeit von der Therapiedauer. Einige Einwände gegen die Consumer-Reports-Studie bringt Seligman in dem genannten Artikel selbst vor und entkräftet sie gleich dort (Seligman, 1995, S. 971-974). Zwei weitere Einwände sollen hier nur angedeutet werden: Der erste betrifft die Einbeziehung völlig unterschiedlicher Therapieformen und Therapeuten in die Erhebung, so daß eine sehr heterogene Stichprobe entsteht, der zweite den Umstand, daß unter den befragten Patienten (eventuell?) auch solche sind, die sich noch in Therapie befinden, und das damit verbundene Problem einer dadurch entstehenden (statistisch bedingten) Verzerrung: Unter den in Therapie befindlichen Patienten werden solche mit einer sehr langen Therapiedauer überproportional häufig vertreten sein. Wie stark sich diese Verzerrung bemerkbar macht, hängt nicht nur von dem Anteil der bei der Befragung in Therapie befindlichen Patienten ab, sondern auch von der Frage, in welcher Relation der Zuwachs an Besserung mit der Therapiedauer steht. Schließlich sei noch erwähnt, daß in der Studie von Seligman (1995) die Fragestellung (1) nur sehr mittelbar untersucht wird: Auch hier liegt eine Querschnittsanalyse vor, mit der die Zunahme der Therapiewirkung („amount of benefit") im Verlauf einer Therapie nicht erfaßt werden kann.

Die beiden verschiedenen Fragen an die Wirkung einer Therapiedauer stehen nicht unverbunden nebeneinander. Eine erste Verbindung entsteht durch die Möglichkeit, eine komplizierte Längsschnittanalyse durch eine zeitliche Folge von Querschnittserhebungen zu ersetzen; eine solche Ersetzung ist jedoch an sehr restriktive Voraussetzungen an den stochastischen Prozeß gebunden, der als Modell des therapeutischen Prozesses herangezogen werden kann. Eine zweite, tiefergehende Verbindung kommt durch den Sachverhalt zustande, daß sich die Wirkfaktoren einer Therapie (darunter auch ihre Dauer), die sich im Behandlungsverlauf auf einen Patienten auswirken, auf irgendeine Weise auch auf den Anteil der gebesserten Patienten eines ganzen Kollektivs durchschlagen müssen. Mir ist aber unklar, wie dies geschieht, und mir erscheint problematisch, ob dafür eine quantitative Beziehung gefunden werden kann, die erforderlich wäre, um die Ergebnisse der einen auf die der anderen Fragestellung umrechnen zu können. Müßte doch eine solche Beziehung eine Transformationsformel darstellen, die zum Inhalt hat, wie sich der Behandlungsverlauf und Veränderungsprozeß vom Einzelfall (oder der Beobachtung mehrerer Einzelfälle) auf ein Gesamtkollektiv auch quantitativ übertragen lassen.

4.2 Die Meyer-Grawe-Kontroverse über die Wirksamkeit psychoanalytischer Behandlungsverfahren bei psychosomatischen Störungen

Ulrich Stuhr

Die Fachgruppe Klinische Psychologie der Deutschen Gesellschaft für Psychologie veröffentlichte 1995 eine Stellungnahme zur Auseinandersetzung über Forschungsergebnisse zur Psychotherapie (1995). Darin steht u. a. geschrieben: „Mit Sorge stellt die Fachgruppe Klinische Psychologie fest, daß die Auseinandersetzung über den gegenwärtigen Ergebnisstand der Psychotherapieforschung die Grenzen einer wissenschaftlichen Auseinandersetzung überschreitet ..." Und weiter: „Die Fachgruppe Klinische Psychologie fordert daher eindringlich dazu auf, in der Diskussion über die Ergebnisse der Psychotherapieforschung auf den Boden einer fairen und sachlichen Auseinandersetzung zurückzukehren" (ebd., S. 229). Ich denke, daß dieser Aufruf für *beide* Seiten gilt; denn es nimmt sich nicht viel, wenn der eine vom „Fett der monopolistischen Orthodoxie" der Psychoanalyse (Grawe, 1992a, S. 132) oder ein anderer vom „psychotherapeutischen Weltgeist zu Bern" (Kaiser, 1995, S. 493) spricht.

Innerhalb dieser Auseinandersetzung, die vor allem durch zwei Veröffentlichungen von Grawe und seinem Team ausgelöst wurde (Grawe, 1992 a und Grawe et al., 1993), zeichnete sich eine sehr spezielle Kontroverse ab, nämlich die von A.-E. Meyer (1994, 1995) und Klaus Grawe (1994) über die Wirksamkeit psychoanalytischer Therapie bei psychosomatischen Störungen. Zur Würdigung dieser wissenschaftlichen Auseinandersetzung, die Grawe (1995, S. 227) selbst als „sachbezogene" Auseinandersetzung auch mit anderen, empiristisch forschenden Psychoanalytikern (S. O. Hoffmann und H. Kächele) heraushebt, sei hierzu kurz etwas zur Geschichte dieser beiden Psychotherapieforscher und ihrer Beziehungen vorangestellt.

Ende der 60er Jahre entstanden keine 100 Meter voneinander entfernt im selben Klinikum (Universitätsklinik Hamburg-Eppendorf) zwei Psychotherapievergleichsprojekte: das von Meyer (1981) in der Abteilung für Psychosomatik und Psychotherapie der Medizinischen Klinik und das von Grawe (1976) in der Psychiatrischen Klinik (vgl. auch Meyer und Bolz, 1981, S. 82). Als A.-E. Meyer von Grawe und seinem Projekt hörte, wurden nach Grawes Veröffentlichungen 1976 auch Meyers Ergebnisse Grawe und seinem Team in der Klinik vorgestellt. Meyer nahm Grawes Forschungsansatz zur Differentiellen Psychotherapieforschung, die u. a. auf Paul, Kiesler und Bergin basiert, mit großem Interesse auf. Meyer war von den forschungslogischen Ausführungen bei Grawe begeistert und erweiterte seinen Ansatz um die von Grawe propagierten Aspekte einer Differentiellen Psychotherapieforschung. Meyer und Grawe zollten sich – soweit ich es damals mitbekam – gegenseitigen Respekt. Beide trafen sich auf den einschlägigen Kongressen und zunehmend auf den Tagungen der SPR (Society for Psychotherapy Research), wo beide aktive Mitglieder wurden. Nachdem Grawe durch seine Berufung nach Bern von Hamburg weggegangen war, begann Grawe eine Kooperation mit Kächele in Ulm (vgl. sogenanntes PEP-Projekt, Grawe und Kächele, 1988). Auf Betreiben eines Assistenten von Meyer, R. Richter, kam es dann zu einer direkten Kooperation zwischen Meyer und Grawe im Rahmen des Forschungsgutachtens zum Psychotherapeutengesetz (Meyer et al., 1991). Grawe war zur Kooperation eingeladen worden, weil er an seiner Meta-Analyse (Grawe et al., 1993) bereits arbeitete, so daß sich die Gutachtergruppe von seiner Mitarbeit einen

Überblick über die weltweit entstandenen Psychotherapiestudien zu den unterschiedlichsten Therapieverfahren erhoffte.

Kurz nach der Veröffentlichung dieses Forschungsgutachtens veröffentlichte Grawe (1992 a) dann einen Übersichtsartikel im Diskussionsforum der Psychologischen Rundschau, der schon wichtige Schlußfolgerungen von Grawe zur Effektivität von Psychotherapien generell (z. B. Kritik gegenüber Eysencks Thesen zur Spontanremission) und zu einzelnen Verfahren vorwegnahm bzw. auf die spätere Buchveröffentlichung (Grawe et al., 1993) hinwies und bereits daraus schöpfte. Diese Veröffentlichungen waren dann der Beginn der Meyer-Grawe-Kontroverse.

Uns interessieren hier die Ergebnisse der Wirksamkeitsprüfung zur psychoanalytischen Therapie (Grawe, 1992 a, S. 137) und innerhalb dieser besonders die psychoanalytische Kurztherapie. Dies deshalb, weil Grawe (ebd., S. 140, 144 f.) die Anwendung psychoanalytischer Therapie bei psychosomatischen Patienten besonders herausarbeitete.

Dabei geht es, wie so oft, nicht nur um Wissenschaft, sondern um ein Interesse, das den Wissenschaftsbetrieb, nämlich die Besetzung von „Lehrstühlen für Psychosomatik und Psychotherapie mit Psychoanalytikern" betrifft (ebd., S. 140). Grawe merkt hierzu an, daß „psychoanalytische Therapien bei Patienten mit psychosomatischen Störungen bemerkenswert unwirksam sind" (ebd.), was im „pikanten" Kontrast zur Besetzung der einschlägigen Lehrstühle mit Psychoanalytikern steht. Und hier wird Meyer selbst als „einem der führenden Vertreter des Faches ‚Psychosomatik/Psychotherapie'" mit seinem Hamburger Kurzpsycho-Therapievergleichs-Experiment (Meyer, 1981) als wissenschaftlicher Zeuge dafür aufgerufen. Grawe (1992a, S. 140) hebt hierfür aus Meyers Untersuchungsexperiment (1981) folgendes hervor:

– Die Studie sei von einem erfahrenen psychoanalytischen Team durchgeführt worden;
– es handele sich um eine ganz normale psychosomatische Klinikambulanz mit Patienten, die auch sonst dort behandelt worden wären;
– es bestehe kein Grund zur Annahme, die psychoanalytische Therapie sei benachteiligt worden;
– trotz eines breiten Spektrums üblicher und sensibler Meßinstrumente seien „erstaunlich wenige statistisch signifikante, geschweige denn klinisch relevante Verbesserungen" für die psychoanalytisch behandelten Patienten eingetreten;

- im Vergleich mit der gesprächspsychotherapeutisch behandelten Gruppe hätten bei letzterer dreimal mehr (25 gegenüber 7) statistisch signifikante Veränderungen zwischen den Meßzeitpunkten festgestellt werden können.

Die von Grawe vorgenommene Effektstärkeberechnung sieht dann auch die Gesprächspsychotherapie der „psychoanalytischen" Therapiegruppe als überlegen an, was sich nach Grawe mit anderen Untersuchungen decken würde. Grawe kommt nach der gegenwärtigen Befundlage zu folgender Schlußfolgerung, „daß psychoanalytische Therapie bei psychosomatischen Patienten nicht gerade die erste Wahl zu sein scheint" (ebd., S. 141).

Noch bevor A.-E. Meyer, der mit seiner Vergleichsuntersuchung direkt angesprochen war und in der Tat einer der führenden Vertreter des Faches war, antwortete, reagierte ein anderer exponierter Vertreter des Faches, der Meyer fachlich und persönlich sehr nahe stand: S. O. Hoffmann (Lehrstuhlinhaber in Mainz). Er reagierte als Psychoanalytiker, Wissenschaftler und Vertreter des Faches Psychosomatik und Psychotherapie mit „Bewunderung, etwas Scham und verbliebene[n] Zweifel[n]" (Hoffmann, 1992).

Die „berufspolitische Polemik" versucht Hoffmann (ebd., S. 163) „milde zu übergehen", wie er selbst schreibt, aber er greift direkt Grawes Schlußfolgerungen auf: „vernichtend ist Grawes Urteil über die Leistungsfähigkeit analytischer Verfahren bei psychosomatischen Patienten" (ebd., S. 163).

Hoffmann stellt hierzu wichtige Fragen (ebd., S. 164 f.):
- „Welche Krankheiten mag Grawe so („psychosomatische Störung") bezeichnen?" Hierzu exemplifiziert er die enorme Spannbreite sogenannter „psychosomatischer Störungen": Psychosomatosen (z. B. Asthma bronchiale), funktionelle psychovegetative Störungen, Konversionssymptome (z. B. Lähmung), krankheitsreaktive somatopsychische Störungen, die sich je nach Nomenklatur der internationalen Diagnoseschlüssel noch anders aufschlüsseln und darstellen ließen.
- Ist nicht zur Beurteilung der Wirksamkeit von Psychotherapie und dann auch von psychoanalytischer Psychotherapie eine genaue Beschreibung (oder Codierung) der behandelten Patienten notwendig? Denn Patienten mit verschiedenen Krankheitsbilder sprechen auf die Behandlung unterschiedlich an. Überdies – und das macht die nosologische Einteilung weiter problematisch – zeigen taxonomische Unter-

suchungen von einzelnen Krankheitseinheiten (z. B. Asthma bronchiale, vgl. Deter und Schepank, 1991), daß innerhalb als einheitlich geltender Gruppen behandlungsrelevante Untergruppen existieren (vgl. Deter, 1986 a).
Obwohl Kiesler (1966) historisch sehr zu recht die Psychotherapieforschung vor Mythenbildung gewarnt hat, könnte Grawe hier genau ihr wieder aufgesessen sein.
– Da Grawe, wie oben dargelegt, A.-E. Meyer mit seiner Studie (1981) „als Kronzeuge" zitiert, geht Hoffmann (1992, S. 164 f.) auch hierauf ein und stellt fest:

Meyer wollte nicht die „Wirksamkeit psychoanalytischer Verfahren bei psychosomatischen Kranken" überprüfen, sondern „zwei Kurzpsychotherapiemethoden" vergleichen.

Hierzu sei von mir ergänzt, daß es in Hamburg eine intensive Debatte gab, wie das eingesetzte Therapieverfahren überhaupt adäquat zu bezeichnen sei. Der ursprüngliche Begriff „analytische Fokaltherapie" nach Malan (1972) wurde von Meyer fallengelassen, weil das in Hamburg eingesetzte Verfahren in der Tat in einem wesentlichen Punkt von diesem klassischen Verfahren nach Balint abwich (Malan, 1963), denn die Erarbeitung des Behandlungsfokus zwischen dem Patienten und dem jeweiligen Behandler war zugunsten eines sogenannten Fokusseminares fallengelassen worden. Meyer (vgl. Bolz und Meyer, 1981, S. 88) mußte die Therapie dann „psychodynamic conflict-centered time-limited therapy" nennen, welches ein therapeutisches Vorgehen ist, das sich innerhalb psychoanalytischer Psychotherapien am Rande des prototypischen psychoanalytischen Vorgehens in der Psychotherapie befindet und sich dadurch kaum für generalisierende Aussagen über die psychoanalytische Therapie eignet!
– Die behandelten Patienten entstammen keiner „normalen psychosomatischen Klinikambulanz", wie Grawe hervorhob (1992 a, S. 140), sondern einer äußeren Universitätsambulanz als Teil der Poliklinik, in der eher psychoneurotische als psychosomatische Patienten behandelt werden, also ein großer Teil der klassischen psychosomatischen Patienten fehlt. Generelle Schlußfolgerungen, wie Grawe sie ziehe, seinen nicht zu halten.

Hoffmann verweist für die Interpretation der gefundenen Ergebnisse beim Vergleich der Kurztherapieverfahren auf eine spätere Publikation des Projektes (Stuhr und Meyer, 1991), in der darauf hingewiesen wurde, daß die beteiligten zwölf psychoanalytischen Psychotherapeuten bis auf zwei (Meyer und Speidel) überhaupt keine Erfahrungen in einem fokaltherapeutischen Verfahren hatten. Von den zehn in Fokaltherapie unerfahrenen psychoanalytischen Therapeuten hatten fünf gerade ihre Abschlußprüfung nach ausschließlichem Training in Langzeitpsychoanalyse abgelegt und der Rest stand noch *vor* dem Abschluß (vgl. Bolz und Meyer, 1981, S. 90). Die für den Vergleich entscheidenden kooperierenden Gesprächspsychotherapeuten müssen als weitaus erfahrener gerade in dem von ihnen eingesetzten Verfahren gelten: Von den 13 Gesprächspsychotherapeuten hatten drei 8 bis 35 Patienten, sieben 40 bis 65 Patienten und weitere drei 100 bis 200 Patienten bereits behandelt und brauchten sich nicht, wie die psychoanalytischen Psychotherapeuten, auf eine Variante ihres Verfahrens einzulassen, in der sie keine Erfahrung hatten. Hier liegt für mich einer der entscheidenden Mängel dieser sonst, zur damaligen Zeit, vom Design her ausgezeichneten Studie. Der Diskussionsbedarf von seiten der beteiligten psychoanalytischen Therapeuten zeigte sich erst während der Durchführung der Therapie und konnte nicht befriedigend eingelöst werden, so daß einige psychoanalytische Behandler durch dieses Projekt nachhaltig verstimmt wurden und Zweifel äußerten, welche Art von Therapie sie wirklich ins Projekt eingebracht hatten (vgl. auch Hoffmann, 1992, S. 165); ein Problem, das auch für andere Studien gilt, wo oft wenig erfahrene Therapeuten eingesetzt wurden bzw. keine detaillierten Angaben darüber existieren.

Hoffmann (ebd.) kommt deshalb zu dem Schluß, daß in dem „Kronzeugen"-Projekt von Meyer erfahrene mit unerfahrenen Therapeuten verglichen wurden. Erst in den letzten Jahren müssen angehende Psychoanalytiker kurze Therapien während ihrer Ausbildung supervidiert vorlegen.

Dennoch gesteht Hoffmann (ebd.) ein, daß das psychoanalytische Standardverfahren oft erst erheblich an die Probleme anfallender klinischer Stichproben adaptiert werden müsse (quasi die Probleme sich in der konkreten Anwendung von analytischer Psychotherapie bei Patienten, z.B. chronischen Schmerzpatienten, stellen und vom Psychoanalytiker berücksichtigt werden müssen).

Grawes Erwiderung auf Hoffmann kam prompt (1992 b), und er bedient sich der Informationen eines anderen Psychoanalytikers, Speidel (1991), nämlich des Briefwechsels von Freud mit Victor von Weizsäcker über die Warnungen Freuds, sich von den somatischen Prozessen fernzuhalten und sich auf die psychologischen zu beschränken – eine Aussage, die Speidel (1991) anhand einer Zeitschriftenanalyse zur Häufigkeit psychoanalytisch orientierter Arbeiten in der Psychosomatik dahin deutet, „wie wenig sich vergleichsweise die Psychoanalyse für die psychosomatische Medizin interessiert" (zit. nach Grawe, 1992 b, S. 174). Grawe geht im weiteren aber nicht auf die Aspekte von Hoffmann ein, sondern bleibt im Allgemeinen und bezichtigt die Psychoanalytiker der Abwehr: „... einfach verleugnet werden, obwohl hier psychoanalytische Therapie von anerkannten Analytikern mit von ihnen gewählten Forschungsmethoden untersucht wurde" (ebd., S. 175).

Wie mir scheint, lenkt Grawe, als differentieller Psychotherapieforscher, aber ein, wenn er zumindest schreibt: „Was die Wirksamkeit psychoanalytischer Therapie bei den *verschiedenen* psychosomatischen Beschwerdebildern angeht, so lasse ich mich sehr gerne von neueren Untersuchungen davon überzeugen, daß meine Aussagen darüber auf Dauer als *zu pauschal* herausgestellt wurden und besser auf die jeweilige Problematik zugeschnittene Behandlungen, wie sie in der von Hoffmann angeführten neueren Untersuchung geprüft wurden, bessere Behandlungsergebnisse erzielen" (ebd., S. 175/76; Hervorhebung U. St.); Um dann aber mit der Einschränkung, „bis ins Jahr 1983" sei die Wirksamkeit psychoanalytischer Therapie bei psychosomatischen Patienten „schlecht belegt", die bisherige Dominanz psychoanalytischer Therapie anzuprangern. Kein Wort zu den konkreten Einschränkungen von Hoffmann zur Meyer-Studie. – Ähnlich, wie ich bei Grawe gegenüber Meyer vermute, entwickelt Grawe (1992 b, S. 177) gegenüber Hoffmann und seinem kritischen Artikel beim Lesen mit „intellektuellem Genuß" fachlichen und menschlichen „Respekt" und betont, daß sich „kein Graben" auftäte.

Der Artikel von Hoffmann (1992) entstand sicher nicht ohne Rücksprache mit Meyer, um dessen Studie es sich ja zentral handelte. Meyer selber ließ sich Zeit, wurde aber von vielen Seiten bedrängt, sich selbst zu äußern, was er dann 1994 auch tat.

Meyers Reaktion (1994) richtet sich gegen Grawes generalisierte Schlußfolgerung von 1992, daß psychoanalytische Therapie sich in mehreren Untersuchungen als „bemerkenswert unwirksam" bei psychosomatischen Störungen erwiesen habe und die Lehrstühle des Faches mit Psychoanalytikern besetzt seien (Grawe, 1992 a, S. 140). Meyer (1994, S. 298) will hierzu „eine ganze Reihe von Fehlern" in Grawes Behauptungen korrigieren:

1. „Die hoch unterschiedliche Psychotherapiereversibilität von Patienten aus konkreten psychosomatischen Krankheitsbildern;
2. Grawes prioritärer Bezug auf eine einzige Effizienzstudie (und zwar die von Meyer selbst/U. St.);
3. Was bedeutet ‚psychoanalytische Psychotherapie' von psychosomatischen Störungen?"

Ähnlich wie schon vorher Hoffmann (1992) wendet auch Meyer sich gegen die unkritische und unwissenschaftliche Verwendung des Begriffes „psychosomatische Störung" durch Grawe, indem er nun empirisch belegt, welche Heterogenität in ihren nosologischen Einheiten zu finden ist, und vor allem, daß ein großer Mangel an Therapiemotivation bei diesen Patienten vorherrscht. Einzig eine sorgfältige Differenzierung innerhalb der psychosomatischen Krankheitsbilder hilft bei der Frage der Wirksamkeit von Psychotherapie – egal welcher Therapierichtung (vgl. ausführlich Meyer, 1994, S. 299 f.). Insbesondere am Beispiel der Somatopsychosomatosen (z. B. Asthma bronchiale) wird die Komplexität dieser Erkrankungen und ihrer notwendigen interdisziplinären Behandlung deutlich (langfristige Kooperation somatischer, psychotherapeutischer und z. T. auch sozialer Ansätze). Das ist deshalb notwendig, weil im Verlauf neue Krankheitssymptome als Folge der ursprünglichen Erkrankung entstehen (z. B. Kaliummangel bei der Anorexia nervosa, der zu kardiologischen Problemen führen kann). Auch bei den sogenannten funktionellen Psychosomatosen, die im Mittel bessere Prognosen haben, können durch die Art der Persönlichkeitsstruktur erhebliche Behandlungskomplikationen auftreten, die sonst nicht immer in einer Krankheitsuntergruppe auftauchen.

Diese differenzierte Sicht psychosomatischer Störungen verbietet wissenschaflich wie klinisch globale Aussagen, wie Grawe (1992 a) sie vornahm – nach Meyer (1994) Grawes erster Fehler.

Sein zweiter Fehler besteht in dem „prioritären Bezug auf eine einzige, von mir als Forschungsleiter zu verantwortende Psychotherapiestudie" (Meyer, 1994, S. 300), nämlich das Hamburger Kurzpsychotherapievergleichsprojekt (Meyer, 1981). In Grawes et al. (1993) umfassender Meta-Analyse, die Grawe in seinem Aufsatz von 1992 für seine psychosomatischen Aussagen vorwegnahm, finden sich letztlich nach Meyer (1994) 21% (8 von 38) untersuchte psychodynamische Kurztherapien oder psychodynamisch orientierte Psychotherapien, die in die Meta-Analyse eingingen, in denen „echte oder vermeintliche Psychosomatosen" behandelt wurden. Meyer (ebd.) betont, daß seine eigene Untersuchung dazugerechnet wurde, um als „Kronzeuge" für Grawe fungieren zu können. Nach Meyer (ebd.) liegt aber die Hauptquote an Patienten in seiner Untersuchung bei Angstkranken und Depressionen, auf die bereits 1981 in seiner Publikation von ihm explizit hingewiesen wurde (Kimm, Bolz und Meyer, 1981, S. 98). Meyer zitiert aus einem Gespräch mit Grawe, daß dieser, „mit entwaffnender Naivität" auf Vorhaltungen von ihm, einfach davon ausgegangen sei, daß in einer psychosomatischen Ambulanz einer Universitätsklinik überwiegend psychosomatische Patienten behandelt würden – Hoffmann (1992) hatte dies bereits korrigiert. Der zweite Fehler besteht deshalb darin, daß entgegen Grawes Behauptung die Meyer-Studie nicht als „Kronzeugenstudie" für Grawes Schlußfolgerungen über psychosomatische Störungen dienen kann.

In dem von Meyer gemeinsam mit Grawe erstellten Forschungsgutachten (Meyer et al., 1991) wird u. a. auf die Zweckmäßigkeit stationärer Psychotherapie aufgrund der Möglichkeit, Therapieverfahren kombiniert zu nutzen, hingewiesen. Das bedeutet, daß psychoanalytische Psychotherapie von psychosomatischen Störungen häufig stationär begonnen, manchmal auch ausschließlich dort durchgeführt wird und dort keine reine psychoanalytische Psychotherapie vorherrscht (vgl. ausführlich Meyer, 1994, S. 301 f.). „Grawe (Grawe et al., 1993, S. 23 f.) und ich sind uns voll einig, daß mit solchen Psychotherapiekombinationen eine unumgängliche zielorientierte Flexibilität gezeigt wird, alldieweil Psychotherapie zum Kranken passen muß ... Viele psychoanalytische Kollegen dagegen bedauern den Verlust 'psychoanalytischer Essentials'" (Meyer, 1994, S. 302). Aber, wie schon bei Hoffmann (1992) erwähnt, empfiehlt sich mit Verweis auf Freud (1919, S. 103) eine Adaption an die klinische Praxis bzw. die „Legierung" des „reinen Goldes der Analyse" mit dem „Kupfer der direkten Suggestion" (Meyer, 1994, S. 302). Meyer (ebd.) erwähnt dies, um dem Vorwurf Grawes (1992 b, S. 174) zu begegnen, Psychoanalytiker würden sich auf dem Gebiet der Psychosomatik traditionalistisch-ineffizient verhalten und zu keiner effizienten Adaption fähig sein.

Meyer (ebd.) will aber jenseits seiner eigenen Studie direkt Grawes Schlußfolgerung von der Unwirksamkeit psychodynamischer Psychotherapie bei psychosomatischen Störungen kritisch hinterfragen. In den von Grawe et al. (1993, Tabelle 4.4.3.1 und 4.4.4.1) einbezogenen weiteren sieben Studien handelt es sich mit zwei Ausnahmen um Somato-Psychosomatosen (z. B. Asthma bronchiale, Peptic ulcera), die nach allen klinischen Erfahrungen schlechtere Psychotherapieergebnisse aufweisen.

In der Tat bestand über viele Jahre eine gewisse Abstinenz unter psychoanalytischen Psychotherapeuten in der BRD, sich Effizienzstudien zu widmen – ein reales Manko, das aber auch auf die Komplexität des Gegenstandes zurückgeht, bei der es klinisch arbeitenden Psychoanalytikern davor graust, einfache Forschungsmeßmittel und randomisierte Designs als „wissenschaftlichen Hobel" einzusetzen.

So war zu erwarten, daß Grawe et al. (1993) bis 1983/84 (ihre Deadline) wenig finden konnten. Da er aber nach 1983 erschienene Studien bei neuer Ergebnislage dennoch berücksichtigen wollte (ebd., S. 31), kann Meyer (1994, S. 302 f.) ihm vorwerfen, auf einschlägige neue psychosomatische Studien aus psychoanalytischer Sicht nicht eingegangen zu sein (z. B. Deter, 1986 a, Asthma-bronchiale-Studie, oder Brinkmann et al., 1988, Polyathritis-Studie). Meyer gibt zu diesem Punkt deshalb eine eigene Zusammenstellung relevanter Untersuchungen, wobei besonders die Studie von Rudolf et al. (1994) zur Wirksamkeit analytischer Psychotherapie und dynamischer Psychotherapie große Relevanz besitzt und statistisch signifikante Besserungen bei „psychosomatischen Störungen" im Sinne von „körpernaher Angst" und „Körpersymptomklage" aufweist (vgl. ausführlich Meyer, 1994, S. 309 f.).

Meyer referiert eine ganze Reihe erfolgreicher psychoanalytischer Studien bei psychosomatischen Patienten, soweit es nach unserer kritischen Betrachtung zur Nosologie dieser Störung überhaupt zulässig scheint.

Das weitreichende Urteil in Grawes Schlußfolgerungen aus dem Jahre 1992 enthält für Meyer deshalb folgende Fehler:
- Grawe berücksichtige nicht die sehr unterschiedliche Psychotherapiereversibilität von psychosomatischen Untergruppen, die insgesamt für Psychotherapie schwer zugänglich seien.
- Die Hamburger Studie von Meyer diene als „Kronzeuge", obwohl sie kaum psychosomatisch kranke Patienten enthalte, was für die meisten psychosomatischen Ambulanzen der BRD gelte. Die anderen von Grawe für seine weitgehenden Schlußfolgerungen berücksichtigten sieben Studien beträfen Krankheitsgruppen, die schlecht „psychotherapiereversibel" seien.

– Neue, von Grawe nicht mehr berücksichtigte Studien zu psychosomatischen Patienten deuteten auf gute Wirksamkeit psychoanalytisch orientierter Psychotherapie hin.

In Grawes Replik (1994), ähnlich wie bei Hoffmann, belehrt Grawe Meyer nun mit Hilfe von Erich Fromm (1981) über Freuds Anliegen, die Menschen vor allem „von Illusionen über sich selbst zu befreien" (Grawe, 1994, S. 309), wogegen (so Grawe über Meyer, dem er sich freundschaftlich und in der Sache verbunden weiß, (ebd., S. 310), was im übrigen von Meyer auch so gesehen wird, (vgl. Geuter 1993, Take 6)) sich ein „Widerstand" durch die Psychoanalytiker selbst hinsichtlich der Unwirksamkeit der psychoanalytischen Therapie formieren würde.

Auch in dieser Replik bleibt Grawe zuerst sehr allgemein, was die psychosomatischen Störungen angeht (z. B. die Forderung einer notwendigen Modifikation von Langzeitanalysen und Lehranalysen). Im Kern beugt sich Grawe jedoch (ebd. S. 312) und verzichtet darauf, Meyers Studie „für Aussagen über die Wirksamkeit psychoanalytischer Therapie bei psychosomatischen Störungen heranzuziehen" (ebd.,), während er aber die neuen, von Meyer herangezogenen Studien in deren Wirksamkeit trotzdem als wenig effizient einstuft.

Unter dem (von mir frei übersetzten) Titel „Und trotzdem blühen die Konfessionen" geht wiederum Meyer (1995) auf diese in der Replik geäußerten Schlußfolgerung Grawes mit einem „Schlußwort" ein und plädiert nochmals an Grawes Adresse, sowohl die Psychoanalyse wie die Patienten mit psychosomatischen Störungen entschieden differenzierter zu betrachten, um pauschale Schlußfolgerungen zu vermeiden. Für Meyer (1995, S. 108) steht „Grawes confessio", daß die bescheidenen Ergebnisse psychoanalytischer Psychotherapie bei Kranken mit psychosomatischen Störungen der Unwirksamkeit dieser Therapierichtung anzulasten sind", gegen seine Confessio, „daß dies Folge der ‚intrinsischen Natur' solcher Störungen sei". Um diese beiden Sichtweisen beurteilen zu können, stellt Meyer diesmal eine Übersichtstabelle mit Effektstärken (Meyer, 1995, S. 109) auf und errechnet eine Effektstärke für die von ihm herangezogenen neuen Studien, die „etwas über denjenigen für Verhaltenstherapie in der BRD" liegt (ebd.). Da methodische Probleme den Wert von Effektmaßen schmälern können, zieht Meyer zusätzlich sozialrelevante Daten (Krankschreibung, Hospitalisierungstage, Arztbesuche) von Deter (1986 b) und Lamprecht et al. (1987) heran und zeigt hierdurch die erhebliche Relevanz psychoanalytischer Behandlungsverfahren bei definierten psychosomatischen Patienten (z. B. mit Asthma bronchiale). Hierdurch bricht Meyer aus dem von Grawe vorgegebenen methodischen Rahmen aus, kann dadurch aber die Relevanz seiner von ihm ausgewerteten Untersuchungen exemplarisch belegen und die pauschale Schlußfolgerung Grawes in Frage stellen.

Wie wir sehen, können sich die Lehrstuhlinhaber im Fach „Psychosomatik und Psychotherapie", Hoffmann und Meyer, selbst gut gegen Grawes vorläufige, aber sehr fordernden und weitgehenden Schlußfolgerungen wehren. Hier imponiert in ihrer Argumentation die Differenziertheit, die Ausdruck einer jahrzehntelangen therapeutisch-klinischen, lehrenden und empirisch forschenden Tätigkeit im Fach ist. Dagegen wirken Grawes Ausführungen trotz seines akribischen Zahlenwerkes wie ein Rückfall hinter seinen eigenen Anspruch, gegen die „Uniformitätsmythen" sogenannte Differentielle Psychotherapieforschung zu betreiben. Die von ihm verwendeten Begriffe bzw. Kategorien „Psychosomatische Störung" oder „Psychoanalytische Therapieverfahren" wirken undifferenziert und wiederum mythenbildend.

All dies heißt aber nicht, daß die Psychoanalytiker sich in Ruhe zurücklehnen können, denn auch sie bzw. wir sind aufgefordert, empirische Forschung additiv zur tagtäglichen „Junktim-Forschung" im Behandlungsraum zu betreiben. Dabei gilt es aber, unserem Gegenstand angemessene Methoden einzusetzen (vgl. Leuzinger-Bohleber, 1995; Stuhr, 1995). Psychoanalytiker, die in Kliniken und besonders in Universitätskliniken tätig sind, können dabei nicht umhin, in der Anwendung der Psychoanalyse in ihrem klinischen Rahmen, der sich zum Teil sehr vom Behandlungsrahmen niedergelassener Kollegen unterscheidet, „Legierungen" nicht unversucht zu lassen – Hoffmann und Meyer wiesen beide darauf hin.

Bezeichnend bei Hoffmann und Meyer scheint mir aber, daß nicht grundsätzlicher, abgesehen von einigen immanenten methodenkritischen Hinweisen von Meyer zum Berechnungsmodus des Graweschen Effektstärkemaßes, das meta-analytische Vorgehen hinterfragt wird, wie es z. B. Reinecker et al. (1989) taten.

Einer der Kardinalkritikpunkte betrifft z. B. die Selektion bzw. Bearbeitung der Einzelstudien, die in die Meta-Analyse eingehen (vgl. auch Tschuschke et al., 1994), das sogenannte Güteprofil, das darüber entscheidet, ob und wie eine Einzelstudie aufbereitet und weiter meta-analytisch bearbeitet wird; d. h., welche Parameter werden wie erhoben, wie valide eingeschätzt, gewichtet und intersubjektiv kodiert? Hier kann der Standard gar nicht hoch genug angesetzt werden, hier entscheidet sich vor allen Dingen der Wert einer Meta-Analyse. Und derart aufwendige Meta-Analysen stehen immer in der Gefahr, eine enorme Verzögerung zwischen der Deadline für die Einbeziehung von veröffentlichten Studien und ihrer naturgemäß späten Veröffentlichung aufgrund der großen Zahl von Einzelstudien und des Bearbeitungsaufwandes aufzuweisen. Dadurch stehen ihre meta-analytischen Ergebnisse in der Gefahr, durch neue Studien bereits überholt zu sein (vgl. auch Eckert, 1993).

Der statisch-globalisierende Ansatz der Meta-Analyse geht zudem an der Natur der Psychotherapieforschung in ihrer Erfolgsorientierung vorbei: Erfolg von Patienten ist kein statischer Zustand, sondern immer eine dynamische, kontinuierliche Bewegungsgestalt; er ist auch ein Prozeß, den es abzubilden gilt (vgl. Stuhr, 1997).

Die von Grawe gesuchte Verbindung von wissenschaftlich-empirisch gewonnenen Befunden und weitreichenden berufspolitischen Forderungen (z. B. Besetzungspolitik bei Lehrstühlen, Ausbildung von Psychoanalytikern, Grad der Finanzierung durch Krankenkassen, Grad der Dauer und Intensität von Psychotherapie) ist an ein Axiom geknüpft, das zu wenig reflektiert wird: Der Fortschrittsglaube des Empirismus und gerade auch des Behaviorismus, daß wissenschaftlich berechnete Zahlenwerte unumgänglich Konsequenzen für eine Gesellschaft und deren Untergliederung (hier die psychotherapeutische Praxis) haben müssen. Grawe mahnt wiederholt die fehlende praktische berufspolitische und gesundheitspolitische Umsetzung seiner Ergebnisse an. Aber selbst innerhalb der Wissenschaften reichen empirische Ergebnisse, auch statistisch signifikante, allein nicht aus, eine wissenschaftliche Praxis zu verändern – auch nicht in der Psychotherapie. Dies liegt zum einen daran, daß Menschen nicht durchgängig rational-einsichtig handeln (z. B. kann man es in unserer heutigen Gesellschaft niemandem untersagen, sich seinen Therapeuten und dessen Therapiemethode selbst zu wählen, also z. B. den Verhaltenstherapeuten untersagen, sich in eine psychoanalytische Psychotherapie zu begeben), und es bedarf wie Lakatos (1974), Schäfer (1995) und Lorenz (1973) erörtern, sehr viel mehr als nur empirischen Materials in der wissenschaftlichen Gemeinschaft, um neue Erkenntnisse in wissenschaftlichen Gesellschaften als Wahrheit durchsetzen zu können.

4.3 Grawes Aussagen zur analytischen Langzeittherapie und sein Direktvergleich von analytischer Therapie und Verhaltenstherapie: eine methodenkritische Untersuchung

Falk Leichsenring

Grawe, Donati und Bernauer (1994) leiten aus ihrer Meta-Analyse eindeutige Aussagen über die Effektivität psychoanalytischer Therapie ab. Diese Aussagen betreffen alle Formen psychoanalytischer Therapie: Langzeit- und Kurztherapie, Einzel- und Gruppentherapie. Verschiedene Autoren haben sich inzwischen unter unterschiedlichen Aspekten mit dieser Meta-Analyse auseinandergesetzt (Tschuschke, Kächele und Hölzer, 1994; Meyer, 1994; Rüger, 1994; Mertens, 1994). Der vorliegende Beitrag konzentriert sich auf die Aussagen von Grawe et al. (1994) zur Wirksamkeit psychoanalytischer Langzeittherapie sowie zur Wirksamkeit psychoanalytischer Therapie im Vergleich zu Verhaltenstherapie: Die empirischen Untersuchungen, auf die Grawe et al. (1994) sich bei diesen Aussagen stützen, werden unter methodischen Gesichtspunkten daraufhin untersucht, inwieweit sie die von Grawe et al. (1994) gezogenen Schlußfolgerungen erlauben.

4.3.1 Zur Effektivität analytischer Langzeittherapie

Es ist das Verdienst von Grawe, Donati und Bernauer (1994), auf den erheblichen Mangel an empirisch-statistischen Untersuchungen zur Wirksamkeit analytischer Psychotherapie aufmerksam gemacht zu haben (S. 168): „Zur klassischen Langzeitpsychoanalyse mit mehreren hundert Sitzungen bzw. Liegungen gibt es leider bisher keine einzige kontrollierte Wirksamkeitsuntersuchung." Aus diesem Grund beziehen sich Grawe et al. (1994) auf die Menninger-Studie, in der analytische Therapie („Langzeitpsychoanalyse") mit expressiver und supportiver analytischer Therapie verglichen wurde (Wallerstein, 1989). Die Menninger-Studie erfüllt jedoch die Kriterien einer kontrollierten Wirksamkeitsuntersuchung nicht. Sie wurde deshalb von Grawe et al. (1994) auch

---

[1] Ich möchte mich bei Gerlinde Ströer, Joachim Biskup, Karl König, Eric Leibing, Henning Schauenburg und Hermann Staats für wertvolle Hinweise bedanken.

nicht in die Stichprobe der 897 kontrollierten Studien aufgenommen. Trotzdem leiten Grawe et al. (1994, S. 185) aus der Menninger-Studie folgende eindeutige Indikationsaussage ab: „Es gibt keine positive Indikation für eine Langzeitpsychoanalyse. In Qualität, Quantität und Stabilität vergleichbare Effekte wurden auch mit sitzender Psychotherapie von sehr viel kürzerer Dauer erzielt."

Es kann jedoch gezeigt werden, daß die Menninger-Studie solche Schlüsse aus methodischen Gründen nicht zuläßt: In der Menninger-Studie wurde psychoanalytische Langzeittherapie („Psychoanalyse", im Liegen) mit kürzerer analytisch orientierter Therapie („expressive" oder „supportive Therapie", im Sitzen) verglichen. Expressive oder supportive Therapie wird bei Krankheitsbildern eingesetzt, die so schwer sind, daß sie mit aufdeckender Langzeitpsychoanalyse nicht behandelt werden können. Nach dem Forschungsbericht des Leiters der Menninger-Studie, Robert Wallerstein, waren jedoch auch die Patienten, die mit Langzeit-„Psychoanalyse" behandelt wurden, zu schwer gestört für eine klassische psychoanalytische Behandlung. Deshalb konnte nicht die in der ambulanten Praxis übliche Form der Langzeit-„Psychoanalyse" durchgeführt werden, sondern die Behandlung wurde bei fast allen mit Langzeit-„Psychoanalyse" behandelten Patienten stark in Richtung einer supportiven Therapie modifiziert (Wallerstein, 1989, S. 204). So brauchten auch von den 22 mit „Psychoanalyse" behandelten Patienten 10 eine stationäre Behandlung (Wallerstein, 1989, S. 199). Allein dieses („harte") Faktum zeigt, daß die Patienten der Menninger-Studie schwerer gestört waren als Patienten, die in der ambulanten Praxis üblicherweise mit Langzeitpsychoanalyse behandelt werden. Die Menninger-Studie erlaubt daher keine Aussagen über die in der ambulanten Praxis üblicherweise durchgeführte Form der (Langzeit-)Psychoanalyse. Da sich die Langzeitpsychoanalyse in der Menninger-Studie mit stationärer Psychotherapie überlappt, sind auch die Bedingungen des Settings nicht repräsentativ für die ambulante Langzeitpsychoanalyse. *Damit sind die behandelten Patienten, die angewendete Form der Therapie und die situationalen Bedingungen nicht repräsentativ für die ambulante Praxis psychoanalytischer Langzeittherapie.* Mit anderen Worten: Die Populations-, Konstrukt- und Situationsvalidität, d.h. die *externe Validität* (Leichsenring, 1985), ist nicht gewährleistet. Die verschiedenen Validitätsprobleme kommen allerdings erst bei einer Interpretation der Ergebnisse ins Spiel, wie sie Grawe et al. (1994, S. 185) vornehmen. Insofern ist die Beurteilung der Ergebnisse der Menninger-Studie durch Grawe et al. (1994) problematisch: An anderer Stelle haben wir das als mangelnde *„Validität der Beurteilung"* bezeichnet (Hager und Leichsenring, 1985).

Wallerstein berichtet weiterhin, daß sowohl die Langzeitpsychoanalyse als auch die kürzere analytisch orientierte (expressive oder supportive) Therapie bei 60% der Patienten zu einem Therapieerfolg geführt haben (Wallerstein, 1986, S. 515). Hieraus leitet Grawe ab (Grawe et al., 1994, S. 180): „Die nach Stundenzahl etwa dreimal so intensive aufdeckende Behandlung war danach nicht wirksamer als die wesentlich weniger aufwendige supportive Therapie." Hierbei handelt es sich jedoch ganz offensichtlich um eine *Fehlinterpretation* der von Wallerstein berichteten Ergebnisse: Bei den Krankheitsbildern, die mit Langzeitpsychoanalyse behandelt wurden, hatte diese Form der Therapie bei 60% der Patienten Erfolg. Bei den Krankheitsbildern, die mit kürzerer analytisch orientierter (expressiver oder supportiver) Therapie behandelt wurden, hatte diese Form der Therapie ebenfalls bei 60% der Patienten Erfolg. Hieraus kann jedoch nicht geschlossen werden, daß diese Form der Therapie auch bei den Krankheitsbildern, die mit Langzeitpsychoanalyse behandelt wurden, ebenfalls in 60% der Fälle erfolgreich ist: Wenn ein Medikament A einen gutartigen Tumor in 60% der Fälle heilt, ein Medikament B einen bösartigen Tumor in ebenfalls 60% der Fälle, so bedeutet das doch nicht, daß der gutartige Tumor durch Medikament B ebenfalls in 60% der Fälle geheilt wird oder daß der bösartige Tumor durch Medikament A in 60% der Fälle geheilt wird. Auch ist ein „Erfolg" bei den schwereren Krankheitsbildern, die mit expressiver oder supportiver Therapie behandelt wurden, etwas ganz anderes als ein „Erfolg" bei den Patienten, die mit aufdeckender Langzeitpsychoanalyse behandelt wurden. Bei einem schwerer gestörten Patienten kann es z.B. ein guter Erfolg sein, wenn er selbstverletzendes Verhalten aufgibt oder eine Arbeitsstelle über einen gewissen Zeitraum halten kann. Solche Probleme stehen bei Patienten, die mit Langzeitpsychoanalyse behandelt werden, überhaupt nicht zur Debatte. Bei ihnen liegen („nur") neurotische Symptome vor wie Ängste, Zwänge oder Depressionen. Ein guter Therapieerfolg kann hier z.B. sein, daß der unbewußte Konflikt durchgearbeitet worden ist und die damit zusammenhängenden Symptome verschwinden. Hierauf weist Wallerstein ausdrücklich hin (1986, S. 513, 514). Er berichtet z.B., daß einige Patienten, die mit expressiver oder supportiver Therapie behandelt wurden und deren Therapie als „sehr

4.3.1 Zur Effektivität analytischer Langzeittherapie

erfolgreich" eingeschätzt wurde, trotzdem am Ende ihrer Therapie nicht den Stand erreichten, den einige mit Langzeitpsychoanalysebehandelte Patienten bereits zu Beginn ihrer Behandlung aufwiesen. Grawe behandelt die Daten der Menninger-Studie aber so, als seien die Kriterien, anhand derer der Therapieerfolg gemessen wurde, für Langzeitpsychoanalyseund kürzere analytisch orientierte Therapie identisch gewesen. *Hier werden Äpfel mit Birnen verglichen.*

Grawe et al. (1994, S. 185) leiten ihre oben zitierte Indikationsaussage damit aus einer einzigen Untersuchung ab, deren Ergebnisse im Hinblick auf die behandelten Patienten, die angewendete Form der Therapie und die situationalen Bedingungen nicht repräsentativ sind für die Bedingungen, über die Aussagen gemacht werden sollen: aus einer Studie, deren *externe Validität* daher nicht gewährleistet ist (Leichsenring, 1985) und deren Ergebnisse Grawe darüber hinaus falsch interpretiert.

Grawes Indikationsaussage ist damit alles andere als empirisch gut gesichert. Es ist in der empirischen Forschung unüblich, eine Hypothese aufgrund nur einer Untersuchung zu falsifizieren (z. B. Popper, 1995 a, S. 133). Es ist noch unüblicher, eine Hypothese aufgrund einer methodisch problematischen Untersuchung zu falsifizieren. Ganz und gar unüblich ist es nun aber, Konsequenzen für die (Versorgungs-)Praxis aus einer einzigen und noch dazu methodisch problematischen Untersuchung abzuleiten, wie dies Grawe et al. (1994, z.B. S. 695, 697, 698) tun.[2] Versteht man mit Popper (1995b, S. 124) die methodologischen Regeln als „Spielregeln des Spiels ‚empirische Wissenschaft'", kann man fragen: Warum verletzt Grawe diese Spielregeln so kraß?

Grawe bezieht sich in seinen Aussagen zur analytischen Langzeittherapie auf eine weitere Untersuchung: die Meta-Analyse von Howard et al. (1986). Es kann jedoch gezeigt werden, daß auch diese Untersuchung die von Grawe gezogenen Schlußfolgerungen nicht zuläßt: *Die Meta-Analyse von Howard et al. (1986) erlaubt keine Aussagen über (analytische) Langzeittherapien, weil solche Therapien in den zugrundeliegenden Untersuchungen kaum vetreten sind:* Der Median der Sitzungszahl der von Howard et al. meta-analysierten Untersuchungen liegt nach den Angaben von Howard et al. (1986, S. 161) zwischen 4 und 33 (!). Die Unter-

---

[2] In Modellen, die die „Anwendung" einer Hypothese wissenschaftstheoretisch als Ableitung von Diagnosen, Prognosen oder technologischen Prognosen rekonstruieren, wird auch nicht umsonst gefordert, daß die „angewendete" Hypothese gut bewährt ist (z. B. Brocke, 1978).

suchung von Howard et al. erlaubt außerdem keine Aussage über Patienten mit Persönlichkeitsstörungen, weil solche Patienten in den untersuchten Stichproben selten vertreten sind (Howard et al., 1986, S. 161). Gerade bei schweren *Persönlichkeitsstörungen* ist mit ausreichenden Effekten aber erst nach einer längeren Therapie zu rechnen (Bergin und Garfield, 1994, S. 826). Außerdem haben Howard et al. (1986) die Prozentsätze von Patienten untersucht, die Verbesserungen aufwiesen, *nicht jedoch das Ausmaß der Verbesserung*. „Verbesserung" bedeutet aber gerade nicht, daß die Patienten den für sie maximal möglichen Therapieeffekt erreicht haben (s. auch Howard et al., 1986, S. 163). Es ist daher eine *Fehlinterpretation* der Ergebnisse von Howard et al. (1986), wenn Grawe et al. (1994, S. 697) daraus ableiten:

„... bei 52 wöchentlichen Therapiesitzungen, also nach einem Jahr, haben die Patienten im Durchschnitt die maximale Wirkung erreicht." Damit ist aber auch die Schlußfolgerung, die Grawe hieraus ableitet, nicht valide (Grawe et al., 1994, S. 697, 698): „Für die Versorgungsplanung und für Kostenrechnungen ist davon auszugehen, daß die Wirkungen, die mit Psychotherapie erreichbar sind, in der Regel innerhalb eines Jahres mit einem durchschnittlichen Aufwand von nicht mehr als vierzig bis fünfzig Therapiesitzungen erreicht werden können. Therapeuten, deren Therapien in der Regel länger dauern, arbeiten ineffektiv. Die Länge ihrer Therapien ist nicht rational gerechtfertigt, sondern beruht auf irrationalen und nachweislich falschen Annahmen." *Diese Aussage ist empirisch nicht begründet. Es gibt keine einzige empirische Untersuchung, die diese Behauptung von Grawe stützt:* Weder die Menninger-Studie noch die Meta-Analyse von Howard et al. (1986) erlauben die von Grawe et al. (1994) daraus abgeleiteten Aussagen.

Es gibt im Gegenteil inzwischen empirische Befunde, die gegen die oben zitierten Aussagen von Grawe zur Indikation und zur Versorgungsplanung sprechen: Die Ergebnisse von Rudolf und Mitarbeitern (z. B. Manz, Henningsen und Rudolf, 1995) zeigen, daß analytische Langzeittherapie statistisch gesichert zu größeren Effekten führt als kürzere analytisch orientierte Therapie. Auch Weiner und Exner (1991) konnten zeigen, daß psychodynamische Langzeittherapie auf längere Sicht verhaltenstherapeutischen oder gestalttherapeutischen Kurztherapien signifikant überlegen ist und ein breiteres Wirkumsspektrum hat. Eine Überlegenheit der Langzeittherapie zeigen auch die von Seligman (1995) berichteten Ergebnisse der „Consumer-Reports-Studie", einer großen

Leserumfrage in den USA. Ein eindeutiges Ergebnis dieser Studie ist, daß Langzeittherapie zu signifikant besseren Ergebnissen führte als Kurztherapie (Seligman, 1995, S. 968). Außerdem erwies sich keine Therapieform als einer anderen überlegen (Seligman, 1995, S. 968, 969). Weiterhin erzielten Patienten, bei denen die Wahl des Therapeuten oder die Therapiedauer durch ihre Versicherung eingeschränkt war, signifikant schlechtere Ergebnisse. *Dieser Befund macht die oben zitierten Aussagen von Grawe et al. (1994, S. 697-698) zur Versorgungsplanung besonders bedenklich. Die von Seligman berichteten Ergebnisse zeigen auch, wie vorschnell Grawe hier Schlüsse gezogen hat:* Es trifft ganz offensichtlich nicht zu, daß Therapeuten, deren Therapien länger als ein Jahr dauern, „ineffektiv" arbeiten (Grawe et al., 1994, S. 698). Die Länge ihrer Therapien scheint sehr wohl „rational gerechtfertigt" zu sein.

Die oben referierten Ergebnisse stammen aus Felduntersuchungen, d.h. aus Untersuchungen unter natürlichen Bedingungen. Dadurch sind hier die Möglichkeiten experimenteller Kontrollen geringer (keine Randomisierung, keine Kontrollgruppe etc.). Andererseits liefern sie Informationen über die *tatsächliche Wirksamkeit* der jeweiligen Therapien *in der Praxis*. Solche Ergebnisse können nicht einfach ignoriert werden, weil bestimmte methodische Anforderungen, die aus der experimentellen Psychologie stammen, nicht erfüllt sind. Die von Seligman vorgestellten Ergebnisse beruhen immerhin auf einer Stichprobe von fast 2.900 Psychotherapiepatienten. Es ist keine Frage, daß solche Untersuchungen ihre Schwächen haben, sie haben jedoch auch ihre Stärken, nämlich v.a. ihre Praxisnähe (aktive Therapiewahl, typische Patientenpopulationen, keine willkürliche Begrenzung der Sitzungszahl etc). Seligman (1995) stellt Stärken und Schwächen einander gegenüber und nennt auch verschiedene Kontrollmaßnahmen, die bei der „Consumer-Reports-Studie" angewendet worden sind. Selbst früher ein Verfechter kontrollierter Studien, hält Seligman (1995, S. 966) diese heute nicht mehr für die einzige und beste Untersuchungsform, sondern bricht eine Lanze für naturalistische Studien.

4.3.2 Grawes Direktvergleich von psychoanalytisch orientierter Therapie und Verhaltenstherapie

Im Rahmen ihrer Meta-Analyse haben Grawe et al. (1994) die Wirksamkeit psychoanalytisch orientierter Therapie mit der von Verhaltenstherapie verglichen. Bei diesem Vergleich werteten sie meta-analytisch 19 bzw. 22 Untersuchungen aus, in denen psychoanalytisch orientierte Therapie innerhalb einer Untersuchung mit Verhaltenstherapie (VT) verglichen wurde. Bei diesen „same experiment comparisons" wird davon ausgegangen, daß Art der Patienten, Therapiedauer, Erfahrung der Therapeuten, Erfolgsmaße und andere Bedingungen vergleichbar sind (Smith, Glass und Miller, 1980, S. 106; Grawe et al. 1994, S. 651).

Der vorliegende Beitrag wird zeigen, daß dies eine Illusion ist (siehe v.a. Punkte 4-11). Grawe et al. (1994) analysierten die Daten der Untersuchungen, in denen VT und psychoanalytische Therapien direkt miteinander verglichen wurden, auf zwei Arten: Einmal bestimmten sie für alle Maße und Meßzeitpunkte, welche der beiden Therapieformen jeweils die größere positive Veränderung bewirkt, unabhängig von der Größe des Unterschieds (22 Untersuchungen). Die Auswertung erfolgte mittels eines Vorzeichentests. Zum anderen berechneten sie für jede der beiden Therapieformen die Effektgröße über alle Maße und Meßzeitpunkte nach Ende der Therapie (Effektgröße d = Mittelwert der Prämessung minus Mittelwert der Postmessung dividiert durch die gepoolte Streuung der Prämessung aller Gruppen). Diese Auswertung nahmen sie bei 19 Untersuchungen vor. Bei beiden Vorgehensweisen fanden Grawe et al. (1994) einen signifikanten Unterschied zugunsten der VT. Grawe et al. betonen (1994, S. 651, 652), daß sie besonders sorgfältig geprüft hätten, ob die Anlage der Untersuchungen VT-Methoden begünstige, dafür hätten sie aber „keine Anhaltspunkte gefunden". Die Autoren (1994, S. 669) schließen daher aus, daß es sich bei den von ihnen gefundenen Wirkungsunterschieden um ein Artefakt des Untersuchungsvorgehens in den Originaluntersuchungen oder ihrer Meta-Analyse handelt (s. a. Grawe 1995 a, S. 99). Dieser Frage soll in dem vorliegenden Beitrag anhand der von Grawe et al. zugrunde gelegten Untersuchungen noch einmal genauer nachgegangen werden. Hierbei werden verschiedene inhaltliche und methodische Aspekte unterschieden. Es wird zuerst auf die angewendete Therapie und ihre Realisierung eingegangen, danach auf die therapeutischen Effekte und ihre Messung. Die damit zusammenhängenden Aussagen werden zunächst thesenartig formuliert und dann begründet.[3]

---

[3] Aus Platzgründen muß bezüglich der Literaturangaben zu den 22 von Grawe et al. (1994) zugrunde gelegten Studien und den zitierten Meta-Analysen auf die dort gemachten Angaben verwiesen werden (S. 873-875).

4.3.2 Grawes Direktvergleich von psychoanalytisch orientierter Therapie und Verhaltenstherapie

1. *Grawe differenziert nicht nach verschiedenen Formen psychoanalytischer Therapie und Verhaltenstherapie (Uniformitätsmythos):*
Das Ergebnis ihres Direktvergleichs formulieren Grawe et al. (1994, S. 662) so: „Wir können daher ohne jeden Vorbehalt die inhaltliche Ergebnisaussage machen: Verhaltenstherapie ist im Durchschnitt hochsignifikant wirksamer als psychoanalytische Therapie." Bei dieser Aussage fällt zunächst einmal auf, daß sie betont unrelativiert ist: Sie wird „ohne jeden Vorbehalt" gemacht. Sie ist weiterhin auffallend undifferenziert: Sie unterscheidet zum einen nicht nach den verschiedenen Formen der VT und der psychoanalytischen Therapie: so als gäbe es „die" VT und „die" psychoanalytische Therapie und nicht vielmehr verschiedene verhaltenstherapeutische und psychoanalytische Therapieformen. Auch eine Differenzierung nach Krankheitsbildern wird nicht vorgenommen. Dabei schien die Psychotherapieforschung über den Stand solcher globalen Aussagen längst hinaus zu sein. Sie hatte sich differentiellen Fragen im Sinne Kieslers (1977) zugewandt, etwa welche Therapie bei welchen Störungen zu welchen Veränderungen führt (s. a. Grawe, z. B. 1981). Es besteht die Gefahr, daß mit der Graweschen Meta-Analyse und den daraus abgeleiteten undifferenzierten Aussagen die totgeglaubten Kieslerschen Uniformitätsmythen (1977) wieder auferstehen: „Ein Gespenst geht um in Europa ..." – und bald wohl leider nicht nur dort: Es ist das Gespenst des Uniformitätsmythos.

2. *Bei den direkt verglichenen Therapien handelt es sich ausschließlich um psychoanalytisch orientierte Kurztherapien.*
In den von Grawe et al. (1994) einbezogenen Untersuchungen wurden ausschließlich psychoanalytisch orientierte Kurztherapien (PAKT) untersucht: In der Mehrzahl der Untersuchungen wurden 10-20 Therapiesitzungen durchgeführt. Nur in drei Untersuchungen waren es mehr als 30 Sitzungen und, soweit es den Untersuchungen zu entnehmen ist, weniger als 50-60 Sitzungen (Gelder et al., 1967; Levis und Carera, 1967; Steuer et al., 1984). In der Untersuchung von Shapiro und Firth (1987) wurden sogar nur 8 Sitzungen durchgeführt. *Die Direktvergleiche von Grawe et al. (1994) lassen also allenfalls die Aussage zu, daß VT möglicherweise wirksamer ist als psychoanalytisch-orientierte Kurztherapie.* Eine solche Differenzierung nimmt Grawe nicht vor. Er formuliert seine Aussage so, als würde sie für psychoanalytische Therapie allgemein gelten.

3. *Die Indikation psychoanalytisch orientierter Kurztherapie ist bei phobischen und depressiven Neurosen fragwürdig:* Psychoanalytisch

orientierte Therapien werden in das Prokrustes-Bett verhaltenstherapeutisch-experimenteller Designs gezwängt.

Wie bereits erwähnt, umfaßt etwa ein Drittel der von Grawe et al. einbezogenen Direktvergleiche die Behandlung von Phobien und Ängsten (6/19). Bei weiteren 5 der 19 Untersuchungen wurden Depressive behandelt (26 %). Wie die Angaben zur Krankheitsdauer zeigen, handelt es sich dabei überwiegend um länger andauernde depressive Episoden: Die mittlere Krankheitsdauer beträgt bei McLean und Hakstian (1979) 10,7 Jahre, bei Hersen et al. (1984) 4,2 Jahre, bei Steuer et al. (1984) 3,7 Jahre, bei Gallagher und Thomson (1982) waren 70% der Patienten mindestens 1 Jahr lang depressiv, bei Thomson et al. (1987) waren es 67%.

Bei insgesamt 11 der 19 Untersuchungen wurden damit Ängste und (länger bestehende) Depressionen behandelt, d. h. in mehr als der Hälfte der Untersuchungen (58%). Die Indikation psychoanalytisch orientierter Kurztherapien ist jedoch bei Phobien und depressiven Neurosen fraglich: Kaum ein Analytiker würde in der (ambulanten) Praxis eine Phobie oder depressive Neurose mit einer *Kurz*therapie behandeln.[4] Hier werden in der ambulanten Praxis üblicherweise nicht psychoanalytisch orientierte Kurztherapien, sondern analytische Langzeittherapien durchgeführt (König, 1981, 1993, S. 86, 87), deren Effekte bei diesen Störungen über die von psychoanalytisch orientierten Kurztherapien hinausgehen: Die Ergebnisse von Rudolf und Mitarbeitern (z. B. Manz, Henningsen und Rudolf, 1995) zeigen, daß analytische Langzeittherapie zu größeren Effekten führt als kürzere analytisch orientierte Therapie (60 Sitzungen). Dies gilt speziell für die im vorliegenden Zusammenhang relevanten Symptome *Angst und Depression*. Die Unterschiede in den Effektgrößen sind z. T. erheblich: Für Angst und Depression erreichte die analytische Therapie „große" Effekte im Sinne von Cohen (1988) von rund d=1.30 und 0.90, kürzere analytisch orientierte Therapie nur Effekte von rund 0.60 und 0.50 (Manz et al., 1995, S. 57).[5]

Bei der Mehrzahl der zugrunde gelegten Untersuchungen werden psychoanalytische Therapien damit in ein experimentelles Design gezwängt, das der VT eher entspricht als der psychoanalytischen Thera-

---

[4] Hoffmann und Bassler (1995) haben allerdings kürzlich ein fokaltherapeutisches Konzept für Angstbehandlungen entwickelt. Ergebnisse liegen allerdings noch nicht vor.
[5] Diese Effekte schließen allerdings die Spontanremission noch mit ein. Um den „reinen" Behandlungseffekt zu erhalten, müßte der Effekt unbehandelter Kontrollgruppen noch abgezogen werden (vgl. Grawe et al., 1994, S. 661).

4.3.2 Grawes Direktvergleich von psychoanalytisch orientierter Therapie und Verhaltenstherapie

pie: *Sie werden bei Störungen angewendet, bei denen sie in der ambulanten Praxis üblicherweise nicht angewendet werden, und sie werden mit einer niedrigeren Sitzungszahl durchgeführt, um einen Vergleich mit VT-Methoden zu ermöglichen.*[6] *Die angewendete Form psychoanalytisch orientierter Therapie ist daher nicht repräsentativ für die Bedingungen, über die Aussagen gemacht werden sollen.* Damit ist die *externe Validität* der zugrunde gelegten Untersuchungen nicht gewährleistet (Leichsenring, 1985).

Grundsätzlich kann davon ausgegangen werden, daß Therapien, die sich nicht direkt auf die Zielsymptomatik richten, *in kurzer Zeit* eine geringere Reduzierung eben dieser Zielsymptome erreichen als VT-Methoden, die diese Zielsymptome direkt angehen (Gelder et al., 1967; Pierloot und Vinck, 1978). *In entsprechenden Untersuchungen hat die VT daher ein „Heimspiel". Die Bedingungen sind deshalb auch bei „same experiment comparisons" nur formal gleich.* Dies wird unten anhand weiterer Aspekte gezeigt werden (s. Punkte 9-11).

4. *In einigen Untersuchungen ist psychoanalytisch orientierte Therapie vermutlich gar nicht realisiert worden:* Bei einigen Untersuchungen ist unklar, welche Art von (psychoanalytisch orientierter?) Therapie eigentlich mit VT verglichen worden ist: Shapiro und Firth (1987) verglichen eine kognitiv-behaviorale Therapie mit einer Therapie, die sie als „exploratorisch" bezeichnen (Shapiro und Firth, 1987, S. 791): "This method synthesizes interpersonal and client-centered concepts and focuses upon the use of the therapeutic relationship as a vehicle for the revelation and resolution of interpersonal difficulties and conflicts." Offensichtlich handelt es sich hier nicht um eine eindeutig psychoanalytische Therapie, sondern um eine Kombination von klientenzentrierter und interpersoneller Therapie. Levis und Carrara (1967, S. 505) verglichen Implosionstherapie mit einer Therapieform, die sie als „conventional type treatment (a combination of insight and supportive therapy)" bezeichneten. Hierunter kann nun wirklich alles und nichts fallen. In der Untersuchung von Gillan und Rachman (1974) wird eine Form von Psychotherapie mit VT verglichen, die sie folgendermaßen charakterisieren (S. 394): „The treat-

---

[6] Um einen Vergleich aus dem Sport zu bennutzen: Es ist so, als würde man einen Langstreckenläufer gegen einen Sprinter ins Rennen schicken: Der Sprinter ist schneller an seinem Ziel, der 100-m-Marke, der Langstreckenläufer erreicht dieses Ziel auch, allerdings später. Er kommt jedoch weiter als der Sprinter (s. z.B. die Ergebnisse von Weiner und Exner, 1991).

ment consisted of a combination of insight therapy and rational therapy." Was mag das nun wieder sein?

In Untersuchungen wie denen von Levis und Carrara (1967) und Gillan und Rachman (1974) ist unklar, ob psychoanalytische Therapie überhaupt realisiert worden ist oder ob es sich nicht um Quasi-Kontrollgruppen handelt, die eingesetzt worden sind, um den Effekt des VT-Treatments zu demonstrieren. Smith, Glass und Miller (1980, S. 119) beschreiben das folgendermaßen: „A comparison therapy might be set up as a kind of strawman over which the favored therapy would prevail. The comparison therapy (often an 'insight therapy') would be treated with fairly obvious disdain, and would not be given much opportunity for success." Smith, Glass und Miller (1980, S. 120) konnten dies auch empirisch nachweisen: Sie zeigten, daß die Effekte für eine Therapieform am größten sind, wenn sie von den jeweiligen Untersuchern offensichtlich bevorzugt wurde, und am kleinsten, wenn die Untersucher gegen die Therapieform eingestellt waren. Ob dies auch für Meta-Analysen gilt?

In den eben genannten Untersuchungen der Meta-Analyse von Grawe et al. (1994) ist es daher fraglich, inwieweit die untersuchte Form der Therapie repräsentativ ist für die, über die Aussagen gemacht werden sollen *(fragliche Konstruktvalidität)*. Unterschiede in den Effekten lassen sich nicht auf die genannte Therapieform zurückführen *(mangelnde interne Validität)*.

5. *Die angewendete VT-Methode ist z. T. gar keine reine VT.*
In einigen der 22 Untersuchungen ist die angewendete VT-Methode gar keine rein verhaltenstherapeutische: In der Untersuchung von Hoffart und Martinsen (1990) wird PAKT verglichen mit einer Therapieform, bei der VT-Angsttraining mit dynamischer, konfliktorientierter Therapie kombiniert wird: „integrated behavioral-dynamic treatment" (S. 210). In der Untersuchung von Brockmann et al. (1987) wird PAKT mit „cognitive-analytic therapy" (CAT, nach Ryle) verglichen. Letztere stellt aber keine rein kognitiv-behaviorale Therapieform dar, sondern integriert nach Brockmann et al. (1987, S. 603) Elemente von psychoanalytischen, kognitiven und behavioralen Methoden: Es werden auch unbewußte Prozesse und Übertragungen bearbeitet. Damit handelt es sich auch hier nicht um den Vergleich einer reinen VT-Methode mit PAKT. Die Effekte der kombinierten Therapien können daher nicht allein der VT zugeschrieben werden. Hier ist die *interne Validität* und die *Konstruktvalidität* nicht gewährleistet (Leichsenring, 1985). In anderen Untersuchun-

4.3.2 Grawes Direktvergleich von psychoanalytisch orientierter Therapie und Verhaltenstherapie

gen werden VT und PAKT mit medikamentöser oder Placebo-Behandlung kombiniert und miteinander verglichen. Dies ist der Fall in der Untersuchungen von Zitrin et al. (1983) und Herson et al. (1984). Da die Wechselwirkung zwischen Medikament und Psychotherapieform in diesen Untersuchungen nicht bekannt ist, ist unklar, welcher Effekt auf die angewendeten psychotherapeutischen Methoden zurückgeht.

6. *Bei mehreren Untersuchungen führten dieselben Therapeuten beide Therapieformen durch.*
Dies ist der Fall bei Newton und Stein (1974), Crowe (1978), Zitrin et al. (1983), Brockmann et al. (1987), Shapiro und Firth (1987), Snyder und Wills (1989). Es ist dabei durchaus möglich, daß die Therapeuten eine der beiden Therapiemethoden favorisieren oder mehr Erfahrung mit einer Methode haben oder eine Methode effektiver ausüben usw. Viele Effekte sind denkbar, man denke nur an den Rosenthal-Effekt. Hierdurch kommt es zu einer *Beeinträchtigung der internen Validität*. Welche der Therapieformen dadurch einen Vorteil erhält, ist zumindest in bestimmten Untersuchungen auch klar: Bei Brockmann et al. (1987) die CAT, weil sie auf Ryle zurückgeht, der einer der Autoren der Studie ist; bei Shapiro und Firth (1987) die VT-Methode, weil Shapiro diese nach seiner Meta-Analyse (Shapiro und Shapiro, 1982, s. unter Punkt 15) favorisieren dürfte, und auch bei Crowe (1979) dürfte die VT-Methode im Vorteil sein: Crowe, der auch die meisten Therapien selbst durchführte, sagte eine Überlegenheit der VT-Methode voraus (1979, S. 633). Die Tatsache, daß sich Ton- oder Videobänder der Sitzungen in einem relativ hohen Prozentsatz korrekt den beiden Formen zuordnen lassen wie bei Crowe (1979), sagt noch nicht, daß der betreffende Therapeut auch beide Therapieformen gleichermaßen effektiv ausführt. Daß die Bevorzugung einer Therapieform einen Einfluß auf den Effekt hat, der in einer Untersuchung „gefunden" wird, haben, wie bereits erwähnt, Smith, Glass und Miller (1980, S. 120) nachgewiesen. In aller Regel führt ein Therapeut in der ambulanten Praxis außerdem nur eine der beiden Therapieformen durch. Mit dieser ist er dann meist auch identifiziert. *Insofern sind die Ergebnisse der eben genannten Untersuchungen nicht repräsentativ für die Praxis der ambulanten Psychotherapie (mangelnde externe Validität).*

7. *Die Therapien wurden oft von unerfahrenen Therapeuten durchgeführt: ein Vorteil für die VT.*
Bei einer Reihe der meta-analysierten Untersuchungen wurde die PAKT von unerfahrenen Therapeuten durchgeführt. Die Therapeuten von

Brockmann et al. (1987, S. 603) z. B. waren noch in Therapieausbildung: „None had experience of time-limited therapy." Auch Pierloot und Vinck (1978, S. 88) sagen über die Therapeuten ihrer Studie: „As therapists, we used psychiatric and clinical psychology residents in their clinical training ... These therapists should be considered, therefore, as rather inexperienced." *Die Ergebnisse dieser Untersuchungen gelten daher nur für Therapeuten in Ausbildung* (Pierloot und Vinck, 1978, S. 89). Sie sagen möglicherweise mehr über die schnelle Lernbarkeit der therapeutischen Methode aus als über deren Wirksamkeit, wenn sie von erfahrenen Therapeuten ausgeübt wird. Insofern ist die beeinträchtigt. Therapeuten mit begrenzter Erfahrung in der angewendeten therapeutischen Methode (weniger als 2 Jahre Erfahrung) waren auch an den Untersuchungen von Gelder, Marks und Wolf (1967), Gillan und Rachman (1974), Gallagher und Thomson (1982), Steuer et al. (1984) sowie von Thomson et al. (1987) beteiligt. Aus diesem Grund schränken Gelder et al. (1967) ihre Ergebnisse ausdrücklich auf Therapeuten mit begrenzter Erfahrung ein (S. 67): „We can draw no conclusions about the results of more skilled and intensive psychotherapy or of psychoanalysis."

Eine geringe Erfahrung mit der angewendeten therapeutischen Methode stellt nun aber besonders einen Nachteil für die analytisch orientierte Therapie dar, weil hier mehr therapeutische Erfahrung notwendig ist, um einen Mindesteffekt zu erreichen, als bei einer VT-Methode. Hierfür sprechen die Ergebnisse der Untersuchungen von Hartlage (1970) und Patterson et al. (1971), die Sloane et al. (1975) in diesem Zusammenhang zitieren: Sloane et al. (1975) waren sich dieses Faktors bewußt. Sie haben ausdrücklich sehr erfahrene Psychotherapeuten in ihrer Studie eingesetzt (6-20 Jahre Erfahrung). Sloane et al. (1975, S. 374) begründen dies folgendermaßen: „By using experienced therapists, we hoped to avoid the twin pitfalls of exposing a patient to an ineffective treatment (because a technique probably does not attain its full potential in the hands of a beginning therapist) and of biasing our results in favor of behavior therapy (where it is possible that less experience is required to attain a minimal level of competence than in psychotherapy) ... " Eine geringe Therapieerfahrung stellt deshalb einen Bias zugunsten der VT dar. Hierdurch wird die *interne Validität* beeinträchtigt.

Im folgenden wird auf Aspekte eingegangen, die mit den therapeutischen Effekten und ihrer Messung zusammenhängen.

8. **Grawe differenziert nicht nach Effektmaßen und Störungen: Die Abhängigkeit der gefundenen therapeutischen Effekte von der Art ihrer Messung bleibt unberücksichtigt.**
Grawe et al. (1994) berufen sich (neben dem bereits genannten Argument der „same experiment comparisons") darauf, daß auch andere Meta-Analysen von Direktvergleichen zum Ergebnis der größeren Wirksamkeit der VT gekommen seien. Sie nennen hier die Meta-Analysen von Smith et al. (1980), Nicholson und Berman (1983) sowie von Shapiro und Shapiro (1982). Smith, Glass und Miller (1980) konnten nun aber gerade in ihrer Meta-Analyse von *„same experiment comparisons"* (!) zeigen, daß die erreichten Effektgrößen davon abhängen, was und wie gemessen wird: Sie fanden zum einen eine Überlegenheit von VT-Methoden (gegenüber „verbalen" Therapien) überhaupt nur in Maßen für Angst und globale Anpassung (Smith, Glass und Miller, 1980, S. 107). *Zum anderen konnten sie zeigen, daß die Überlegenheit der VT verschwindet, wenn weniger leicht beeinflußbare Maße verwendet werden, etwa für soziales und soziopathisches Verhalten, Schul- oder Berufserfolg oder Suchtverhalten* (Smith, Glass und Miller, 1980, S. 107): „The advantage (difference in average effect) for the behavioral therapies on psychological measures is 0.25, but for less tractable measures, the advantage drops to 0.04." Zusammenfassend kommentieren Smith, Glass und Miller (1980, S. 107) ihre metaanalytischen Ergebnisse dann auch folgendermaßen: „... behavioral therapies produced the largest effects. However, the kind of outcome measurement was related to the size of therapeutic effect observed. On measures that were less susceptible to influence, reliable differences among therapies disappeared." Eine solche differenzierte Auswertung vermißt man bei Grawe et al. (1994). Zur Bestätigung ihrer Ergebnisse und Annahmen teilen Grawe et al. (1994, S. 670) in Tabelle 4.9.5 dann auch nur die von Smith et al. (1980) berichteten Unterschiede in den Effektgrößen zugunsten der VT mit, ohne jedoch die von Smith et al. (1980) vorgenommenen und oben beschriebenen Relativierungen zu übernehmen: *Sie erwähnen nicht, daß die Unterschiede nur in Maßen für Angst und globale Anpassung bestehen und bei Hinzuziehung anderer Variablen verschwinden.* Gerade diese Ergebnisse von Smith et al. (1980) liefern Grund zu der Vermutung, daß auch die von Grawe et al. (1994) gefundenen Wirkungsunterschiede bereichsspezifisch bzw. maßabhängig sind und daß sich die von Grawe et al. (1994) berichteten Unterschiede zugunsten der VT wie bei Smith, Glass und Miller (1980) bei einer differenzierten Auswertung

nach bestimmten Störungen und Erfolgsmaßen ebenfalls relativieren. Nach den Ergebnissen von Smith et al. (1980) ist zu vermuten, daß der von Grawe et al. berichtete größere Effekt der VT zu einem erheblichen Teil auf die Behandlung von Ängsten und/oder Phobien zurückgeht: Von den 19 Untersuchungen, deren Effektmaße in die Berechnung von Grawe et al. (1994) eingingen, stand bei 6 Untersuchungen die Behandlung von Phobien/Ängsten im Vordergund, also bei einem Drittel der Studien. Wie groß der Anteil der Angstbehandlungen an dem von Grawe et al. (1994, S. 662) gefundenen mittleren Effekt von 1.23 für die VT sowie am Unterschied zum mittleren Effekt der psychoanalytisch orientierten Therapie (0.83) ist, kann nur eine weitere und differenzierte Auswertung der zugrunde gelegten Untersuchungen zeigen. *Solange dies nicht überprüft ist, ist es nicht möglich, „ohne jeden Vorbehalt" von einer „hochsignifikanten" Überlegenheit der VT (Grawe et al., 1994, S. 662) zu sprechen.*

9. *Maßgeschneiderte Erfolgskriterien für die VT: „Heimspiele" – Die Illusion der Gleichheit bei „same experiment comparisons."*
Wie würden wohl Verhaltenstherapeuten reagieren, wenn in einer Untersuchung der psychoanalytisch orientierten Therapie nach Kernberg (Kernberg et al., 1993) eine VT-Vergleichsgruppe eingesetzt wird und z. B. die Kriterien von Kernberg bezüglich des Niveaus der überwiegend verwendeten Abwehrmechanismen auch bei den mit VT behandelten Borderline-Patienten erhoben würden? Dann könnte sich z. B. herausstellen, daß sich am Niveau der Abwehrmechanismen bei diesen Patienten wenig geändert hat. Das hat die VT-Methode allerdings auch nicht angestrebt! Trotzdem erhielte sie nach dem Graweschen Vorzeichenverfahren ein Minus (-), wenn die psychoanalytisch orientierte Therapie hier eine Veränderung bewirkt. Der Unterschied zwischen den beiden Therapieformen ließe sich *beliebig vergrößern*, je mehr solcher Kriterien erhoben würden (z. B. Reife der Objektbeziehungen, Ausmaß der Identitätsintegration, Fähigkeit zur Realitätsprüfung, Impulskontrolle, narzißtische Regulierung etc.). *Wenn umgekehrt die Messung der Therapieeffekte auf genau die Veränderungen zugeschnitten ist, die durch die angewendete VT-Methode angestrebt wird, werden psychoanalytisch orientierte Therapien benachteiligt.* Dies kann an verschiedenen Untersuchungen der Meta-Analyse von Grawe et al. (1994) gezeigt werden.

In der Untersuchung von Steuer et al. (1984) sind ältere Depressive mit kognitivbehavioraler Gruppentherapie (nach Beck et al.) und psychodynamischer Grup-

4.3.2 Grawes Direktvergleich von psychoanalytisch orientierter Therapie und Verhaltenstherapie

pentherapie (orientiert an Alexander, Grotjahn, Yalom) behandelt worden.[7] Beide Therapieformen erzielten signifikante Verbesserung in allen vier verwendeten Maßen für Depression. *Zwischen den Therapieformen bestanden nach Steuer et al. (1984) keine Unterschiede in der Effektivität mit einer Ausnahme:* Die kognitiv-behaviorale Gruppentherapie erreichte einen signifikant größeren Effekt im Beck Depression Inventory (BDI). Steuer et al. (1984, S. 187) kommentieren dies folgendermaßen: „Because the BDI is heavily loaded with subjective depressive items ..., it may be that the cognitive-behavioral therapy that directly confronts such negativistic cognitions would cause significant gains on this measure. Undoubtedly, these are important aspects of depression, but it is also worth considering that cognitive-behavioral therapy may 'teach' the scale. The possibility of this kind of measurement bias should be borne in mind when the BDI is used as an outcome measure in psychotherapy research comparing cognitive-behavioral therapy with other treatments." Folgendes Ergebnis der Untersuchung von Steuer et al. (1984, S. 187) ist dabei von besonderer Bedeutung: *Der Unterschied im BDI zeigt sich nicht in klinisch signifikanten Erfolgsmaßen:* „The superiority of the cognitive-behavioral therapy shown on the BDI in statistical analysis is not supported when one looks at the number of persons who went into either remission or the mild range of depression." *Hier unterscheiden sich die beiden Behandlungen nämlich nicht. Es stellt sich daher die Frage, ob es sich bei dem größeren Effekt im BDI um einen „wahren" Effekt oder um ein Artefakt der Messung handelt.* Obwohl keine Unterschiede in klinisch signifikanten Erfolgsmaßen bestehen, wird die VT in der Untersuchung von Steuer et al. (1984) von Grawe et al. (1994, S. 657) als überlegen beurteilt, d. h. sie erhält ein +. – Hier zeigt sich auch, wie problematisch der Vorzeichentest von Grawe et al. (1994) ist. Eine Therapieform, die sich ausdrücklich am Modell von Beck et al. orientiert, wird mit viel höherer Wahrscheinlichkeit eine Veränderung im BDI nach sich ziehen als eine Therapieform, die negative Kognitionen nicht so direkt angeht. Dies betrifft alle Vergleiche von kognitiv-behavioraler Therapie mit anderen Therapieformen, wenn das BDI als Erfolgsmaß verwendet wird. In der Untersuchungsstichprobe von Grawe et al. (1994) sind dies außer der Untersuchung von Steuer et al. (1984) die Untersuchungen von Gallagher und Thomson (1982), Thomson et al. (1987) und Hoffart und Martinsen (1990).

Ein solcher Bias zugunsten der VT besteht aber natürlich nicht nur dann, wenn das BDI als Erfolgsmaß für kognitive Therapie verwendet wird, sondern grundsätzlich immer dann, wenn bestimmte Zielsymptome oder Zielprobleme von einer VT-Methode direkt angegangen werden und genau die Veränderung dieser Zielsymptome oder -Probleme auch als Erfolgskriterium für die parallel angewandte psychoanalytisch orientierte Therapie verwendet wird (vgl. auch Tschuschke, Kächele und Hölzer 1994, S. 287: „tailored targets"). *Aus diesem Grund sind die Meßvoraussetzungen auch bei „same experiment comparisons" nicht notwendigerweise für*

---

[7] Im Hinblick auf Literaturangaben zu diagnostischen Instrumenten und therapeutischen Konzepten muß auf die Originaluntersuchungen verwiesen werden.

beide Therapieformen gleich. Es besteht nur eine formale Gleichheit. Dies kann anhand weiterer Untersuchungen aus der Stichprobe der Graweschen Direktvergleiche belegt werden.

> In der bei Hoffart und Martinsen (1990) angewendeten verhaltenstherapeutisch orientierten Methode wurden angstvolle Kognitionen und falsche Attribuierungen direkt bearbeitet, nicht dagegen in der parallel angewendeten psychodynamischen Therapie. In einem entsprechenden Angst-Kognitions-Fragebogen („Agoraphobic Cognitions Scale") wurde dann auch prompt ein größerer Effekt für die verhaltenstherapeutisch orientierte Methode im Follow-up gefunden: kein Wunder! Betroffen sind auch andere von Hoffart und Martinsen (1990) verwendete Erfolgskriterien, nämlich eine Locus of Control Skala (wegen der Korrektur falscher Attribuierungen), möglicherweise auch das verwendete BDI (wegen des Trainings nichtängstigender Kognitionen). Entsprechendes gilt für die Untersuchung von Thomson et al. (1987), in der kognitive Therapie nach Beck bei Depressiven angewendet wurde und als Erfolgskriterium ein Fragebogen zu automatischen Gedanken („Automatic Thoughts Questionnaire") sowie die Hopelessness Scale von Beck verwendet wurde, die wesentliche Aspekte der negativen kognitiven Triade erfaßt. Als ein weiteres Erfolgskriterium wurde von Thomson et al. die Häufigkeit angenehmer Ereignisse erhoben („Pleasent Events Schedule"), deren Steigerung von VT und kognitiven Therapien direkt angezielt wird, nicht jedoch von der parallel angwendeten PAKT. In der Untersuchung von Brockmann et al. (1987, S. 603) wurden „interpretative therapy" (IT) und „cognitive-analytic therapy" (CAT, nach Ryle) verglichen. Beide Therapieformen erwiesen sich als gleich effektiv in den zugrunde gelegten Kriterien (BDI, „General Health Questionnaire", „Target Problems" und „Target Problem Procedures", Brockmann et al., S. 606, 607. Im „General Health Questionnaire" erreichte die IT sogar einen deskriptiv (d.h. nicht signifikanz-statistisch) größeren Effekt (Prä-Post-Differenz, S. 606). Nur in einem weiteren Symptomfragebogen („Crown-Crisp-Inventory") sowie in zwei Maßen der Grid-Technik nach Ryle war die CAT überlegen („Positive Self Attitude Score" und „Grid Prediction Score"). *Bei den beiden letzteren handelt es sich um Maße, die direkt auf die CAT und die dort angestrebten Veränderungen zugeschnitten sind* (Brockmann et al., 1987, S. 603). Insofern ist es kein Wunder, daß die Patienten der CAT hier eine größere Veränderung angeben als die Patienten der IT.

Es sollte deshalb mißtrauisch machen, wenn psychodynamische Therapien in VT-spezifischen Maßen schlechter abschneiden, in allgemeineren Erfolgsmaßen jedoch nicht. Dies ist in mehreren der meta-analysierten Untersuchungen der Fall (Pierloot und Vinck, 1978; Snyder und Wills, 1989; Hersen et al., 1984; Newton und Stein, 1974; Woody et al., 1983) sowie mit der erwähnten Einschränkung bei Brockmann et al. (1987, „General Health Questionnaire" vs. „Crown-Crisp-Inventory", S. 607). So fassen daher Pierloot und Vinck (1978, S. 97) ihre Ergebnisse folgendermaßen zusammen: „Although not uniform, the results of our study are in favour of the opinion that systematic desensitization produces more

4.3.2 Grawes Direktvergleich von psychoanalytisch orientierter Therapie und Verhaltenstherapie

immediate specific symptomatic effects than short-term dynamic psychotherapy. This tendency is not found in the assessment of general symptomatic change."

Es soll allerdings nicht verschwiegen werden, daß in anderen Untersuchungen auch solche Unterschiede (zugunsten der VT) zumindest in manchen allgemeinen oder gobalen Maßen gefunden wurden (z. B. Sloane et al., 1975; Gelder et al., 1967).

10. *„Heimspiel 2": Spezifische Effekte psychoanalytischer Therapie werden in einem VT-Untersuchungsdesign nicht gefunden.*
Werden VT und PAKT in einem Versuchsplan untersucht, bei dem die Erfolgsmessung auf genau die Veränderungen hin ausgerichtet ist, die die VT trainiert, so hat die VT nicht nur ein „Heimspiel", sondern Effekte, die die PAKT darüber hinaus erzielt, möglicherweise aber nicht die VT, werden in diesem Design nicht erfaßt: In der Untersuchung von Sloane et al. (1975) erwiesen sich VT und PAKT als gleich effektiv in der Reduzierung von Zielsymptomen sowie in der beruflichen und sozialen Anpassung. In der sexuellen Anpassung ergab sich jedoch ein Unterschied zugunsten der PAKT (Sloane et al., 1981, S. 60, s. auch Punkt 14.1). Dieses Ergebnis ist deshalb interessant, weil sexuelle Störungen nicht zu den Hauptsymptomen der untersuchten Patienten gehörten. *Es spricht dafür, daß PAKT im Unterschied zu VT Veränderungen in Bereichen bewirken kann, die nicht zu den Zielsymptomen gehören.* Das ist möglich, weil in der PAKT an zugrunde liegenden Konflikten gearbeitet wird. Da die Konflikte miteinander verbunden sind, kann eine Veränderung in einem konflikthaften Bereich zu Veränderungen in anderen Bereichen führen, ohne daß diese direkt bearbeitet werden.

Wie das eben angeführte Ergebnis von Sloane et al. (1981) zeigt, führen auch „same experiment comparisons" eben nicht zwangsläufig zu Ergebnissen, die Aussagen über die wirkliche Effektivität der untersuchten Therapieformen erlauben: *Die wirkliche Effektivität einer Therapie bestimmt sich aber nicht nur nach dem, was gemessen wird, sondern was sie tatsächlich erreicht.*

11. *Durch ihre protrahierte Wirkung können psychoanalytisch orientierte Therapien in Untersuchungen benachteiligt werden, die Therapieeffekte nur unmittelbar nach Therapieende erfassen.*
In einer Reihe der von Grawe et al. (1994) zugrunde gelegten Untersuchungen zeigte sich, daß die PAKT in bestimmten Maßen der VT-Methode unterlegen war, wenn die Therapieeffekte unmittelbar nach Thera-

pieende erfaßt wurden: Sie erreichten im Unterschied zur VT-Methode keinen signifikanten Effekt oder einen signifikant geringeren. *In den Katamnesen bestanden dagegen diese Unterschiede zwischen den beiden Therapieformen nicht mehr.* Dies gilt für die Untersuchungen von Sloane et al. (1975), Pierloot und Vinck (1978), Gelder et al. (1967), und Brom, Kleber und Defares (1989), in gewissem Umfang auch für die Untersuchungen von McLean und Hakstian (1979) und Brockmann et al. (1987).[8] Bei Pierloot und Vinck (1978, S. 93) erreichte die PAKT zwischen Postmessung und Katamnese eine signifikant größere Verbesserung als die VT. Mit den dargestellten Verbesserungen von PAKT zu einem späteren Zeitpunkt soll natürlich nicht gesagt werden, daß es nicht auch Verschlechterungen in bestimmten Maßen in Katamnesen für die psychoanalytisch orientierten Therapien geben kann. Dies ist z. B. in den Untersuchungen von Hoffart und Martinsen (1990) und Gallagher und Thomson (1982) der Fall. Es soll hier nur darauf aufmerksam gemacht weren, daß die Zeit für psychoanalytisch orientierte Therapien offenbar eine Rolle spielt: Bis Veränderungen eintreten, ist mehr Zeit erforderlich als für VT-Methoden (vgl. auch Weiner und Exner, 1991). PAKT können deshalb benachteiligt werden, wenn die Effekte nur unmittelbar nach Therapieende erhoben werden. Die Effekte von psychoanalytischen Langzeittherapien gehen im Laufe der Zeit jedoch über die kürzerer Therapien hinaus (z. B. Weiner und Exner, 1991).

12. *Positive Ergebnisse psychoanalytischer Therapie werden von Grawe et al. (1994) umattribuiert.*

In der Untersuchung von Brom, Kleber und Defares (1989) erwies sich nach der Auswertung von Grawe et al. (1994, S. 657) PAKT der VT als überlegen. – Dabei ist es sicher kein Zufall, daß in dieser Untersuchung die Behandlungen von Therapeuten durchgeführt worden sind, die sehr erfahren in der Anwendung der Methode waren. – In diesem Fall, wo einmal die PAKT überlegen ist, bezweifeln Grawe et al. (1994, S. 658), daß es sich „um einen fairen Vergleich zwischen Verhaltenstherapie und psychoanalytischer Therapie" handelt, „weil hier Systematische Desen-

---

[8] In der Untersuchung von Brockmann et al. (1987) verbessert sich der „Negative Self Attitude Score" (NSA) der PAKT-Gruppe im Follow-up deutlich, aus den Angaben der Autoren geht jedoch leider nicht hervor, ob die Verbesserung statistisch signifikant ist. In der VT-Gruppe verschlechtert sich der NSA im Vergleich zur Postmessung dagegen (deskriptiv). Bei McLean und Hakstian (1979) war die VT unmittelbar nach Therapieende in 6 von 10 Maßen überlegen, nach 3 Monaten dagegen nur noch in 2 von 10 Maßen (McLean und Hakstian, 1979, S. 831).

4.3.2 Grawes Direktvergleich von psychoanalytisch orientierter Therapie und Verhaltenstherapie

sibilisierung und nicht die bekanntermaßen für diese Störungen viel wirksamere Reizkonfrontation zur Behandlung posttraumatischer Belastungsreaktionen eingesetzt wurde." An keiner Stelle bringen Grawe et al. ein solches Argument zugunsten psychoanalytisch orientierter Therapien vor. Ich habe in der vorliegenden Arbeit eine Reihe von Punkten herausgearbeitet, durch die psychoanalytische Therapien in den zugrunde gelegten Untersuchungen benachteiligt worden sind. *Insofern kann mit mehr Berechtigung bezweifelt werden, daß die von Grawe et al. vorgenommenen Vergleiche fair für die psychoanalytischen Therapien sind.*

13. Unterschiede um jeden Preis?

Bei einer Reihe von Untersuchungen haben die Autoren der Originaluntersuchungen keine bedeutsamen Unterschiede zwischen PAKT und VT-Methoden im Hinblick auf die Effektivität gefunden (Sloane et al., 1975; Thomson et al., 1987; Newton und Stein, 1974; Steuer et al., 1984; Hersen et al., 1984; Snyder et al., 1989; Pierloot und Vinck, 1978). Grawe et al. (1994, S. 657, Tab. 4.9.3) kommen dagegen auch bei diesen Untersuchungen zu einem Plus (+) für die VT. Einige dieser Untersuchungen sollen hier genauer betrachtet werden, um zu untersuchen, wie es zu dieser Beurteilung durch Grawe et al. kommen kann, die in Widerspruch zu den Beurteilungen der Autoren der Originaluntersuchungen selbst steht.

13.1. Die Untersuchung von Sloane et al. (1975)

Die Untersuchung von Sloane et al. (1975) wird allgemein als methodisch sehr sorgfältig angesehen (z. B. Smith, Glass und Miller, 1980, S. 120). Auch das von Grawe et al. (1994, S. 205) erstellte Profil weist sie als eine der besten Untersuchungen dieses Bereichs aus. Die Patientenstichprobe von Sloane et al. bestand zu 2/3 aus Patienten mit Angstneurosen und zu 1/3 aus Patienten mit Persönlichkeitsstörungen. Diese Patienten wurden mit VT-Methoden und mit PAKT von durchschnittlich 14.2 Sitzungen behandelt. Die Therapien wurden von erfahrenen Therapeuten durchgeführt. *Beide Therapieformen führten zu einer signifikanten Verbesserung in den Zielsymptomen, und es bestanden keine signifikanten Unterschiede zwischen den beiden Therapieformen bezüglich der erreichten Effekte* (Sloane et al., 1975, S. 375, Tab. 2). *Auch die Raten gebesserter oder geheilter Patienten sind für die Hauptsymptomatik identisch: jeweils 80%* (Ratings unabhängiger Beurteiler, Sloane et al., 1981, S. 57). In den Selbsteinschätzungen der Patienten betrugen die entsprechenden Prozentsätze sogar 81% für die PAKT und 74% für die VT (Sloane et al., 1981, S. 57). Beide Therapieformen führten auch zu einer signifikanten

Verbesserung in der beruflichen Anpassung, die VT außerdem zu einer signifikanten Verbesserung in der sozialen Anpassung. *Das Ausmaß der Verbesserung in der beruflichen und sozialen Anpassung war jedoch nicht signifikant unterschiedlich zwischen den beiden Therapieformen* (Sloane et al., 1975, S. 375). Eine signifikante Verbesserung in der sozialen Anpassung ergab sich auch bei den mit PAKT behandelten Patienten, aber erst zum Katamnesezeitpunkt ein Jahr nach Therapieende. Hätten Grawe et al. (1994) außerdem noch die Monographie von Sloane et al. (1981, S. 60) berücksichtigt, so hätten sie einen signifikanten Effekt in der sexuellen Anpassung zugunsten der PAKT gefunden. *Einzig in einem globalen Maß für die allgemeine Anpassung bestanden signifikante Unterschiede zugunsten der VT (93 % vs. 77 % der Patienten gebessert).*

Nach *einem Jahr* erreichte die VT-Gruppe eine signifikant größere Verbesserung in den Zielsymptomen als die Wartegruppe, nicht aber die PAKT-Gruppe. Dies Ergebnis ist jedoch nach den eigenen Aussagen von Sloane et al. mit Vorsicht zu interpretieren: Nach 4 Monaten erhielten einige Patienten beider Therapiegruppen weitere Therapie, aber in unterschiedlichem Ausmaß. Deshalb beurteilen Sloane et al. (1975, S. 377) diesen Unterschied folgendermaßen: „However, this result may be confounded by the fact that differing amounts of further treatment were given after the four-month study period. There were no differences between those who received no further treatment after four months." Sloane et al. (1975, S. 375, 376) haben auch die Daten für die Patienten publiziert, die nach vier Monaten *keine weitere Therapie* erhielten. Für diese Patienten sind die Differenzen für die PAKT-Gruppe sogar deskriptiv größer als für die VT-Gruppe, und zwar sowohl im Vergleich der Mittelwerte vor und nach der Therapie als auch vor der Therapie und ein Jahr danach (Sloane et al., 1975, S. 375). Dies gilt für die *Zielsymptome*. In der *sozialen Anpassung* schneidet die VT bei diesen Patienten deskriptiv besser ab, wenn die Mittelwerte vor und nach der Therapie verglichen werden. Werden jedoch die Werte vor der Therapie und ein Jahr danach verglichen, schneidet die PAKT deskriptiv besser ab (Sloane et al., 1975, S. 376). In der *beruflichen Anpassung* ist jedoch die VT bei beiden Vergleichen deskriptiv überlegen. *Bei den Patienten, die nach vier Monaten keine weitere Therapie erhielten, fallen damit von 6 Vergleichen 3 zugunsten der PAKT aus und 3 zugunsten der VT, also ein klares Unentschieden nach dem Graweschen Vorzeichenverfahren.* Das entspricht einem z-Wert von 0. Grawe et al. (1994, S. 657) teilen jedoch nur die Ergebnisse für die

4.3.2 Grawes Direktvergleich von psychoanalytisch orientierter Therapie und Verhaltenstherapie

Gesamtstichprobe mit und nicht für die Patienten, die nach vier Monaten *keine weitere Therapie* erhielten. Sie kommen so zu einer Überlegenheit der VT: Die VT bekommt ein + und einen z-Wert von 2.50.[9] Angesichts der eben dargestellten Ergebnisse muß man sich fragen, wie Grawe et al. eine Überlegenheit der VT und einen z-Wert von 2.50 zugunsten der VT „ohne jeden Vorbehalt" publizieren können.

Die Untersuchung von Sloane zeigt auch, wie problematisch das *Vorzeichenverfahren* von Grawe et al. (1994) ist: Obwohl keine signifikanten Unterschiede zwischen VT und PAKT in der Wirksamkeit bezüglich der Zielsymptome, der beruflichen und sozialen Anpassung nach 4 Monaten und nach einem Jahr in der Gesamtstichprobe bestehen, bekommt die VT hier nach dem Vorzeichenverfahren für jedes Maß und jeden Meßzeitpunkt ein +, weil die Differenz zum Wert vor der Therapie für die VT deskriptiv größer ist: *Die VT erhält 6 mal ein +, obwohl alle Unterschiede nicht signifikant, d. h. statistisch zufällig sind! Welche klinische Bedeutung solche zufälligen Differenzen haben, ist aber völlig unklar.* Bei diesem Vorgehen ist es dann auch kein Wunder, wenn der Binomialtest signifikant wird. Statistische Signifikanz ist sicher nicht das einzige und beste Kriterium zur Bestimmung der Effektivität einer Therapie. Hierauf haben wir bereits an anderer Stelle hingewiesen (Leichsenring und Hager, 1984). Sollen Aussagen über die Wirksamkeit einer Therapieform bei einzelnen Patienten gemacht werden, dann stellt eine gruppenstatistische Auswertung eine relativ schwache Prüfung dar (Leichsenring, 1987). Wenn jedoch Signifikanztests in den Originaluntersuchungen durchführt worden sind, dann muß man ihre Ergebnisse auch zur Kenntnis nehmen. Andernfalls werden nicht signifikante, d.h. zufällige Unterschiede als reale Unterschiede interpretiert. Wenn man sich jedoch nicht auf die von den Autoren der Originaluntersuchungen mitgeteilten Ergebnisse von Signifikanztests verlassen will – warum eigentlich nicht? –, dann ist es sinnvoller, eine Veränderung zu definieren, die nach bestimmten Kriterien als bedeutsam angesehen werden kann, und zu prüfen, wie oft diese Veränderung bei den verschiedenen Therapieformen, Maßen und Meßzeitpunkten in den verschiedenen Untersuchungen eintritt (Leichsenring und Hager, 1984). Dies läßt sich dann auch wieder statistisch ausdrücken.

Ich habe für die Untersuchung von Sloane et al. (1975) die *Effektgrößen* nach der Methode von Grawe et al. (1994, S. 659) berechnet. Legt man

---

[9] Ich selbst komme allerdings auch dann nur auf einen z-Wert von 2.45.

zunächst die Daten der Gesamtstichprobe zugrunde, so ergibt sich nach meiner Berechnung für die Hauptsymptomatik ein mittlerer Effekt von 2.70 für die VT und von 2.37 für die PAKT. Werden dagegen, was methodisch korrekter ist, nur die Daten der Patienten zugrunde gelegt, die nach 4 Monaten keine weitere Therapie erhielten, *so ist der mittlere Effekt nach meiner Berechnung für die VT 2.55 und für die PAKT 2.68.*[10]

Ein Effekt von 2.68 für die PAKT steht in deutlicher Diskrepanz zu dem von Grawe et al. (1994, S. 662) über alle Untersuchungen für die PAKT ermittelten durchschnittlichen Effekt von 0.83.

Dies gilt auch für den Effekt von 2.37, der sich ergibt, wenn die Gesamtstichprobe zugrunde gelegt wird, was allerdings aus den genannten Gründen methodisch problematisch ist. *Es ist überaus fragwürdig, wenn Grawe et al. (1994) angesichts einer Effektgröße von 2.68 oder auch 2.37 einer methodisch so sorgfältigen Untersuchung wie der von Sloane et al. (1975) einen Effekt von 0.83 für die PAKT „ohne jeden Vorbehalt" mitteilen. Ebenso fragwürdig ist es angesichts der eben beschriebenen Ergebnisse und Effekte, wenn Grawe et al. (1994, S. 662) „ohne jeden Vorbehalt" ihre Aussage machen: „Verhaltenstherapie ist im Durchschnitt hochsignifikant wirksamer als psychoanalytische Therapie."* Diese Aussage steht in eindeutigem Gegensatz zu den Ergebnissen von Sloane et al. (1975). Auf solche Diskrepanzen zwischen den Ergebnissen ihrer Meta-Analyse und denen der Ausgangsuntersuchungen gehen Grawe et al. (1994) mit keinem Wort ein. Ein Effekt von 0.83 im Vergleich zu 2.37 bzw. 2.68 kann nur dadurch zustande kommen, daß in anderen Untersuchungen wesentlich kleinere Effekte ermittelt wurden. Wie oben gezeigt worden ist, bestehen aber bei einer Reihe der einbezogenen Untersuchungen erhebliche methodische Einschränkungen, die zu einer Benachteiligung der PAKT führen. Diese Untersuchungen gehen jedoch mit dem gleichen Gewicht in die Meta-Analyse von Grawe et al. ein wie die Untersuchung von Sloane et al. (1975). Auf dieses Problem haben bereits Tschuschke, Kächele und Hölzer (1994) hingewiesen.

Sloane et al. (1975) haben ihre Untersuchung ausdrücklich mit erfahrenen Therapeuten durchgeführt, um einen Bias zugunsten der VT zu vermeiden. Sie haben die Patienten zufällig den Behandlungsbedingun-

---

[10] Eine Berechnung von Effektgrößen ist nur für die Hauptsymtomatik möglich, weil Sloane et al. (1975) für die berufliche und soziale Anpassung leider keine Standardabweichungen mitteilen.

4.3.2 Grawes Direktvergleich von psychoanalytisch orientierter Therapie und Verhaltenstherapie

gen zugewiesen und eine Wartegruppe verwendet. Sie haben multiple Erfolgsmaße erhoben, nicht nur bei Therapieende, sondern auch ein Jahr nach Therapieende. Die Einschätzungen des Therapieerfolgs stammten aus verschiedenen Quellen: Patienten, Therapeuten, unabhängige Rater, und es wurden standardisierte Instrumente verwendet. Es wurden Patienten behandelt, die typisch sind für ambulante Patienten einer psychiatrischen Universitätsklinik und die unter unter schweren Psychoneurosen oder Persönlichkeitsstörungen leiden (Sloane et al., 1981, S. 27). *Die von mir auf der Basis der Daten von Sloane et al. berechneten Effektgrößen von 2.37 bzw. 2.68 dürften daher wesentlich realistischere Schätzungen der „wahren" Effektgrößen von PAKT sein, wenn sie von erfahrenen Therapeuten bei Patienten durchgeführt wird, die unter schweren Psychoneurosen oder Persönlichkeitsstörungen leiden, wie sie für die ambulante psychotherapeutische Praxis typisch sind.* Insbesondere dürften sie gute Schätzungen für die Effekte von PAKT bei *Angstpatienten* sein, die den überwiegenden Anteil der Stichproben von Sloane et al. (1975) ausmachten.

> Um den spezifischen Effekt der jeweiligen Therapieform zu erhalten, ist es notwendig, den Effekt der Kontrollgruppe abzuziehen. Dieser beträgt nach meiner Berechnung in der Untersuchung von Sloane et al. (1975) 1.76. *Damit ergibt sich ein behandlungsspezifischer Effekt von 0.79 für die VT und 0.92 für die PAKT.* Bei dieser Berechnung habe ich aus den oben genannten Gründen die Daten der Patienten zugrunde gelegt, die nach 4 Monaten keine weitere Therapie erhielten.[11] In beiden Fällen handelt es sich um „große" Effekte im Sinne von Cohen (1988). Sie stimmen recht gut überein mit dem von Smith, Glass und Miller (1980) ermittelten spezifischen Behandlungseffekt von 0.85, der sich als Durchschnittswert über alle meta-analysierten Studien und Therapieformen ergab.

13.2. Die Untersuchung von Thomson et al. (1987)
In der Untersuchung von Thomson et al. (1987) wurden ältere Depressive mit VT, kognitiver Therapie und PAKT von 16-20 Sitzungen behandelt. Thomson et al. (1987) fanden *keine Unterschiede* zwischen den drei angewendeten Therapieformen in den Prozentsätzen der gebesserten oder geheilten Patienten: Nach dem „Schedule for Affective Disorders and Schizophrenia" (SADS-Change, Spitzer und Endicott, 1977) wurden von den mit VT behandelten Patienten 80% als gebessert oder geheilt diagnostiziert, von den kognitiv behandelten Patienten 62% und von den mit

---

[11] Werden die Daten der Gesamtstichprobe zugrunde gelegt, beträgt der behandlungsspezifische Effekt 1.02 für die VT und 0.69 für die PAKT. Aus den genannten Gründen sind diese Schätzungen jedoch weniger valide.

PAKT behandelten Patienten 70%. *Diese Unterschiede sind nicht signifikant* (Thomson et al., 1987, S. 387). Auch in Maßen für klinisch bedeutsame Veränderung auf der Basis des BDI von Beck und der „Hamilton Rating Scale for Depression" unterschieden sich die angewendeten Therapieformen nicht: Der Prozentsatz von Patienten, die das Kriterium für eine klinisch bedeutsame Veränderung im BDI erfüllten, betrug 50% und in der Hamilton Scale 75%, *ohne daß signifikante Unterschiede zwischen den Therapiegruppen bestanden* (Thomson et al., 1987, S. 389). Auch in einzelnen Maßen für das Ausmaß der Depression, andere Symptome, kognitive Merkmale der Depression, allgemeine Anpassung und Coping konnten *keine statistisch signifikanten Unterschiede* gefunden werden (Thomson et al., 1987, S. 389). Die Untersuchung von Thomson et al. (1987) wird von Grawe et al. (1994, S. 657) trotzdem der VT gutgeschrieben: Sie erhält ein + und einen der höchsten z-Werte aller Untersuchungen (z=5.55). Dies ist nur möglich, weil in der VT-Gruppe eine Reihe von Prä-Post-Differenzen nicht signifikant größer sind, d.h. statistisch gesehen zufällig größer sind. Welche klinische Bedeutung solche zufälligen Differenzen haben, ist aber, wie bereits erwähnt, völlig unklar. *In den Prozentsätzen gebesserter Patienten drücken sie sich jedenfalls nicht aus, wie die oben referierten Ergebnisse zeigen.*

> Außerdem scheinen auch *Erhebungen aus den laufenden Therapien* (Erhebung nach 6 Wochen) in den Vorzeichentest einbezogen worden zu sein: Nur so ist der hohe z-Wert von 5.55 zu erklären. Wird dagegen nur der Prä-Post-Vergleich einbezogen, komme ich auf z=3.00. Auch bei Gelder et al. (1967) müssen Grawe et al. (1994, S. 657) Erhebungen *aus laufenden Therapie* einbezogen haben. Anders ist der sehr hohe z-Wert (z=6.22) nicht zu erklären, der auch dann im übrigen rechnerisch nicht nachvollziehbar ist. Ich selbst komme auf z=4.55.[12] In der laufenden Therapie lag die VT bei Gelder et al. (1967) zunächst vorn. Welchen Sinn hat es aber, diese Zwischenergebnisse in die Meta-Analyse einzubeziehen? Wenn ein 400-m-Läufer während des gesamten Laufes geführt hat, am Ende aber gleichzeitig mit einem anderen ins Ziel geht, ist er doch nicht der bessere 400-m-Läufer!

Von besonderer Bedeutung ist bei den Untersuchungen von Sloane et al. (1975) und Thomson et al. (1987), daß (überwiegend) *Angstpatienten und Patienten mit depressiven Störungen* behandelt worden sind. Hierbei

---

[12] Werden nur die Werte vor der Therapie und zur Katamnese in den Vergleich einbezogen, fallen bei der Einzeltherapie von 17 Vergleichen 10 deskriptiv zugunsten der VT aus. Das entspricht z=0.73: ein wesentlich anderes Bild. Bei der Gruppentherapie fallen dagegen auch dann noch immer 14 von 17 Vergleichen deskriptiv zugunsten der VT aus (z=2.40).

handelt es sich ja nach epidemiologischen Untersuchungen um die häufigsten psychischen Störungen (Schepank, 1987). PAKT und VT haben sich hierbei als gleichermaßen effektiv erwiesen.

13.3. Woody et al. (1983)

Überhaupt nicht nachvollziehbar ist die Beurteilung der Untersuchung von Woody et al. (1983) durch Grawe et al. (1994, S. 657). Hier wird die VT als überlegen hingestellt, sie erhält ein +. In dieser Untersuchung zur Behandlung von Opiatsüchtigen erreichte jedoch PAKT (von 12 Sitzungen) in 12 Maßen signifikante Verbesserungen, kognitive VT dagegen nur in 9 Maßen (Woody et al., 1983, S. 643). Von 14 Vergleichen der beiden Therapieformen fallen außerdem 8 signifikant zugunsten der PAKT aus und nur 2 zugunsten der VT (Woody et al., 1983, S. 642, Tabelle 3). Nun könnte der Unterschied zugunsten der VT durch den Graweschen Vergleich der Prä-Post-Differenzen zustande gekommen sein, der auch nicht signifikante Unterschiede einbezieht. Aber auch bei diesem Vergleich schneidet die PAKT besser ab: Von den 14 Vergleichen fallen wieder 8 zugunsten der PAKT aus und nur 4 zugunsten der VT (Woody et al., 1983, S. 642, Tabelle 3). Es bleibt daher rätselhaft, wie Grawe et al. (1994) zu einer Überlegenheit der VT in dieser Untersuchung kommen.

14. Grawes Vorzeichentest und die gemittelten Effektgrößen stellen ein Artefakt der Meta-Analyse dar: Die „gefundenen" Unterschiede existieren nirgendwo wirklich.

Nach dem Vorgehen von Grawe et al. (1994) gehen in den Vorzeichentest und in die über alle Maße, Meßzeitpunkte und Untersuchungen gemittelte Effektgröße alle Unterschiede ein, unabhängig davon, ob sie statistisch signifikant und klinisch bedeutsam sind. Die Problematik dieses Vorgehens kann an einem Beispiel verdeutlicht werden. Man stelle sich folgenden Extremfall vor: Angenommen, in den einzelnen Untersuchungen bestünden ausschließlich minimale nicht signifikante Unterschiede zugunsten einer Therapieform. Über alle Studien und Maße zusammengefaßt, ergäbe sich aber aus der Summe dieser nicht signifikanten Unterschiede ein signifikanter Unterschied zugunsten dieser Therapieform. Was würde dieser Unterschied bedeuten? Nichts: Er existiert nirgendwo wirklich! Dieser Extremfall liegt natürlich nicht vor: In die Auswertung von Grawe et al. (1994) geht eine Reihe statistisch signifikanter und klinisch bedeutsamer Unterschiede ein. Es gehen jedoch auch minimale Unterschiede ein, die statistisch gesehen zufällig und klinisch ohne Bedeutung sind. Bereits die Bestimmung einer mittleren (Therapie-)Effektgröße in *einer* Untersuchung ist problematisch, weil sie nur für die untersuchte Stichprobe im Mittel gilt, nicht jedoch für den einzelnen Patienten (Leichsenring und Hager, 1984). Die meta-analytisch bestimmten Effektgrößen entfernen sich noch weiter vom einzelnen Patienten: *Sie gelten nur noch im Mittel für die untersuchte Stichprobe von Studien: Der von Grawe et al. (1994) mitgeteilte Unterschied in den Effektgrößen von 0.83 für die PAKT und 1.23 für die VT existiert nirgendwo wirklich: Er findet sich in keiner Untersuchung, in keiner Patientenstichprobe und bei keinem einzelnen Patienten. Er ist ein Kunstprodukt der Meta-Analyse.* Er beruht auf der Zusammenfassung von Studien, die methodisch von sehr unterschiedlicher Qualität sind und sich mit sehr unterschiedlichen Inhalten (Therapieformen, Störungen, Erfolgskriterien etc.) befassen.

15. *Die Meta-Analyse von Shapiro und Shapiro (1982).* Grawe et al. (1994) zitieren als weitere Bestätigung ihrer Ergebnisse die Meta-Analyse von Shapiro und Shapiro (1982).

Festzuhalten ist zunächst einmal, daß Shapiro und Shapiro (1982, S. 592) *keine statistisch signifikanten Unterschiede zwischen dynamischen / humanistischen Therapien und VT-Methoden bezüglich der Effekte gefunden haben!* Die Meta-Analyse von Shapiro und Shapiro (1982) umfaßt außerdem nur fünf Direktvergleiche von VT mit dynamischer/humanistischer Therapie, die nach den eigenen Aussagen von Shapiro und Shapiro (1982, S. 591) als echte Vergleiche angesehen werden können: Nur bei diesen fünf Untersuchungen ist dynamische/humanistische Therapie als Therapie wirklich realisiert worden, bei acht weiteren Untersuchungen war dies nicht der Fall: Hier fungierte dynamische/humanistische Therapie als „Strohman" oder Quasi-Kontrollgruppe (Shapiro und Shapiro, 1982, S. 591). Daß dies nicht nur eine Spekulation ist, zeigt sich darin, daß sich dynamische/humanistische Therapie im Unterschied zu anderen Therapieformen hinsichtlich des Effekts nicht von minimalen oder Placebo-Behandlungen unterschied (Shapiro und Shapiro, 1982, S. 592). In der von Shapiro (1985) präsentierten und von Grawe (1994, S. 670) übernommenen Tabelle tauchen dagegen auf einmal wieder 13 Vergleiche auf. Damit sind offenbar die 8 Untersuchungen eingeschlossen, bei denen nach Aussagen von Shapiro und Shapiro (1982, S. 591) dynamische/humanistische Therapie als wirksame Therapie gar nicht realisiert worden ist. *Wenn bei 13 Vergleichen zweier Therapieformen nur bei 5 dieser Vergleiche die eine Therapieform überhaupt realisiert worden ist, ist es allein aus diesem Grund kein Wunder, wenn sich für die andere Therapie, die VT, ein größerer Effekt ergibt.* Problematisch ist bei diesen fünf Untersuchungen weiterhin, daß Shapiro und Shapiro (1982) dynamische und humanistische Therapien in ihrer Meta-Analyse zusammengeworfen haben, so daß keine Schlüsse über die Wirksamkeit der einzelnen Therapieformen möglich sind. Hierauf haben bereits Tschuschke, Kächele und Hölzer hingewiesen (1994). Tschuschke, Kächele und Hölzer (1994) diskutieren auch weitere methodische Probleme der Meta-Analyse von Shapiro und Shapiro (1982) sowie von Meta-Analysen im allgemeinen, auf die hier nicht eingegangen werden kann.

4.3.3 Schluß

Trotz aller Kritik, die im einzelnen an ihrer Meta-Analyse geübt werden kann, haben sich Grawe und Mitarbeiter in verschiedener Hinsicht verdient gemacht: Sie haben nachdrücklich darauf hingewiesen, daß jede Form von Psychotherapie ihre Wirksamkeit nachweisen muß, wenn sie zur Behandlung von Patienten zugelassen werden will. Grawe hat dabei Tabus in Frage gestellt, z. B. daß es Therapien gibt, deren Prozesse und Wirkungen sich empirisch nicht objektivieren lassen (Grawe et al. 1994, S. 170): „Das einfachste, aber auch relevanteste Kriterium dafür, ob eine Therapie das bewirkt, was sie bewirken soll, ist ja, den Patienten direkt zu fragen, ob und in welcher Hinsicht ihm die Therapie genützt hat. Dies kann methodisch in so vielen verschiedenen Formen geschehen, daß sich keiner hinter dem Argument verstecken kann, keine dieser Möglichkeiten sei für seine spezielle Therapieform angemessen." Das geht vor allem an die Adresse von Psychoanalytikern, und wie ich meine, zu Recht. Auch Tschuschke, Kächele und Hölzer (1994, S. 292, Hervorhebung im Original) warnen vor einer „Mystifizierung" psychoanalytischer Prozesse: „Das Argument ist schlicht nicht haltbar, daß die Effekte und und Prozesse psychoanalytischer Therapie nicht meßbar seien, dazu sind zu viele der im Setting auftretenden Variablen beobachtbar und damit einschätzbar."

Aus seiner Meta-Analyse leitet Grawe jedoch verschiedene Aussagen ab, die empirisch nicht haltbar sind:

(1) Der vorliegende Beitrag hat gezeigt, daß die Aussagen von Grawe et al. (1994, S. 185, S. 697-698) zur fehlenden Indikation analytischer Therapie („Langzeitpsychoanalyse") empirisch nicht begründet sind: *Es*

gibt keine einzige Untersuchung, die belegt, daß vergleichbare Effekte wirklich auch mit Therapien von 40-50 Sitzungen erreicht werden können. Es liegen im Gegenteil verschiedene Untersuchungen vor, die zeigen, daß analytische Langzeittherapie Effekte erreicht, die kürzere Therapien nicht erzielen (Weiner und Exner, 1991; Manz, Henningsen und Rudolf, 1995; Seligman, 1995). *Die Länge dieser Therapien ist daher entgegen den Behauptungen von Grawe sehr wohl rational gerechtfertigt. Dies ist für die Versorgungsplanung und Kostenrechnungen von einiger Bedeutung.*

(2) In dem vorliegenden Beitrag konnte weiterhin gezeigt werden, daß entgegen der Behauptung von Grawe erhebliche „methodische Vorbehalte" im Hinblick auf den durchgeführten Direktvergleich von VT und PAKT bestehen.[13] *Folgendes ist dabei festzuhalten: Diese methodischen Vorbehalte bestehen selbst dann, wenn man sich ganz auf den Standpunkt der Verhaltenstherapie stellt, etwa bezüglich der Anzahl der Sitzungen oder der Art der Therapieeffekte und ihrer Messung.* Dies gilt insbesondere für die unter den Punkten 4-7 sowie 13-15 beschriebenen Einschränkungen: Sie betreffen *allgemeine Beeinträchtigungen der internen und externen Validität* der Ausgangsuntersuchungen und der *„Validität ihrer Beurteilung"* durch Grawe und Mitarbeiter. Darüber hinaus beziehen sie sich auf grundsätzliche Probleme der Meta-Analyse und der meta-analytischen Bestimmung der Effektivität von Psychotherapie. *Es sind Einschränkungen, die sich ergeben, wenn die in der empirischen Forschung übliche Methodologie zugrunde gelegt wird.* Nur wenige der von Grawe et al. (1994) zugrunde gelegten 22 Untersuchungen sind so konzipiert, daß der angestrebte Vergleich überhaupt möglich ist. *In der methodisch sehr sorgfältigen Untersuchung von Sloane et al. (1975) erwiesen sich PAKT und VT als gleich effektiv: Sie führten zu identischen und hohen Raten geheilter oder gebesserter Patienten von jeweils 80%. Wie ich gezeigt habe, führt die PAKT mit Effektgrößen von über 2.00 (2.37 bzw. 2.68) und einem spezifischen Effekt von 0.92 zu „großen" Effekten im Sinne von Cohen (1988).* Dies ist dann der Fall, wenn die Therapien von Therapeuten ausgeübt werden, die Erfahrung mit der jeweiligen Form der Thera-

---

[13] Auffällig ist, daß diese Mängel immer einseitig zulasten der PAKT gehen: Würde man wie Grawe ein Vorzeichen-Verfahren benutzen, um anhand des von mir oben herausgearbeiteten Punktekatalogs zu prüfen, ob die Anlage der Ausgangsuntersuchungen Vorteile für die VT und Benachteiligungen für die PAKT erbringt, dürfte sich zeigen, daß die VT erheblich bevorteilt worden ist.

4.3.3 Schluß

pie haben und die die Form der Therapie durchführen, die sie auch sonst in der Praxis anwenden. Auch Tschuschke und Kächele (im Druck) kommen in einer neuen Arbeit zu dem Ergebnis, daß die Voraussetzungen für einen Vergleich von PAKT und VT überhaupt nur bei 8 der 22 von Grawe et al. (1994) zugrunde gelegten Untersuchungen gegeben sind. Werden diese 8 Untersuchungen ausgewertet, ergibt sich insgesamt kein Vorteil für eine der beiden Therapieformen (Tschuschke und Kächele, im Druck).

(3) Auch gegenüber der Meta-Analyse als Methode zur Beurteilung der Effektivität von Psychotherapie bestehen erhebliche methodische Vorbehalte: Die Zusammenfassung von inhaltlich und methodisch sehr unterschiedlichen Studien und deren zusammenfassende Auswertung ist meiner Ansicht nach keine Methode, die der Differenziertheit und Komplexität des Gegenstandes gerecht wird. *Die meta-analytisch „ermittelten" Effektivitätswerte gelten nirgendwo wirklich: Sie sind Kunstprodukte der Meta-Analyse.*

Anfang der 80er Jahre erregte eine andere Meta-Analyse vergleichbares Aufsehen wie die von Grawe et al. (1994): die von Smith, Glass und Miller (1980). Einer ihrer Kritiker brachte die Fragwürdigkeit der Meta-Analyse besser auf den Punkt, als ich es kann. Ich möchte ihn deshalb hier zitieren: „Insgesamt erweckt das Vorgehen von Smith und Glass den Eindruck, als könne eine Menge z. T. schwacher und tendenziöser Untersuchungen zusammengenommen dann doch zu validen Aussagen führen. In Wirklichkeit kumuliert das Vorgehen von Smith und Glass die vielen Schwächen, die den meisten zugrundeliegenden Untersuchungen anhaften und ihre interne Schlüssigkeit und Generalisierbarkeit in Frage stellen. Denn durch das methodische Vorgehen werden alle Informationen, die eine kritische Bewertung der einzelnen Ergebnisse ermöglichen, systematisch ausgeklammert." Der Autor dieser bemerkenswerten Zeilen heißt Klaus Grawe (1981, S. 152). Was Grawe damals gegen die Meta-Analyse von Smith und Glass vorgebracht hat, gilt meines Erachtens auch heute für die Meta-Analyse von Grawe, Donati und Bernauer (1994).

Bemerkenswert ist auch eine andere Aussage von Grawe aus den 80er Jahren (1981, S. 153, 154): „Die gleichzeitige Existenz mehrerer verschiedener Therapieschulen mit vergleichbaren Geltungsansprüchen bringt eine Konkurrenzsituation mit sich, in der es nahe liegt, die eigene Position durch ‚wissenschaftliche' Belege zu stützen und auszubauen. Für diesen Zweck eignen sich vor allem vergleichende Therapiestudien, in denen herauskommt, daß eine bestimmte Therapiemethode effizienter ist als bestimmte andere. Viele Vergleichsuntersuchungen sind daher von vornherein mehr oder weniger offen auf ein ganz bestimmtes Ergebnis hin angelegt." – Das scheint auch für Meta-Analysen zu gelten.

Die inhaltliche Aussage der Meta-Analyse von Smith und Glass beurteilte Grawe damals so (Grawe, 1981, S. 152): „Was die inhaltlichen Aussagen anbelangt, die Smith und Glass aus ihrer Untersuchung ableiten, so sollte man diese möglichst schnell wieder vergessen, und die Studie insgesamt als Extrem eines Irrwegs betrachten, den die vergleichende Psychotherapieforschung bisher eingeschlagen hat." – Kein Kommentar.

In einer früheren Arbeit hat Grawe (1988) gezeigt, daß durch die Anlage der Untersuchung und Messung typische VT-Untersuchungen größere Effekte finden *müssen* als typische psychoanalytisch orientierte und gesprächstherapeutische Untersuchungen, weil diese nicht nach der Hauptsymptomatik homogenisierte Patienten umfassen und die Effekte daher in verschiedenen Bereichen auftreten. Damals war Grawe (1988, S. 161, 162) noch der Meinung, daß in solchen Untersuchungen „Äpfel mit Birnen verglichen" werden: „Die von den Meta-Analysen gefundenen Unterschiede zeigen keine realen Unterschiede in der Wirkung der Therapien an, sondern sind Artefakte der meta-analytischen Methodik." Heute scheint Grawe der Ansicht zu sein, daß dieses Problem nicht mehr besteht. Er erläutert aber nicht, warum dies seiner Ansicht nach heute nicht mehr der Fall ist. Möglicherweise geht er davon aus, daß dieses Problem nicht besteht, wenn „same experiment comparisons" durchgeführt werden. In der vorliegenden Arbeit ist gezeigt worden, daß dies eine Illusion ist: *Auch bei „same experiment comparisons" können „Äpfel mit Birnen" verglichen werden, und die meta-analytisch „gefundenen" Unterschiede sind Kunstprodukte.*

Grawe (1995 b, S. 227) fragt angesichts der Reaktionen von Psychoanalytikern auf seine Meta-Analyse: „Soll die Psychotherapieforschung dazu dienen, die Patientenversorgung zu verbessern oder geht es nur darum, noch bessere Bestätigungen für die eigenen Überzeugungen zu bekommen?" Angesichts der oben beschriebenen erheblichen methodischen Einschränkungen und fragwürdigen Schlußfolgerungen bleibt wohl nichts anderes übrig, als diese Frage an Grawe zurückzugeben: „Soll die Psychotherapieforschung dazu dienen, ...?"

Grawes eigene „Konfession" beeinflußt seine Ergebnisse.

4.4 Zur Notwendigkeit einer psychodynamischen Diagnostik und Veränderungsmessung in quantitativen Studien zur analytischen Psychotherapie und Psychoanalyse

Tilman Grande, Thorsten Jakobsen

4.4.1 Zum Stellenwert symptomatischer und verhaltensnaher Untersuchungsinstrumente in der Effektivitätsforschung

Schulte, ein Autor verhaltenstherapeutischer Ausrichtung, hat in einer Arbeit mit dem Titel „Wie soll Therapieerfolg gemessen werden?" (1993) im Sinne einer Explikation des allgemeinen, von der Medizin geprägten Begriffs der „Krankheit" mehrere Ebenen unterschieden: Eine Ebene der „Krankheitsursachen", die die biologischen, psychologischen und soziologischen Faktoren der Krankheitsentstehung umfasse; eine Ebene der „Krankheit" (im engeren Sinne), die als pathologische Veränderung bzw. als „Defekt" in der Person beschrieben werden könne; eine Ebene des „Krankseins", die die Beschwerden, Symptome und weitere Befunde einschließe; schließlich eine Ebene der „Krankheitsfolgen", zu denen die Krankenrolle und die mit dem Kranksein verbundenen Einschränkungen gerechnet werden könnten. Schulte führt weiter aus, daß die psychotherapeutischen Schulen sich dadurch charakterisieren lassen, welche dieser Ebenen sie in ihrem Behandlungsmodell und ihrem Verständnis vom Therapieerfolg jeweils vor allem ins Auge fassen. Der bedeutsame Unterschied ergibt sich vor allem bei dem Schritt von der Ebene der „Krankheit" im Sinne pathologischer Veränderungen der Person zur Ebene des „Krankseins". Das psychiatrische, aber auch das psychoanalytische Verständnis von Krankheit beziehe sich auf die Ebene der „Defekte in der Person", während andere Schulen – darunter auch die Verhaltenstherapie – das „Kranksein", d.h. die Ebene der Symptome und Beschwerden, in den Vordergrund stelle. Der Autor führt weiter aus, daß eine schulübergreifende Vereinheitlichung der Therapieerfolgsmessung auf der Ebene der „Krankheitsursachen" und der „Krankheit" (verstanden als pathologische Veränderung der Person) kaum erreicht werden könne und daß vor allem auf diesen Ebenen schulspezifische Erfolgsmaße einzusetzen seien.

Obgleich manche der von Schulte verwendeten Begriffe und Zuweisungen fragwürdig sind – z. B. die Rede von „Defekten" im Zusammenhang mit dem psychoanalytischen Krankheitsverständnis –, wird in diesem Entwurf doch immerhin eine Unterscheidung vorgenommen und anerkannt, die für die psychoanalytische Diagnostik und die Untersuchung von Veränderungsprozessen in Analysen wesentlich ist: die Unterscheidung zwischen einer symptomatischen Ebene und einer Ebene der zugrundeliegenden Störung (d. h. der unbewußten Konflikte und strukturellen Gegebenheiten), die die Symptome hervorbringt. Die Zuordnungen zwischen beiden Ebenen sind in den meisten Fällen uneindeutig; verschiedene Störungen können gleiche Symptome hervorbringen, ein bestimmtes Symptom kann andererseits Ausdruck ganz unterschiedlicher Störungen sein. Wenn Diagnosen auf rein symptomatischer Ebene vorgenommen werden, beinhalten sie aus psychoanalytischer Sicht keine oder nur sehr ungefähre Informationen über die zugrundeliegende Problematik. Der psychoanalytische *Kliniker* hat diese Tatsache z. B. zu beklagen, wenn er die Diagnosen seiner Patienten in den Kategorien der ICD verschlüsseln soll und feststellt, daß er seine Sicht der Störungen darin nicht unterbringen kann. Der psychoanalytische *Forscher* wird auf sie gestoßen, wenn er versucht, empirische Untersuchungen zu verstehen, die mit symptomorientierten bzw. oberflächennahen Untersuchungsinstrumenten durchgeführt worden sind; bei der Lektüre ist er dauernd gezwungen, die Daten auf dem Hintergrund seines eigenen Wissens über Störungen zu interpretieren und Überlegungen dazu anzustellen, welche Patientengruppe wohl jeweils untersucht worden ist.

Mit dem zuletzt genannten Punkt ist eine wichtige Schwierigkeit der Effektivitäts- und Prozeßforschung in der Psychoanalyse angesprochen. Die Schwierigkeit liegt darin, daß die vorhandenen gütegeprüften Diagnosesysteme und Untersuchungsinstrumente praktisch ausschließlich im dem Sinne „*oberflächennahe*" sind, daß sie Symptome, Beschwerden, Befindlichkeiten, Daten der Lebensgestaltung, problematische Verhaltensweisen oder Selbstzuschreibungen u. ä. erfassen; auch solche Instrumente, die psychoanalytische Konzepte erfassen sollen, bilden nach unserer Auffassung dennoch eher „oberflächennahe" Merkmale ab, wenn sie – wie üblich – auf den Selbsteinschätzungen von Patienten beruhen. Dies ist nicht ausschließlich deshalb so, weil von psychoanalytischer Seite zu wenig systematische Forschung betrieben

4.4.1 Zum Stellenwert symptomatischer und verhaltensnaher Untersuchungsinstrumente

worden ist; mindestens ebenso wichtig ist die Tatsache, daß die Erfassung von Oberflächenmerkmalen methodisch viel geringere Schwierigkeiten bereitet und mit weniger Aufwand durchzuführen ist. Erst in jüngster Zeit ist mit der Operationalisierten Psychodynamischen Diagnostik, OPD, der Versuch gemacht worden, die Konfliktdynamik und die strukturellen Schwierigkeiten von Patienten in objektivierender Weise zu erfassen (Arbeitsgruppe OPD 1996).

Wir möchten im folgenden zeigen, daß die „oberflächennahe" Ausrichtung von Untersuchungsinstrumenten in der Forschungspraxis erhebliche Auswirkungen auf die Planung und die Ergebnisse von Studien zur Effektivität von Psychoanalysen und Verhaltenstherapien hat, und zwar überwiegend zum Nachteil der zuerst genannten. Halten wir uns zu Beginn vor Augen, welche Voraussetzungen der Einsatz solcher Untersuchungsinstrumente für Psychotherapiestudien schafft:

— Innerhalb der *Verhaltenstherapie* stellen „oberflächennahe" Merkmale des Patienten das zu behandelnde Problem und den direkten Ansatzpunkt der Behandlung dar. Der Behandlungserfolg zeigt sich unmittelbar in der Veränderung dieser Merkmale. Es können infolgedessen leichter Meßinstrumente gefunden oder entwickelt werden, die die Beschwerde des Patienten, den Behandlungsfokus und das Ergebnis der Therapie gleichermaßen angemessen erfassen.

— Im *psychoanalytischen* Verständnis haben „oberflächennahe" Merkmale für das eigentliche Krankheitsverständnis eher eine periphere Bedeutung; sie stellen gewöhnlich *nicht* das dar, was als Ansatzpunkt der analytischen Therapie betrachtet wird. Der Behandlungserfolg wird nur zu einem Teil an der Veränderung solcher Merkmale gemessen, als wichtiger und grundlegender gilt eine Umstrukturierung der Persönlichkeit des Betroffenen, die im analytischen Prozeß angestrebt wird. Weder das zu behandelnde Problem, noch der Ansatzpunkt der analytischen Arbeit, noch das Ergebnis der Behandlung werden somit durch die üblichen Instrumente angemessen erfaßt.

Die von Grawe, Donati und Bernauer (1994) tabellarisch veröffentlichten Angaben zu 897 Psychotherapiestudien machen es uns möglich, die gerade beschriebene Ausgangssituation für psychoanalytische und verhaltenstherapeutische Effektivitätsstudien empirisch zu prüfen und die unterschiedlichen Folgen für den Effektivitätsnachweis abzuschätzen.

4.4.2 Zu den Folgen unangemessener Instrumente in quantitativen Studien zur Psychoanalyse

Auf der Basis einer Sichtung aller Psychotherapiestudien bis Mitte 1985 haben Grawe et al. einen Überblick über den Stand der empirischen Psychotherapieforschung gegeben und eine Bewertung der verschiedenen Therapieverfahren vorgenommen. Ohne weiter auf die Details der Auswahl und die Merkmale der Studien einzugehen, lassen sich die referierten Arbeiten in zwei Gruppen unterteilen: Die erste (kleine) Gruppe prüft die Effektivität der Therapieverfahren im Rahmen eines *direkten Vergleichs*, d.h. die Verfahren werden innerhalb der gleichen Untersuchung mit dem gleichen Design gegeneinander getestet; die zweite prüft die Wirksamkeit der Verfahren *einzeln* (d.h. ohne direkten Vergleich innerhalb desselben Untersuchungsdesigns). Die Autoren machen diese Unterteilung in ihrem Buch dadurch kenntlich, daß sie den Studien mit einem direktem Vergleich ein eigenes Kapitel widmen: „Direkte Wirkungsvergleiche zwischen den verschiedenen Therapieformen" (vgl. Kap. 4.9). In diesem Kapitel werden insgesamt 41 Studien zusammengetragen, von denen 22 einen Wirkungsvergleich von psychoanalytischen Therapien und „kognitiv-behavioralen Therapien" (mit dieser Bezeichnung fassen die Autoren verschiedene Verfahren verhaltenstherapeutischer Provenienz zusammen) beinhalten. Auf diese 22 Studien stützt sich das abschließende Urteil, daß die *„Kognitiv-behaviorale Therapie ... im Durchschnitt hochsignifikant wirksamer als die psychoanalytische Therapie und Gesprächspsychotherapie [ist]"* (Grawe et al. 1994, S. 670). Diese Schlußfolgerung ist im Zuge zahlreicher Kritiken an der meta-analytischen Argumentation Grawes und durch eine genaue Prüfung aller 22 Studien inzwischen nachhaltig erschüttert worden. Wir verweisen in diesem Zusammenhang z.B. auf die Arbeit von Leichsenring (1996).

Die übrigen Studien der Sammlung ermöglichen *keinen* direkten Wirkungsvergleich zwischen den Therapieformen. Grawe et al. leiten aus ihnen dennoch eine Bewertung der Therapieverfahren ab, indem sie prüfen, in welchem Verhältnis jeweils die *versuchten* Wirksamkeitsnachweise zu den *erfolgreich* durchgeführten stehen. Ein Behandlungsverfahren ist effektiver – so das Argument –, wenn möglichst viele der vorgenommenen Veränderungsmessungen signifikant sind. Man kann z.B. (S. 211 bzw. S. 508) nachlesen, daß es bei der Untersuchung psychoana-

4.4.2 Zu den Folgen unangemessener Instrumente in quantitativen Studien zur Psychoanlyse

lytischer Kurztherapien bei sieben Prä-Post-Vergleichen im Bereich der „sonstigen Befindlichkeitsmaße" dreimal gelungen sei, eine signifikante Verbesserung nachzuweisen, während dies im Falle der Breitspektrumverhaltenstherapie in vier von vier Versuchen möglich war. Von den bei Grawe et al. gesammelten und in dieser Weise ausgewerteten Studien betreffen 452 Verhaltenstherapien, 70 psychodynamische Behandlungen (die restlichen Studien beziehen sich auf andere Verfahren).

Wir konzentrieren uns in der vorliegenden Arbeit auf diesen zweiten meta-analytischen Ansatz, der den größten Teil des Buches einnimmt (S. 87–638). Wir wollen zeigen, daß die eben skizzierte Argumentationsfigur der Autoren sehr problematisch ist, weil die eingangs dargestellte *Differenz der relevanten Veränderungsebenen* in psychoanalytischen und verhaltenstherapeutischen Behandlungen und der *„oberflächennahe Charakter" der verfügbaren Meßinstrumente* eine massive Ungleichheit in bezug auf die Chancen bewirkt, einen Therapieerfolg statistisch signifikant nachzuweisen. Wir wollen mit dieser Untersuchung außerdem deutlich machen, daß nur die Entwicklung von Instrumenten zur Erfassung der *zugrundeliegenden Störung* (im Sinne der Systematik von Schulte, 1993) jene Bereiche sichtbar machen kann, in denen psychoanalytische Therapien ihre spezifische Wirkung entfalten. Wir verwenden dabei als „Datengrundlage" die von Grawe et al. tabellarisch referierten Studien, die wir damit einer weiteren Untersuchung unterziehen.

Versetzen wir uns in die Situation eines *psychoanalytischen* Forschers, der eine Effektivitätsstudie plant. Seinem Krankheitsverständnis entsprechend geht er davon aus, daß zwischen der symptomatischen bzw. verhaltensnahen Ebene (der Ebene des Krankseins bzw. der Krankheitsfolgen) und der persönlichkeitsstrukturellen Ebene (der Ebene der zugrundeliegenden Störung, d. h. die Ebene der unbewußten Konflikte und strukturellen Verfaßtheiten) eine *relative* Unabhängigkeit im Sinne nicht-eindeutiger Zuordnungen besteht. Auf diesem Hintergrund macht es für ihn bei der Effektivitätsprüfung seines Behandlungsverfahrens inhaltlich *keinen* besonderen Sinn, die Patienten für die Studie nach Maßgabe einer spezifischen Symptomatik auszuwählen und auf diese Weise symptomhomogene Untersuchungsgruppen zu bilden. Dies hat zur Folge, daß die von ihm zusammengestellten Patientengruppen im Hinblick auf jene „oberflächennahen" Merkmale, die mit den verfügbaren Untersuchungsinstrumenten in erster Linie abgebildet werden, eher *heterogen* zusammengesetzt sind.

Der verhaltenstherapeutische Forscher hingegen kann seine Patientengruppe sehr wohl mit „oberflächennahen" Untersuchungsinstrumenten definieren. Ebenso macht es für ihn Sinn, seine Gruppe symptom- bzw. problemhomogen zusammenzustellen, z. B. um eine auf das betreffende Symptom zugeschnittene Behandlungstechnik zu überprüfen. Dies hat erhebliche Vorteile für die Chance eines Effektivitätsnachweises:

1. Wenn die Streuung eines gemessenen Merkmals innerhalb der Patientengruppe gering ist, werden aus rein statistischen Gründen schon kleinere Veränderungen signifikant. Ist eine Patientengruppe hinsichtlich ihrer Symptomatik homogen ausgewählt, z. B. eine Gruppe von Patienten mit phobischen Beschwerden einer bestimmten Intensität, dann können Änderungen bezüglich dieser Symptome im Prä-Post-Vergleich besonders sensibel erfaßt werden. Darüber hinaus ist davon auszugehen, daß Patientengruppen mit einer geringen Streuung bezüglich eines zentralen Merkmals (auf dessen Grundlage sie homogenisiert worden sind) mit höherer Wahrscheinlichkeit auch hinsichtlich *weiterer* Merkmale homogener sind als andere Gruppen, die in bezug auf das zentrale Merkmal heterogen zusammengesetzt sind. Damit steigt die Wahrscheinlichkeit, daß signifikante Behandlungseffekte auch in Verbindung mit solchen Merkmalen nachgewiesen werden können, die bei der Gruppenbildung keine Rolle gespielt haben, mit dem Auswahlkriterium jedoch irgendwie *korreliert* sind. Das gleiche Argument ist auch für den Nachweis von Effektstärken gültig.

2. Für homogene Patientengruppen können darüber hinaus auch deshalb leichter signifikante Veränderungen im Prä-Post-Vergleich nachgewiesen werden, weil systematisch Fälle ausgewählt werden, die in bezug auf irgendwelche klinischen Merkmale eine krankheitswertige Ausprägung aufweisen und somit zu Beginn der Therapie besonders stark belastet sind. Wie stets im Falle der Zusammenstellung von Extremgruppen, ist unter diesen Bedingungen aus rein statistischen Gründen eine Verbesserung bezüglich des Auswahlkriteriums auch ohne therapeutischen Einfluß zu erwarten (Artefakt der statistischen Regression zum Mittelwert).

3. Symptomorientierte bzw. verhaltensnahe Untersuchungsinstrumente, die als Erfolgsmaße verwendet werden, sind für die Verhaltenstherapie eher passend und ermöglichen ihr, wie Leichsenring (1996) formuliert, ein „Heimspiel". Denn solche Maße erfassen Veränderungen genau oder zumindest näher an dem Punkt, an dem die therapeutische

4.4.2 Zu den Folgen unangemessener Instrumente in quantitativen Studien zur Psychoanlyse

Arbeit direkt ansetzt, so daß eine Veränderung besonders wahrscheinlich ist. Psychoanalytische Therapien werden im Vergleich dazu in den bisherigen Studien meistens an Kriterien geprüft, die in der Behandlung gar nicht direkt angegangen werden, weil diese sich vor allem auf die Ebene der „zugrundeliegenden Störung" richtet; wie Leichsenring anmerkt, ist ein solches Vorgehen etwa vergleichbar mit der Idee, in einer verhaltenstherapeutischen Studie zur Behandlung von Borderline-Patienten das Reifeniveau der Abwehrmechanismen als zentrales Veränderungsmaß zu verwenden. Besonders die Punkte 1 und 3 haben zur Folge, daß bei verhaltenstherapeutischen (bzw. kognitiv-behavioralen) Studien eine größere Chance dafür besteht, daß die Untersuchung durch die Art der verwendeten Meßinstrumente und durch die Patientenauswahl so gestaltet ist, daß Prä-Post-Vergleiche signifikant werden. Neben den eben angeführten Faktoren ist noch ein weiterer, vierter Punkt zu beachten:

4. Da die Teststärke (vgl. Cohen, 1988) von der Stichprobengröße abhängig ist, haben Untersuchungen mit großen Patientenzahlen bessere Chancen, einen Therapieeffekt im Prä-Post-Vergleich statistisch signifikant nachweisen zu können. Ein Therapieverfahren ist somit im Vorteil, wenn die durchgeführten Studien eine große Patientenzahl in den Untersuchungsgruppen aufweisen. In diesem Punkt könnten *psychoanalytische* Studien im Vorteil sein, weil diese häufiger unter naturalistischen Bedingungen im Klinik-Setting durchgeführt worden sind, wo größere Patientengruppen leichter erreichbar sind.

Wir wollen diese Vermutungen nun an den von Grawe et al. erfaßten Studien überprüfen. Anhand der Tabellen zu den dort gesammelten Arbeiten und deren Merkmalen untersuchen wir, ob systematische Unterschiede zwischen der Gruppe der psychoanalytischen und der kognitiv-behavioralen Therapiestudien hinsichtlich folgender Merkmale vorliegen:

– Homogenität der untersuchten Patientengruppe
– Symptomspezifität der verwendeten Erfolgsmaße
– Umfang der Untersuchungsgruppe (Patientenzahl)

Zur Überprüfung der Homogenität war es erforderlich, die bei Grawe et al. angegebenen Beschreibungen der in den Studien jeweils untersuchten Patientengruppen den Kategorien *homogen versus inhomogen* zuzuordnen. Dazu wurde zunächst auf der Basis klinischer Plausibilität eine Liste von beispielhaften Zuordnungen erstellt (vgl. Tab. 1): Die ziemlich häufige Angabe „Neurosen und Persönlichkeitsstörungen" bezeichnet

4. Methodenkritische Prüfung des aktuellen Forschungsstands

Tab. 1
Exemplarische Zuordnungen der Beschreibungen von Patientengruppen
zu den Kategorien inhomogen versus homogen

Inhomogen:	Homogen:
• Neurosen, Persönlichkeitsstörungen und psychosomatische Erkrankungen	• Psychiatriepatienten mit einem definierten problematischen Verhalten
• Neurosen und Persönlichkeitsstörungen	• Abhängigkeiten (z. B. Alkoholismus)
• Persönlichkeitsstörungen allgemein	• Chronische Psychosen
• Neurosen allgemein	• Chronische Schizophrenien
• Psychosomatische Störungen allgemein	• Depressionen
• Psychiatriepatienten allgemein	• Spezifische Phobien
• Unbestimmte Störungen	• Panikattacken
	• Partnerprobleme
	• Zwänge
	• Spezifische psychosomatische Krankheiten
	• Selbstvertrauen
	• Sexualstörungen
	• Kompetenzdefizite
	• Soziale Ängste
	• Stottern
	• Ticstörungen

z. B. zweifellos eine sehr heterogene Patientengruppe, die Beschreibung „Panikattacken" hingegen eine stärker homogene. Die Einschätzung der Homogenität der Patientengruppen wurde anschließend anhand der tabellarischen Angaben bei Grawe et al. von beiden Autoren (T. G. und Th. J.) unabhängig vorgenommen; die Ergebnisse wichen nur minimal voneinander ab, d. h. bei weniger als 10 Studien differierten die Beurteilungen hinsichtlich der Alternative homogen versus inhomogen. Tabelle 2 zeigt die Ergebnisse dieser Zuordnung. Es ist deutlich zu erkennen, daß Studien zur kognitiv-behavioralen Therapie fast nur homogene Patientengruppen untersuchen, während die Studien zur psychoanalytischen Therapie sehr viel häufiger mit inhomogenen Patientengruppen arbeiten.

Im nächsten Schritt interessieren wir uns für die *Art der Erfolgsmessung* in den von Grawe et al. ausgewerteten Studien zur Psychoanalyse und zur Verhaltenstherapie. Unsere Vermutung dabei ist, daß man im Bereich der VT-Studien häufiger Maße findet, die sich auf genau diejenige Symptomatik oder das Problem beziehen, das auch den Behandlungsanlaß bzw. -gegenstand bildet. Grawe et al. haben in ihrer Analyse 10

4.4.2 Zu den Folgen unangemessener Instrumente in quantitativen Studien zur Psychoanalyse

Tab. 2
Homogenität der VT- bzw. PSA-Studien

	VT	PA
homogen	415 Studien 91,9 %	33 Studien 47,2 %
inhomogen	37 Studien 8,1 %	37 Studien 52,8 %

Kategorien von Erfolgsmaßen verwendet, die sich auf dem Hintergrund unserer Fragestellung folgendermaßen ordnen lassen: Das Maß „Hauptsächliche Symptomatik oder Problematik, für alle Patienten gleich definiert" ist das in unserem Zusammenhang entscheidende Maß, das den eben beschriebenen Sachverhalt genau abbildet; wir referieren darauf im folgenden mit der Kurzbezeichnung *Hauptsymptomatik*. Daneben betreffen 8 weitere Kategorien Maße, die Veränderungen in verschiedenen umschriebenen Bereichen (Persönlichkeit und Fähigkeiten, zwischenmenschlicher Bereich, Freizeit, Arbeit und Beruf, Sexualität, psychophysiologischer Bereich) oder unspezifisch abbilden (globale Erfolgsbeurteilung, Befindlichkeit); diese Gruppe von Veränderungsmaßen wollen wir als *allgemeine Maße* bezeichnen. Ein letztes Maß bezeichnen Grawe et al. mit „Individuell definierte Problematik oder Symptomatik". Dieses Maß berücksichtigen wir im folgenden nicht, weil wir in unserer Argumentation ausschließlich auf gruppenstatistische Prä-Post-Vergleiche abheben und in den Ausführungen von Grawe et al. unklar bleibt, wie die individualisierte Erfolgsmessung in den einzelnen Studien tatsächlich aussieht und was dies für die Homogenität der Gruppenzusammensetzung bezüglich dieses Maßes bedeutet.

Die Verteilung der psychoanalytischen und kognitiv-behavioralen Studien über die Kategorien *Hauptsymptomatik* bzw. *allgemeine Maße* stellt einen (zugegebenermaßen groben) Indikator dafür dar, wie gut sich die Behandlungsintentionen der verschiedenen Verfahren mit dem Erfolgsmaß decken. Entsprechend unserer zuvor ausgeführten Argumentation erwarten wir, daß die Patientengruppen in *psychoanalytischen* Studien im Hinblick auf die „oberflächennahen" Merkmale eher *heterogen* zusammengesetzt sind, so daß ein Erfolgskriterium „Hauptsächliche Symptomatik oder Problematik, für alle Patienten gleich definiert" für Untersuchungen mit diesem Therapieansatz seltener einen Sinn macht.

Wir sollten deshalb in solchen Studien weniger häufig (im Vergleich zu den VT-Studien) die *Hauptsymptomatik* als Erfolgskriterium antreffen und statt dessen häufiger *allgemeine* Maße finden.

Tab. 3 untersucht die Verteilung der beiden Kategorien (und einer Mischkategorie) in den kognitiv-behavioralen bzw. psychoanalytischen Studien. Wie zu sehen ist, erfassen die Studien zu den kognitiv-behavioralen Therapien deutlich häufiger die *Hauptsymptomatik* (92,0%), während dies in den Studien zu den psychoanalytischen Therapien nur in 54,3% der Fall ist. Ausschließlich *allgemeine Merkmale* werden in 45,7% der Studien zu den psychoanalytischen Therapien gemessen, in der VT-Gruppe geschieht dies nur bei 8,0% der Studien.

Tab. 3
Kategorien der Veränderungsmessung bei den VT- bzw. PA-Studien

	VT	PA
Hauptsymptomatik	75 Studien 16,6%	3 Studien 4,3%
Hauptsymptomatik & allgemeine Maße	341 Studien 75,4%	35 Studien 50%
Nur allgemeine Maße	36 Studien 8,0%	32 Studien 45,7%

Betrachtet man sich schließlich die Patientenzahlen getrennt nach den untersuchten Therapieverfahren (vgl. Tab. 4), so finden sich deutlich größere Patientenzahlen bei den Studien zur psychoanalytischen Therapie.

Tab. 4
Umfang der Untersuchungsgruppen in den VT- bzw. PA-Studien

	VT	PA
Mittelwert	42	87
Median	34	64

4.4.3 Schlußfolgerungen

Die Überprüfung der von Grawe et al. gesammelten Studien, die in ihrer Meta-Analyse für einen nicht-direkten Vergleich der Effektivität von Verhaltenstherapie und Psychoanalyse verwendet werden, bestätigt unsere Erwartung, daß in verhaltenstherapeutischen Studien (a) die untersuchten Patientengruppen deutlich homogener sind und (b) häufiger solche (symptomatischen) Veränderungsmaße zur Anwendung kommen, die gleichzeitig direkter Ansatzpunkt der therapeutischen Behandlung sind und deshalb auch mit größerer Wahrscheinlichkeit verändert werden. Die Effekte potenzieren sich, wenn das Kriterium der Patientenauswahl mit dem Veränderungsmaß identisch ist. Beide Faktoren dürften dazu führen, daß in verhaltenstherapeutischen Studien häufiger signifikante Behandlungserfolge gefunden werden. Als gegenläufige Tendenz haben wir aufgezeigt, daß psychoanalytische Untersuchungen durchschnittlich größere Fallzahlen aufweisen, was ebenfalls die Chance signifikanter Erfolgsmessungen erhöht. Zu welchem Vor- oder Nachteil sich diese gegenläufigen Effekte bei den beiden Therapieformen summieren, läßt sich auf Basis des uns zur Verfügung stehenden Materials nicht mehr abschätzen; hierzu wäre eine exakte Kenntnis der Streuungen erforderlich, die wir den Tabellen von Grawe et al. nicht entnehmen können. Anzumerken ist jedoch, daß die homogene Zusammenstellung der Patientengruppen eine besonders gravierende Auswirkung auf die Chance einer signifikanten Erfolgsmessung hat: Um z.B. eine Verdopplung der Standardabweichung unter Teststärkegesichtspunkten auszugleichen, wäre etwa eine viermal so große Patientenzahl erforderlich. Mit Sicherheit kann man festhalten, daß die Auszählung signifikanter Veränderungsmessungen im Verhältnis zu der Gesamtzahl der vorgenommenen Prä-Post-Vergleiche völlig ungeeignet ist, um die Effektivität psychoanalytischer Behandlungen für sich alleine zu beurteilen oder mit derjenigen von verhaltenstherapeutischen Verfahren zu vergleichen. Obgleich Grawe et al. offene Aussagen tunlichst vermeiden, die einen direkten Leistungsvergleich der beiden Therapieformen auf der Grundlage dieser Logik implizieren würden, werden die einzelnen Studien bzw. Gruppen von Studien dennoch das ganze Buch hindurch auf diese Weise qualifiziert und daraus weitreichende Folgerungen für die Angemessenheit bzw. Unangemessenheit bestimmter Behandlungsmethoden generell und mit Bezug auf spezifische Störungsformen gezogen.

Die vorliegende Analyse zeigt nach unserer Überzeugung jedoch vor allem, wie unentbehrlich Untersuchungsinstrumente sind, die den Anforderungen einer quantifizierenden Psychotherapieforschung genügen und zugleich dem Gegenstand der psychoanalytischen Behandlung angemessen sind. Die gebräuchlichen und eher „oberflächennahen" Instrumente verhalten sich gewissermaßen „fremd" zur psychoanalytischen Diagnostik, zum Gegenstand der psychoanalytischen Therapie und zu den in ihr angestrebten Zielen. Psychoanalysespezifische Untersuchungsmethoden müßten geeignet sein, den Erfolg auf eine Weise zu erfassen, die den Intentionen der Behandlung auch wirklich entspricht. Die Idee einer Passung zwischen der Beschreibung eines psychischen Problems, der Art der psychotherapeutischen Behandlung und der im Behandlungsverlauf erreichten Veränderungen haben Strupp, Schacht und Henry (1988) als P-T-O Kongruenz bezeichnet; sie formulieren damit ein Prinzip, das nach ihrem Urteil für eine zeitgemäße Psychotherapieforschung leitend sein sollte: "The principle of P-T-O Congruence proposes that the intelligibility of psycho-therapy research is a function of the similarity, isomophism, or congruence among how we conceptualize and measure the clinical problem (P), the processes of psychotherapeutic change (T), and the clinical outcome (O). ... That is, therapeutic outcome should be characterized in the same form and units of analysis as the clinical problem; and, the language used to describe both the problem and the outcome should lend itself to formulation of cogent theoretical links among the problem, the intervention process, and the therapeutic outcome" (ebd., S. 7, wie aus dem Zitat nicht hervorgeht, steht der Buchstabe T für „treatment"; P = „problem", O = „outcome").

Für verhaltenstherapeutische Untersuchungen kann dieses Prinzip als weitgehend erfüllt gelten, weil der „oberflächennahe" Charakter der verfügbaren Instrumente mit der Symptom- bzw. Problemorientierung dieses Verfahrens gut zusammentrifft. In der psychoanalytischen Psychotherapieforschung sind vor allem im Bereich der problematischen Beziehungs- oder Übertragungsmuster bessere Voraussetzungen für eine angemessene Abbildung von Inhalten geschaffen worden, die auch Gegenstand der Behandlung sind (z. B. Luborsky, 1988; Strupp, Schacht und Henry, 1988). Weit umfassender werden psychoanalytische Inhalte mit den Instrumenten der erst in den letzten Jahren entwickelten Operationalisierten Psychodynamischen Diagnostik, OPD (Arbeitsgruppe OPD, 1996), abgebildet, die eine systematisierte und objektivierende Erfassung der inneren Konflikte, der strukturellen Fähigkeiten (bzw. Vulnerabilitäten) und der charakteristischen problematischen Beziehungsgestaltungen eines Patienten gestattet. Besonders dieses Instrument, für das trotz der Komplexität des Gegenstandes befriedigende bis gute Reliabilitäten bereits nachgewiesen werden konnten (Rudolf, Grande, Oberbracht und Jakobsen, 1996), läßt die Erwartung zu, daß in Zukunft auch für psychoanalytische Therapiestudien bessere und angemessene Untersuchungsmethoden zur Verfügung stehen und damit die spezifischen, auf strukturelle Änderungen der Person zielenden Wirkungen dieser Behandlung deutlicher dargestellt und nachgewiesen werden können.

4.5 Was leistet Psychotherapie?

Zur Diskussion um differentielle Effekte
unterschiedlicher Behandlungskonzepte*

Volker Tschuschke, Horst Kächele

Die Kontroversen um differentielle Effektivität unterschiedlicher Behandlungskonzepte in der Psychotherapie bestehen seit den 30er Jahren dieses Jahrhunderts und sind keineswegs neu. In letzter Zeit ist die Diskussion um unterschiedlich effektive Formen von psychotherapeutischen Konzepten und Techniken erneut aufgeflammt (Grawe, 1992, 1995 a, 1995 c; Grawe, Donati und Bernauer, 1994; Meyer, 1994, 1995; Tschuschke, Kächele und Hölzer, 1994, 1995). Man kann verschiedene Gründe für die nunmehr verschärft geführte Diskussion, die interessanterweise kein Pendant im anglo-amerikanischen Bereich hat, vermuten (Reihenfolge ohne Bedeutung): Es geht um knapper gewordene soziale Mittel, um deren Verteilung stärker gerungen wird; die Auseinandersetzungen im Zuge der Einführung eines Psychotherapeutengesetzes in der Bundesrepublik Deutschland; die Erkenntnisse moderner Therapie-

---

* Dieses Kapitel erschien in englischer Sprache („What Do Psychotherapies Achieve? A Contribution to the Debate Centered around Differential Effects of Different Treatment Concepts") in: U. Esser, H. Pabst, G.-W. Speierer (Hg.): The Power of the Person-Centered Approach. New Challenges – Perspectives – Answers. GwG Verlag, Köln 1996, S. 159-181. Nachdruck mit freundlicher Genehmigung der Gesellschaft für wissenschaftliche Gesprächspsychotherapie e.V. Köln.

forschung, die nach Konsequenzen für die psychotherapeutische Praxis verlangen; die Unzufriedenheit der Forscher über das sogenannte „equivalence paradox" (Luborsky, Singer und Luborsky, 1975; Stiles, Shapiro u. Elliott, 1986; Elliott, Stiles und Shapiro, 1993), demzufolge letztlich alle Formen von Psychotherapie relativ ähnliche Effekte erzielen.

4.5.1 Ergebnisse bisheriger Psychotherapieforschung

Im weiteren Umfeld dieser erneut und intensiv geführten Debatte – mit z. T. ungewöhnlicher Polemik, speziell zwischen Vertretern der Psychoanalyse und Klaus Grawe als von verschiedener Seite vermutlich zu Unrecht ausgemachter „Speerpitze" der Verhaltenstherapie (z. B. Eckert, 1993; Grawe, 1992; Grawe et al., 1994; Grawe, 1995c; Kächele, 1995; Mertens, 1994; Meyer, 1994; Moser, 1995) – läßt sich auch ein Paradigmawechsel in der Psychotherapieforschung als ein die Debatte mitbeförderndes Element erkennen. Psychotherapieforschung blickt auf nunmehr ca. 45 Jahre zurück (Shapiro, 1990; Tschuschke et al., 1994). Ausgehend von der Frage, ob Psychotherapie überhaupt nützt (Phase I), konzentrierte sich die zweite Phase auf den Zusammenhang von Ergebnis und Prozeß (1960-1980). Die dritte, derzeit aktuelle, Phase fokussiert verstärkt den therapeutischen Prozeß und fragt danach: „Welche mikroprozessualen Vorgänge konstituieren die klinisch konzipierten Makroprozesse?" (Kächele, 1992). Im Rahmen dieser Art Forschung finden detaillierte Einzelfallanalysen psychotherapeutischer Prozesse statt, die das unzureichende Forschungsparadigma der „Gruppenstatistik" überwinden, da dies für eine vergleichende Effizienzforschung noch taugen mochte, aber nichts über die eigentlich relevanten Veränderungsprozesse psychotherapeutischer Wirkungen auszusagen vermochte (Dahl, Kächele und Thomä, 1988; Greenberg und Pinsof, 1986; Grawe, 1988; Rice und Greenberg, 1984; Tschuschke und Czogalik, 1990). Die Phase IV-Forschung (Linden, 1987), „... bei der tatsächliches therapeutisches Handeln in der alltäglichen klinischen Praxis zu den Effekten dieser Behandlungen in Beziehung gesetzt wird ..." (Tschuschke et al., 1994, S. 294), ist bislang erst in wenigen Studien realisiert worden (Heidelberger Katamnese-Projekt, Kordy et al., 1988; in der Berliner Psychotherapiestudie (Rudolf, 1991); in den Kieler (Strauß und Burgmeier-Lohse, 1994) und Stuttgarter Gruppenpsychotherapiestudien (Tschuschke, 1993). In diesem Zusammenhang muß mit Betonung darauf verwiesen werden,

4.5.1 Ergebnisse bisheriger Psychotherapieforschung

daß in die weitaus meisten Meta-Analysen kontrollierte Studien in sehr großer Zahl Eingang gefunden haben, die ein völlig unzureichendes und falsches Licht auf die Möglichkeiten adäquat angewandter psychotherapeutischer Konzepte und Techniken werfen (Tschuschke et al., 1994). Es wäre dringend angezeigt, die Liste positiver Beispiele anhand von Studien mit tatsächlicher klinischer Klientel zu erweitern. Wir sollten uns schon aus diesem Grunde davor hüten, derzeit weitreichende Schlußfolgerungen auf der bisher gegebenen unzureichenden Basis zu treffen (siehe auch weiter unten).

Die generelle Frage allerdings, ob Psychotherapie überhaupt nützt, sollte so nicht mehr gestellt werden. Wer sie dennoch stellt, muß sich den Vorwurf der Ungebildetheit gefallen lassen (Kächele und Kordy, 1992). Daß Psychotherapie die intendierten Effekte weitgehend erzielt, sofern sie einem theoretisch etablierten und anerkannten Konzept folgt, ausgebildete und erfahrene Therapeuten die Behandlung durchführen und an klinisch relevanter Klientel diese Behandlung zum Tragen kommt (Lambert und Bergin, 1994), ist nicht mehr umstritten. Patienten in psychotherapeutischen Behandlungen erreichen deutlich stärkere Effekte in relativ kurzer Zeit, als vergleichbare unbehandelte Patienten an spontanen Remissionseffekten in größeren Zeiträumen günstigstenfalls erwarten dürfen (Lambert und Bergin, 1994; McNeilly und Howard, 1991). Die mittlerweile kaum mehr zählbaren Forschungsberichte haben die durchschnittlichen Effektstärken jeglicher Form von Psychotherapie nachgewiesen – grob zwischen 0.80 und 1.10. Dagegen stehen die Effektstärken von zahlreichen Placebo-„Behandlungen" in der durchschnittlichen Höhe von ca. 0.50 und 0.58 und von unbehandelten Kontrollgruppenpatienten bei lediglich 0–0.10 (Lambert, Shapiro und Bergin, 1986; Grawe, 1992). Daraus folgt, daß das Konzept der „spontanen Remission", eingebracht von Eysenck (1952), in der Psychotherapie „endgültig begraben gehört" (Tschuschke et al., 1994), da ernsthafte psychische Probleme keineswegs oder in erheblich geringerem Ausmaße zur Selbstauflösung neigen als uns Eysenck seinerzeit glauben machen wollte (Bergin, 1971; Grawe, 1992; Schepank, 1990).

Die derzeit unbeantwortete – und drängende – Frage ist die nach der „Spezifität" psychotherapeutischer Verfahren. Das „equivalence paradox" der vergleichenden Outcome-Forschung läßt sich nämlich auch in die Richtung interpretieren, daß der psychotherapeutischen Intervention – trotz nachgewiesen unterschiedlicher Therapeut-Patienten-Transaktionen (Stiles, Shapiro und Elliott, 1986; Elliott, Stiles und Shapiro, 1993) – womöglich in größerem Umfang sogenannte „unspezifische" Wirkfaktoren zugrunde liegen, von denen angenommen wird, daß sie basale, aber nichtsdestoweniger unverzichtbare, Qualitäten optimierter zwischenmenschlicher Beziehung charakterisieren. Basieren also theoretisch unterschiedlich deklarierte und fundierte Behandlungsformen nur auf „kommunalen" oder „unspezifischen" Wirkkomponenten, die in vermutlich allen günstig verlaufenden Psychotherapien zum Tragen kommen und womöglich ausschließlich auf optimiertem zwischenmenschlichem Kontakt, der „therapeutischen Allianz" bzw. der „therapeutischen Beziehung" fußen? Oder entdeckte die bisherige Psychotherapieforschung „spezifische" Wirkfaktoren unterschiedlicher Behandlungskonzepte vor allem deshalb nicht, weil diese Forschung unter wesentlichen Defiziten und Beschränkungen im Design- und Methodenbereich litt (Shapiro, 1995; Tschuschke, 1990)? Es darf zumindest Skepsis angemeldet werden, wenn beim derzeitigen unzureichenden Erkenntnisstand neue Psychotherapien sogenannter „zweiter Generation" oder sogar eine „Allgemeine Psychotherapie" propagiert werden (Grawe, 1995 b), die angesichts einer bislang unzureichenden Untersuchung psychotherapeutischer *Prozesse* bestehender Konzepte wie „Schnellschüsse aus der Hüfte" anmuten (vgl. auch weiter unten).

4.5.2 Zur Diskussion um die Berner Meta-Analyse (Grawe et al., 1994) – Konfession oder Profession?

In bisher nie erreichtem Ausmaß – und kontrovers aufgenommener Qualität – führte ein Team um den Berner Psychotherapieforscher Klaus Grawe eine immens aufwendige Meta-Analyse aller bis 1983/1984 verfügbaren kontrollierten Therapiestudien durch (Grawe, 1992; Grawe et al., 1994). Das Fazit dieses mehr als 13jährigen Mammutprojekts lautete in Grawe et al. eigenen Worten, daß die meisten der bekannteren psychotherapeutischen Verfahren jegliche empirische Substantiierung vermissen ließen bzw. unzureichend untersucht seien und sich lediglich drei Therapiekonzepte in ausreichendem Maße durch empirische Überprüfungen untermauern ließen: Verhaltenstherapie nebst ihren kognitiven Varianten, Personzentrierte Gesprächspsychotherapie und psychoanalytische Therapieformen (Grawe, 1992). Grawe selber sorgte in unvergleichlich medieneffizienter Weise für eine Verbreitung seiner Studienergebnisse – vor allem für eine Verbreitung spezieller Schlußfolgerungen und Intentionen – in eine aufnahmewillige Öffentlichkeit hinein (Degen, 1993, 1995; STERN, 1993, 1995; DER SPIEGEL, 1994), die Eckert, einen namhaften Vertreter der Gesprächspsychotherapie, zu der Persiflage des „Dodo bird-Verdikts einer vermeintlichen Gleichartigkeit verschiedener Behandlungsformen („all have won and all must have prizes", nach Luborsky et al., 1975) veranlaßte: „Viele sind gar nicht erst angetreten, drei haben gewonnen und zwei erhalten den Preis" (Eckert, 1993, S. 87).

Grawe und seine Mitarbeiter bedienen sich in ihrem inzwischen in vierter Auflage verkauften Werk – ungemein selten für ein wissenschaftliches Buch mit derartigem Umfang – sowie in ihren Medienäußerungen einer teilweise polemischen Ausdrucksweise, die die Ebene der Ergebnisse seriöser Psychotherapieforschung längst verlassen hat, dabei aber auf vermeintlichen Studienergebnissen fußt, die die Substanz für die aufgestellten Behauptungen nicht liefern, wie noch zu zeigen sein wird. Grawe beklagt sich inzwischen über unsachliche Anfeindungen – speziell von psychoanalytischer Seite (Grawe, 1995 c) – und reflektiert nicht, „daß es aus dem Wald herausschallt, wie man hineingerufen hat". Wenn man solche All-Behauptungen aufstellt wie er und seine Koautoren, daß „Verhaltenstherapie im Durchschnitt hochsignifikant wirksamer als psychoanalytische Therapie" (Grawe et al., S. 662) und „... hochsignifikant wirksamer als Gesprächspsychotherapie" (Grawe et al., S. 668) sei und billigend in Kauf nimmt bzw. dies sogar befördert, daß die medienwirksame Resonanz – sei es in Massenillustrierten und -zeitungen bzw. im Fernsehen – im Zuge der Entwertung anderer psychotherapeutischer Verfahren in teilweise beängstigender Simplifizierung vom „Stümpern an der Seele" (Degen, 1993), von „Pfusch auf der Couch" (Degen, 1995, S. 25) oder „Vorsicht Psychotherapie. Das Geschäft mit der Seele" (Stern, 1995) und ähnlichem sprechen darf bzw. sprechen soll, dann muß man sich über scharfe Kritik nicht wundern. Wenn man dazu noch vor einer wissenschaftlichen Öffentlichkeit gleichfalls billigend in Kauf nimmt, daß die zugrundeliegende wissenschaftliche Substanz jene Behauptungen gar nicht stützt, wie kann man (namentlich Grawe) sich dann wundern, daß z.B. von psychoanalytischer und gesprächspsychotherapeutischer Seite zurückpolemisiert wird (Eckert, 1993; Kächele, 1995; Moser, 1995)? Grawe selbst reagiert auf sehr sachliche und weitestgehend berechtigte

Kritik (Diepgen, 1993; Rüger, 1994; Tschuschke et al., 1994) an seinen Äußerungen jedenfalls sehr dünnhäutig (Grawe, 1993, 1995 a, 1995 c).

Eines jedenfalls zeigen die hochkochende Polemik und die enorme Resonanz in der Öffentlichkeit: Das Thema ist von Brisanz, weil viel auf dem Spiel steht. Es steht im Grunde zuviel auf dem Spiel, als daß es derart polemisch und unsachlich behandelt werden dürfte. Es steht die Glaubwürdigkeit der Psychotherapie und der Psychotherapieforschung auf dem Spiel, speziell das Vertrauen der Öffentlichkeit, und hier besonders das von Betroffenen in die seriöse Psychotherapie. Grawes Reduzierung der ganzen Diskussion auf eine „Gekränktheit der Psychoanalytiker" (Grawe, 1995 c) vernachlässigt in grob fahrlässiger Weise die Auswirkungen der – unsachgemäßen – Abqualifikationen aller übrigen Psychotherapieverfahren mit Ausnahme der Verhaltenstherapie, wie sie de facto und explizit von Grawe (1992) und Mitarbeitern (1994) vorgenommen wurden.

Die ganze Diskussion benötigt Tatsachen und sachliche Interpretationen, die unmittelbar auf zugrundeliegende Fakten rückführbar und überprüfbar sind, dies fordert sinnigerweise auch Grawe selber (1995 c). Was sind die Fakten?

Zum Stellenwert der „Güteprofile" bei Grawe et al. (1994)
Grawe und Mitarbeiter verwendeten – im Unterschied zu den herkömmlichen Meta-Analysen, die, ungeachtet der methodischen Qualität der zugrundeliegenden Originalstudien, Effektstärken über eine größere Stichprobe an empirischen Studien berechnen – keine Effektstärken, sondern berechneten „Wirkungsbereiche" einzelner Therapieverfahren (Grawe et al., 1994) aufgrund von erhobenen Daten der veröffentlichten Studie und deren signifikanten Veränderungen in verschiedenen Bereichen im Prä-Post-Vergleich (global, Haupt- und Nebensymptomatik, Persönlichkeit, Freizeit-, Sexualverhalten usw.). Viel umfangreicher jedoch fielen die wissenschaftlichen „Güteprofile" bezüglich der vorhandenen wissenschaftlichen Veröffentlichungen zu jeder Therapiemethode aus. Diese fußen wiederum auf acht einzelnen „Gütekriterien", die Auskunft über das wissenschaftliche Niveau der veröffentlichten und von Grawe et al. einbezogenen Untersuchung geben. Für die Tabellen, die die Güteprofile enthalten, verwenden Grawe et al. mehr als 280 Seiten (!) in ihrem Buch. Im Anschluß an diese Tabellen zu einer spezifischen Therapiemethode werden die dann wiederum über alle einzelnen Güteprofile

4.5.2 Zur Diskussion um die Berner Meta-Analyse...

gerechneten Durchschnittsprofile in einem einzigen Profil dargestellt und qualitativ bewertet.

Grawe et al. benutzen die Güteprofile fast direkt zur Beurteilung der Qualität und Möglichkeiten der zugrundeliegenden psychotherapeutischen *Behandlungsform*. Obwohl eigentlich nur die durchschnittliche *wissenschaftliche Substanz* der von Grawe et al. einbezogenen Studien beurteilt worden ist, sind wir der Fehleinschätzung erlegen (Tschuschke et al., 1994), es handele sich um eine Bewertung der Behandlungs*form*. Daß dies leicht geschehen kann, zeigt sich in der Argumentation für solche Güteprofile noch 1991 im Forschungsgutachten zum Psychotherapeutengesetz in der Bundesrepublik Deutschland (Meyer, Richter, Grawe, von der Schulenburg, Schulte, Schwedler, 1991), (vgl. Abb. 1).

Abb. 1
Durchschnittliche Güteprofile für die Studien,
in denen Gesprächspsychotherapie, Psychoanalytisch orientierte Therapie,
Breitspektrumverhaltenstherapie und Kognitive Therapie
nach Beck untersucht wurden (nach Grawe et al., 1994, S. 77 und 79)

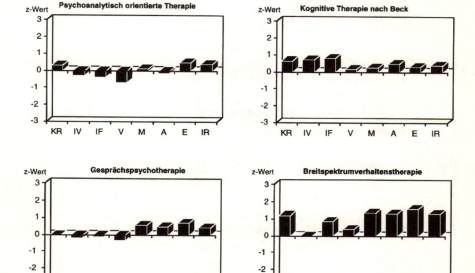

*KR = Klinische Relevanz, IV = Interne Validität, IF = Güte der Information,
V = Vorsicht bei der Interpretation, M = Reichhaltigkeit der Messung, A = Güte der Auswertung,
E = Reichhaltigkeit der Ergebnisse, IR = Indikationsrelevanz*

4. Methodenkritische Prüfung des aktuellen Forschungsstands

Im Forschungsgutachten für die Bundesregierung wurden die aus dem Buch von Grawe et al. vorweggenommenen durchschnittlichen Güteprofile als Beleg für die Fundiertheit der Behandlungsform ausgewiesen; im Originaltext:

> „... ist ersichtlich, daß sich die Untersuchungen zu den verschiedenen Therapieverfahren in ihrer Qualität deutlich voneinander unterscheiden. Dies bedeutet, daß bewertende Ergebnisaussagen zu den verschiedenen Therapieformen unterschiedlich zuverlässig sind" (Meyer et al., 1991, S. 78).

Grawe (1995 a) bestreitet vehement, daß die Güteprofile der 897 von ihm und seinen Mitarbeitern ausgewählten Studien irgend etwas mit der Behandlungspotenz der untersuchten Therapieverfahren zu tun hätten. Es darf dann aber die Frage erlaubt sein, wie der zweite zitierte Satz im Gutachten (s. o.) zu verstehen ist? Wozu solch ein Aufwand mit den Güteprofilen unterschiedlicher Psychotherapieverfahren – die er dann auch noch direkt nebeneinander stellt (jeweils S. 79 in Meyer et al., 1991 und Grawe et al., 1994, siehe Abb. 1) und differentiell kommentiert? Hier soll ganz offensichtlich eine unterschiedliche Qualität von *Behandlung* aufgrund von wissenschaftlich beurteilter *Studienqualität* erfolgen. Wenn dies kritisiert wird, wie wir dies ausführlich getan haben (vgl. Tschuschke et al., 1994), dann erfolgt das Dementi in dem Sinne, daß wir eine „Strohpuppe" aufgebaut hätten (Grawe, 1995 a, S. 102). Die Güteprofile hätten im Prinzip kaum eine Bedeutung. Wozu also die Güteprofile, wenn sie weder zur Studienauswahl bei Grawe et al. selbst noch zur Einschätzung der Behandlungspotenzen einer spezifischen Psychotherapieform herangezogen werden?

Die Abb. 1 (entsprechend Abb. 3.3 bei Grawe et al., 1994, S. 79) zeigt die „Breitspektrumverhaltenstherapie" relativ zu den anderen drei prominenten Therapieformen als diejenigen mit dem günstigsten Güteprofil, entsprechend den Einschätzungen des Berner Forscherteams. Grawe et al. kritisieren ganz vehement die Langzeitpsychoanalyse als erfahrungswissenschaftlich nicht untermauert und attestieren der „psychoanalytisch orientierten Therapie" ungünstige Interpretationsvoraussetzungen (aufgrund des schlechten durchschnittlichen Güteprofils über die einbezogenen Studien).

> „Abb. 3.3 (Abb. 1, siehe oben/V.T. und H.K.) stellt als Beispiel die Güteprofile für vier verschiedene Therapieformen einander gegenüber. Es wird daraus ersichtlich, daß sich die Forschungsuntersuchungen zu den verschiedenen Therapieformen in ihrer

4.5.2 Zur Diskussion um die Berner Meta-Analyse...

Qualität durchaus voneinander unterscheiden. Die Ergebnisse zu den verschiedenen Therapieformen haben also teilweise unterschiedliche Voraussetzungen, die bei ihrer Interpretation berücksichtigt werden müssen" (Grawe et al., 1994, S. 82).

Das heißt im Klartext, daß die Therapiestudien eher interpretiert werden können – bezüglich ihrer klinisch-therapeutischen Aussagen –, die ein besseres Wirkprofil haben. Das wiederum heißt nach Grawe et al., daß die Aussagen zur psychoanalytisch orientierten Therapie weniger substantiiert seien als im Vergleich diejenigen zur Breitspektrumverhaltenstherapie. Nun verweisen Kordy und Kächele (1995) – im Zusammenhang mit der Erörterung über die Dauer von Psychotherapie – aber auf Untersuchungsergebnisse von Grawe, Caspar und Ambühl (1990), die in einer eigenen vergleichenden Therapiestudie für die Breitspektrumverhaltenstherapie keineswegs überragende Ergebnisse berichteten:

> „Immerhin konzedieren auch die genannten prominenten Skeptiker (gemeint ist Grawe/V.T. und H.K.) gegenüber (psychoanalytischer) Langzeittherapie, daß manchmal mehr Therapie nötig sein kann, der Therapieumfang daher variieren und ‚auch bei Gesprächspsychotherapien und Verhaltenstherapien – in einzelnen Fällen durchaus einmal 70 oder 90 Sitzungen betragen' kann (Grawe et al., 1994, S. 697). Es wäre doch auch unverständlich resignativ, wenn ein engagierter Psychotherapeut sich damit zufrieden gäbe, daß in ‚nachweislich wirksamen Therapien' (Grawe und Braun, 1994, S. 248) immerhin 44% (Interaktionelle Gruppentherapie), 37% (Breitspektrumverhaltenstherapie) sowie 43% (Gesprächspsychotherapie) der Patienten ihre Erwartungen allenfalls als ‚etwas erfüllt' ansehen, wie aus der Berner Therapievergleichsstudie berichtet wird (Grawe et al., 1990)." (Kordy und Kächele, 1995, S. 204).

Also – besseres Güteprofil für die Breitspektrum-VT-Studien und dennoch geringere therapeutische Potenz, wie selbst aus dem Grawe-Team berichtet wird?

Die „Strohpuppe"-Argumentation von Grawe ist um so interessanter, als wir eine aufwendige Reanalyse der Daten von Grawe et al. in dem Sinne vorgenommen hatten, indem wir alle Studien über typische klinische Klientele nachrechneten, wie sie in einer durchschnittlichen psychotherapeutischen Praxis einem niedergelassenen Psychotherapeuten begegnen (d.h. wir haben alle die Studien aus der Meta-Analyse von Grawe et al. herausgenommen, die wenig mit psychotherapeutischer Behandlung im kassenrechtlichen Sinne zu tun haben, wie etwa Studien über Krebserkrankungen, schwere chronische, körperliche Erkrankungen, Homosexualität, Suchterkrankungen, offene Psychosen etc.). Wie Abb. 2 zeigt, bleibt eine substantielle Anzahl der bei Grawe et al. verwendeten Studien für die drei großen Psychotherapieverfahren, Gesprächsp-

4. Methodenkritische Prüfung des aktuellen Forschungsstands

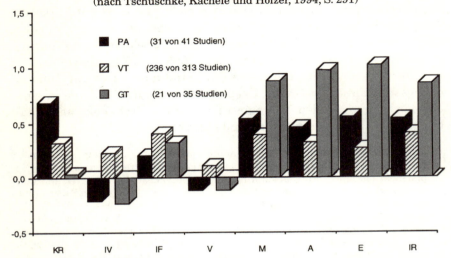

Abb. 2
Güteprofile von psychoanalytischen, verhaltenstherapeutischen und gesprächspsychotherapeutischen Studien (aus: Grawe et al., 1994) (nur Studien über neurotische, psychosomatische und Persönlichkeitsstörungen; ausgeschlossen sind Suchtprobleme, Krebserkrankungen, Homosexualität, psychiatrische Patienten, somatische Probleme)
(nach Tschuschke, Kächele und Hölzer, 1994, S. 291)

KR = Klinische Relevanz, IV = Interne Validität, IF = Güte der Information,
V = Vorsicht bei der Interpretation, M = Reichhaltigkeit der Messung,
A = Güte und Reichhaltigkeit der Auswertung,
E = Reichhaltigkeit der Ergebnisse, IR = Indikationsrelevanz

sychotherapie, Verhaltenstherapie und psychoanalytische Therapie, übrig. Die durchschnittlichen Güteprofile für alle die Studien, die die „klassische" psychotherapeutische Klientel zur Grundlage haben – nämlich Neurosen, psychosomatische Störungsbilder und Persönlichkeitsstörungen – wirken überraschenderweise überhaupt nicht mehr eindrucksvoll für die Verhaltenstherapie. Im Gegenteil: Wie wir im einzelnen dargelegt haben (Tschuschke et al., 1994, S. 291) weisen psychoanalytische Studien eine signifikant höhere „Klinische Relevanz" auf als GT- und VT-Studien, VT-Studien eine klar höhere „Interne Validität" als die der beiden anderen Verfahren und GT-Studien jeweils hochsignifikant mehr „Reichhaltigkeit der Messung, Güte und Reichhaltigkeit der Auswertung" sowie mehr „Reichhaltigkeit der Ergebnisse" als VT-Studien. Die anderen – tendenziellen – Unterschiede sind nicht signifikant. Kontrollierte Untersuchungen zur Verhaltenstherapie schneiden also bei einer typischen psychotherapeutischen Klientel eindeutig schlechter ab als Personzentrierte Gesprächspsychotherapiestudien und im Durchschnitt nicht besser als psychoanalytische Studien. In Anlehnung an die Berner „Schlußfolgerungsmentalität" haben wir dies pointiert kommentiert:

> „Falls diese Güteprofile für die Fundiertheit der einzelnen Therapieformen herhalten sollten, dann bliebe nur eine mögliche Schlußfolgerung: Verhaltenstherapie ist empirisch weniger gut fundiert als Gesprächspsychotherapie und psychodynamische Verfahren!" (Tschuschke et al., 1994, S. 292).

Zu diesem Ergebnis gibt Grawe überhaupt keinen Kommentar in seiner Erwiderung auf uns ab (Grawe, 1995 a), statt dessen spricht er von einer „Strohpuppe", die es nicht wert sei, weiter beachtet zu werden. Die Hervorhebungen an prominenten Stellen im Buch von Grawe et al. über mehr als 280 Seiten und im Forschungsgutachten für die Bundesregierung sowie die explizite Kommentierung der unterschiedlichen Profile sprechen eine andere Sprache. Es scheint vielmehr so, daß unsere Reanalyse der Daten von Grawe et al. den Finger auf einen wunden Punkt in der gesamten Graweschen Meta-Analyse gelegt hat. Warum dies so ist, kann im folgenden noch weiter belegt werden.

Ein zentrales Argument für die Verwendung von Wirkungsbereichstabellen und von Güteprofilen antatt der üblicherweise in Meta-Analysen verwendeten Effektstärken war ja gerade der – durchaus begrüßenswerte – Versuch, das Problem methodisch schwacher Studien, die ansonsten in Meta-Analysen Eingang finden, zu umgehen. Auf diese Weise wurden aus den bis 1983/84 ca. 3.500 verfügbaren Studien in der Literatur 897 ausgewählt, um dem meta-analytischen Problem zu entrinnen,

> „... daß die Ergebnisse sehr guter und eher schwacher Untersuchungen mit gleichem Gewicht in die Effektstärkenberechnung eingehen" (Meyer et al., 1991, S. 78).

Nun ist es aber eine verblüffende Tatsache, daß Grawe et al. ihre von ihnen selber entworfenen und proklamierten Güteprofile auf ihre eigene Studienauswahl ganz offenbar nicht angewendet haben. Unsere Kritik daran ist, daß die von Meyer, Richter, Grawe et al. (1991) beklagte „Unklarheit der substantiellen Basis" vieler Meta-Analysen (S. 223) damit auch auf Grawes eigene Meta-Analyse zutrifft (Tschuschke, Hölzer und Kächele, 1995).

> „Die Güteprofile wurden später jedoch nicht dazu verwendet, um innerhalb der 897 Studien nochmals die Spreu vom Weizen zu trennen. Im Gegenteil, es wurden zwar beträchtliche Qualitätsunterschiede zwischen den einzelnen Studien festgestellt,

aber ‚die Ergebnisse sehr guter und eher schwacher Untersuchungen', nachgewiesen durch Grawe et al. anhand ihrer eigenen Qualitätsmerkmale, gingen sehr wohl in die anschließenden Vergleichsuntersuchungen ein" (Tschuschke et al., 1995).

Viel Lärm um nichts? Zumindest läßt sich konstatieren, daß die Hereinnahme methodisch schlechter Studien – und vor allem völlig ungeeigneter Untersuchungen für den Gegenstandsbereich der Psychotherapie – zu durchschnittlichen Güteprofilen bei Grawe et al. und im Forschungsgutachten der Bundesregierung führen (siehe Abb. 1), die klar tendenziellen Charakter haben, solche Verfahren günstiger erscheinen zu lassen, die man anscheinend eher präferiert. Eine Berücksichtigung geeigneterer Studien für den Gegenstandsbereich verändert das wissenschaftliche Profil der drei „großen Psychotherapieverfahren" grundsätzlich (vgl. Abb. 2). Grawe zieht es vor, zu unserer Kritik (Tschuschke et al., 1994) lieber zu schweigen, anstatt sich dazu zu äußern (Grawe, 1995 a).

Zum direkten Wirkungsbereichsvergleich verschiedener Therapieformen bei Grawe et al. (1994)
Den größten Rückhalt in der polemisch geführten Auseinandersetzung um differentiell effektive Formen von Psychotherapie beziehen Grawe et al. aus den direkten Therapievergleichen im Kapitel 4.9. Sie verweisen in der Auseinandersetzung um die methodisch kontrovers diskutierte statistische Vorgehensweise bei den Vergleichsberechnungen (vgl. Diepgen, 1993; Grawe, 1995 a, 1995 c; Rüger, 1994; Tschuschke et al., 1994) zwischen einzelnen Therapiemethoden (Gesprächspsychotherapie (GT) versus Verhaltenstherapie (VT), GT versus VT, Psychoanalyse (PA) versus GT, PA versus VT sowie Familientherapie (FT) versus VT und PA versus FT, vgl. S. 651 ff.) auf die statistisch und methodisch einwandfrei nachgewiesene Überlegenheit der Verhaltenstherapie gegenüber jeder der anderen drei verglichenen Therapieformen (Grawe et al., 1994; Grawe, 1995 a). Hier ist für Grawe der entscheidende Punkt, quasi der „Hebel", mit dem er die bestehenden Verhältnisse in der Psychotherapielandschaft grundlegend ändern will. Hier reagiert er besonders empfindlich gegen jede Kritik an der möglicherweise unzureichenden Statistik (Rüger, 1994; Tschuschke et al., 1994), indem er ausführlich Entgegnungen schreibt, um die Berechtigung seiner Vorgehensweise und die seiner Kollegen bei den direkten Therapievergleichsberechnungen zu untermauern (Grawe, 1995 a, 1995 c).

4.5.2 Zur Diskussion um die Berner Meta-Analyse...

„Noch nie hat sich in irgendeiner Übersichtsarbeit über die vergleichende Wirkung von Therapien irgendeine andere Therapieform den kognitiv-behavioralen Therapien als überlegen erwiesen...*Die tatsächliche Ergebnislage könnte daher nicht eindeutiger sein, als sie ist: Kognitiv-behaviorale Therapie ist im Durchschnitt hochsignifikant wirksamer als psychoanalytische Therapie und Gesprächspsychotherapie"* (Grawe et al., S. 670, Hervorhebungen bei Grawe et al.).
Und:
„Die Tatsache, daß eben doch durchgängige und statistisch signifikante Wirksamkeitsunterschiede zwischen verschiedenen Therapieformen bestehen, zumindest zwischen kognitiv-behavioraler Therapie einerseits und psychoanalytischer Therapie und Gesprächspsychotherapie andererseits, gehört zu den von Psychotherapeuten, auch von Psychotherapieforschern, offenbar nur sehr schwer assimilierbaren Fakten. Anders ist die Verleugnung, die diesem immer wieder schon festgestellten Befund (s. die Ergebnisse der ... aufgeführten Meta-Analysen ...) bisher widerfährt, nicht zu erklären" (S. 671).

Falsch. Und zwar, weil es sich weder um „Verleugnung" auf seiten der Praktiker noch um „Fakten" für die „scientific community" handelt. Das ist die profane Erklärung. Weil bei Grawe et al. (1994) eine fahrlässige Umgangsweise mit z.T. völlig unzureichenden Vergleichsstudien betrieben wurde, wie wir im folgenden nachweisen werden. Auf eine fatale Art und Weise läßt sich hierauf die laute Warnung von Grawe (1986) selber beziehen, der die über die Ergebnisse von Meta-Analysen ermittelten Therapieeffekte kritisierte als häufig nicht gefundene Fakten, sondern als vom Untersucher „hergestellte Produkte", weil abhängig nicht nur von den Therapietechniken, sondern auch von Meß- und Auswertungsmethoden.

Anhand der im folgenden aufgeführten Faktenlage am Beispiel des Vergleichs Verhaltenstherapie versus Psychoanalyse läßt sich klar erkennen, welche Zusammenstellung an Studien auch in der Berner Meta-Analyse aufgrund welcher Kriterien erfolgte. Es läßt sich auch erkennen, welche enormen Interpretationsverrenkungen vom Grawe-Team vorgenommen werden mußten, um am Ende eine „hochsignifikant größere Wirksamkeit" der Verhaltenstherapie in ihren behavioral-kognitiven Varianten gegenüber den drei zum Vergleich herangezogenen Behandlungsformen Personenzentrierte Gesprächspsychotherapie, Familientherapie und Psychoanalyse „herstellen" zu können.

Grawe et al. haben bis 1991 42 kontrollierte Therapiestudien in der Fachliteratur gefunden, in denen direkte *Therapievergleiche* zwischen den „großen" Therapieformen im Hinblick auf differentielle Wirksamkeiten vorgenommen wurden (vgl. Kapitel 4.9 in Grawe et al.). 22 Studien sind aufgeführt, die direkte Vergleiche im selben Studiendesign zwischen psychoanalytischer und behavioral-kognitiver Therapie durchzuführen beabsichtigten und von Grawe et al. in die Vergleichsbeurteilungen aufgenommen wurden. Das direkte Vergleichsprofil der relativen Wirksamkeiten beider Therapieformen weist über Abbildung 4.9.1 und im Kommentar bei Grawe et al. (S. 661 f.) die Verhaltenstherapie als „hochsignifikant wirksamer" aus als die psychoanalytischen Verfahren der zugrundeliegenden Studien. Letztere machen in der Tabelle 4.9.4 und in der Literaturliste im Anhang B bei Grawe et al. merkwürdigerweise noch 22 Studien aus, in der Abb. 4.9.1 und im statistischen Vergleich dann nur noch 19 Studien für den Direktvergleich PA versus VT.

Wir haben in einer gründlichen Analyse aller 22 angegebenen Vergleichsstudien diese auf ihre Eignung für einen tatsächlichen Wirkungsvergleich der beiden konzeptuellen Behandlungsformen VT und PA überprüft. Drei grundlegende Kriterien wurden verwendet:

– Gibt es *konzeptuell* – d.h. in der realisierten Form der Behandlung – Grund für die Annahme, daß tatsächlich behavioral-kognitive Psychotherapie für die eine Behandlungsgruppe und eine psychoanalytische oder psychodynamisch orientierte Behandlung für die andere Behandlungsgruppe im Forschungsdesign realisiert wurden (d.h. von der theoretischen Darlegung der intendierten Behandlungskonzepte, von der Kontrolle oder Supervision her gesehen bzw. von der Seite des ausgearbeiteten Manuals her gesehen)?
– Gibt es klare Hinweise darauf, daß die Psychotherapeuten, die in den Untersuchungen die Behandlungen durchgeführt haben, für die von ihnen durchgeführte Behandlungsform *spezifisch ausgebildet* worden waren oder zumindest über fundierte mehrjährige *Erfahrungen* in der nun durchzuführenden Behandlungsform verfügten und nicht „angelernt" waren (d.h. in der Regel Ärzte oder Psychologen mit mindestens mehrjähriger Erfahrung in der jeweiligen Behandlungstechnik)?
– Wurde eine Mindestdosis von 20-25 Sitzungen für die psychoanalytische bzw. psychodynamische Behandlungsform – wie sie für analytische Fokaltherapie als Minimum diskutiert wird – eingehalten?

Die in Tabelle 1 von uns dargestellten Beurteilungen der bei Grawe et al. aufgeführten 22 Untersuchungen zum Wirkungsvergleich „Psychoanalyse versus Verhaltenstherapie", im Hinblick auf die drei oben genannten Kriterien, stellen unsere persönliche Einschätzung der bei Grawe et al. verwendeten Studien im Hinblick auf die drei zuvor genannten Kriterien dar (Tschuschke et al., 1995). Wir haben (eben dort) zur offenen Diskussion der wissenschaftlichen Fundiertheit der Schlußfolgerungen bei Grawe et al. bezüglich der genannten 22 Studien Klaus Grawe und interessierte KollegInnen aufgerufen und uns für die Organisation eines solchen Treffens in Ulm zur Verfügung gestellt. Im Rahmen eines solchen Treffens könnte selbstverständlich unsere eigene Einschätzung bezüglich der Berechtigung eines tatsächlichen Konzeptvergleichs aufgrund der 22 Studien kritisch diskutiert werden.

Im folgenden werden wir unsere eigenen Beurteilungen darlegen (vgl. Tab. 1) und anschließend nachvollziehbar begründen (vgl. Tab. 2).

4.5.2 Zur Diskussion um die Berner Meta-Analyse...

Tab. 1
Beurteilung der Brauchbarkeit von 22 Grawe et al.-Studien des direkten Wirkungsvergleichs Verhaltenstherapie (VT) vs. psychoanalytische Therapie (PA) aufgrund dreier Kriterien

Stud. Nr.	Autoren	VT ist PA überlegen**	PA ist VT überlegen**	VT = PA**	Therapie-Dosis*	Voraussetzungen für konzeptuellen Therapie-Vergleich	Spezifische Therapie-Ausbildung	Brauchbarkeit versus Unbrauchbarkeit der Studie
1	Gelder u. Marks, 1967	X			+++	••	- - -	
2	Levis u. Carrera, 1967	X			OO	•••	- - -	
3***	Lomont et al., 1969	X						
4	Gillan u. Rachman, 1974	X			+	••	?	
5	Newton u. Stein, 1974			X	O	•••	- -	
6	Sloane et al., 1975			X	O	+++	+++	Brauchbar
7	Crowe, 1978	X			OOO	?	?	
8	Pieifloot u. Vinck, 1978			X	O	?	- - -	
9	Roskies et al., 1978			X	OO	++	?	Brauchbar
10	McLean u. Hakstian, 1979	X			OO	++	++	Brauchbar
11	Gallagher u. Thompson, 1982	X			O	••	- -	
12	Woody et al., 1983		X		+	+++	+++	Brauchbar
13	Zitrin et al., 1983			X	+	++	- -	Brauchbar
14	Hersen et al., 1984			X	O	••	?	Brauchbar
15	Steuer et al., 1984	X			+++	••	- -	
16	Fairburn et al., 1986	X			O	•••	- -	
17	Brockman et al., 1987	X			OO	•••	- - -	
18	Shapiro u. Firth, 1987	X			OOO	++	- -	
19	Thompson et al., 1987			X	O	++	+++	Brauchbar
20	Brom et al., 1989			X	O	++	+++	Brauchbar
21	Snyder u. Wills, 1989			X	O	++	- - -	
22	Hoffart u. Martinsen, 1990	X			?	•••	- - -	

+ Bedingt geeignet für VT/PA-Vergleich ++ Geeignet für Vergleich VT/PA +++ Sehr geeignet für Vergleich VT/PA
• Eingeschränkter Vergleich VT vs. PA •• Starke Einschränkung VT/PA-Vergleich ••• Völlig inadäquat für Vergleich VT vs. PA
? Unklar
- Eingeschränkt - - Unzureichend - - - Völlig unzureichend
O Sitzungsanzahl zu gering (O < 20; OO < 15; OOO < 10)   ▓ Studie unbrauchbar
** Überlegenheit entsprechend Urteil der Studien-Autoren
*** Unzureichendes Design für Gruppenvergleich

Tab. 1 verdeutlicht unsere Einschätzung der Brauchbarkeit der 22 bei Grawe et al. benutzten Therapiestudien für den Wirkungsvergleich „Psychoanalyse (PA) versus Verhaltenstherapie (VT)" im verkürzten Überblick. Dunkel schraffierte Studien sind – nach unserer Einschätzung – für den Vergleich ungeeignete Studien, weil sie entweder gar nicht den intendierten konzeptuellen Vergleich erfüllen, weil entweder theoretisch bzw. praktisch gar keine konzeptkonforme behavioral-kognitive oder psychoanalytisch/psychodynamische Therapie realisiert wurde, weil die Therapeuten nicht ausgebildet und/oder nicht erfahren waren und/oder weil die applizierte Therapiedosis (Sitzungsanzahl) völlig unzureichend war bzw. zwei oder alle drei dieser Kriterien zusammengenommen nicht erfüllt waren.

Leichte Einschränkungen wurden den Studien zugute gehalten, mehrere Einschränkungen bzw. starke Einschränkungen in einem Kriterium führten zur Ablehnung der betreffenden Studie für den Wirkungsvergleich. Es bleiben demnach von den 22 ursprünglichen Untersuchungen noch acht (!) Studien, die für einen Therapievergleich PA versus VT ausreichende Voraussetzungen erfüllen. Von diesen acht Studien weist nach Auskunft der Autoren jener Untersuchungen eine die Überlegenheit der VT gegenüber der PA nach (McLean/Hakstian, Studie 10), in einer zeigt sich die PA der VT als überlegen (Woody et al., Studie 12), und in sechs Studien ging der Vergleich der Autorenauskunft nach unentschieden aus (Sloane et al., Studie 6; Roskies et al., Studie 9; Zitrin et al., Studie 13; Hersen et al., Studie 14; Thompson et al., Studie 19; Brom et al., Studie 20).

Der Rest von 14 Studien weist in einem oder mehreren Kriterien so starke Einschränkungen auf, daß man nicht mehr von einem berechtigten Therapiewirkungsvergleich sprechen kann.

Beispielsweise hat die im Güteprofil bei Grawe et al. hochgelobte Gelder-und-Marks-Studie (Studie 1) Einschränkungen in der Konzeptrealisierung des Therapievergleichs sowie starke Einschränkungen hinsichtlich der Therapeutenqualifikation (nur ein erfahrener Psychiater und fünf unerfahrene Therapeuten). Die gleichfalls unter Psychotherapieforschern gut angesehene Untersuchung von Shapiro und Firth (Studie 18) weist eine Behandlungszeit von nur acht Sitzungen in jeder Behandlungsmodalität auf. Dies stellt bereits eine erhebliche Einschränkung einer psychodynamisch-interpersonellen Therapie dar. Weiterhin gibt es bedenkliche Einschränkungen hinsichtlich der Therapeutenva-

4.5.2 Zur Diskussion um die Berner Meta-Analyse...

Tabelle 2
Studien des direkten Therapievergleichs Verhaltenstherapie- (VT) versus psychoanalytischer Therapie (PA) bei Grawe et al. (1994, Kapitel 4.9, S. 651 ff.)

AUTOREN/ ERGEBNIS [1]	HAUPTSTÖRUNG	N	THERAPIEFORM	THERAP.-AUSBILDUNG/ ERFAHRUNG	DAUER [2]	FAZIT ZUM VERGLEICH VT vs. PA
1. Gelder & Marks, 1967/ VT überlegen	Phobien	42	1) Desensibilisierung 2) Gruppentherapie 3) Analytische Einzeltherapie	6 Psychiater (unklar)/ (1 erfahren, 5 wenig erfahren)	1) 9 M 2) 18 M 3) 12 M	Nur sehr bedingt brauchbar (vor allem unklare Therapeut.-Qualifikation)
2. Levis & Carrera, 1967/ VT überlegen	Psychosen, Neurosen	40	1) Reizüberflutung 2-3) Kontrollgruppen 4) Einsichtsor. + stitz. Therapie	4 (1 erfahr. Psychologe, 3 Studenten, unerfahren)	11-60 S	Unbrauchbar. Keine psychodynamische Behandl., unerf. Therapeut.
3. Lomont et al., 1969/ Unklar	Sozialangst, hospital. Patienten	12	1) Selbstsicherh.-Gruppen 2) Einsichtsor. Gruppentherapie	1) S. erf. Psychol. (> 6 J.) 2) S. erf. Psychol. (> 6 J.)	30 S	Unbrauchbar. Studie zu klein, Ergebnis zufällig?
4. Gillan & Rachman, 1974/ VT überlegen	Multiphobische Patienten	32	1) Pseudo-Therapie-Gruppe 2) Desensibil, ohne Entspann. 3) Klassische Desensibilisier. 4) Einsichtsor.+ rationale Therapie kombiniert	6 angelernte Psychiater (3 mit mehr als zwei Jahren klinischer Erfahrung)	30 S	Unbrauchbar. Keine psychodynam. Behandlung unter 4, keine Psychoanalytiker unter 4)
5. Newton & Stein, 1974/ Kein Unterschied	Männliche Alkoholiker	61	1) Reizüberflut. + Detoxikation 2) Detoxikation 3) Unspez. Psychotherapie + Detoxikation	6 (2 Psychologen mit zwei Jahren Erfahr., 4 Sozialarbeiter, an drei Nachmittagen "angelernt")	15 S	Unbrauchbar. Keine psychodynamische Behandlung (3) und keine Psychoanalytiker
6. Sloane et al., 1975/ Kein Unterschied	Angstneurosen, Persönlichkeitsstörungen	94	1) Psychoanalytisch orientierte Kurztherapie 2) Verhaltenstherapie 3) Kontrollgruppe, Warteliste	6 ausgebildete und sehr erfahrene Therapeuten (6 - 20 Jahre Erfahrung)	13 - 14 S	Brauchbar Studie. Wirklicher Vergleich VT vs. PA, da ausgeb. u. erfahrene Therap.; doch zu kurze Behandlungszeit
7. Crowe, 1978/ VT überlegen	Paartherapie	*42	1) Direktiver VT-Ansatz 2) Interpretativ-psychodynamischer Ansatz 3) Supportiver Ansatz	1 Therapeut (37 Paare); Keine Erfahr.-Angaben 2 Therapeuten (5 Paare) Keine Erfahr.-Angaben	5 - 10 S	Unbrauchbar. Derselbe Therapeut bei allen 3 Ther.-Ansätzen. Zu geringe Therapie-Dosis
8. Pierloot u. Vinck, 1978/ Kein Unterschied	Angstneurosen	22	1) Systematische Desensibilis. 2) Psychodynamische Kurztherapie	1 + 2: Ausbildungs-Kandidaten ohne Therapieerfahrung	20 S	Unbrauchbar. Keine erfahrenen u. ausgeb. Therapeuten in beiden Therapieformen
9. Roskies et al., 1978/ Kein Unterschied	Typ A-Risiko-Verhalten, nichtklinische Population	**25	1) Entspannungstechniken in Gruppen 2) Psychoanalytisch orientierte Kurzgruppentherapie	1) 2 erfahrene VT-Therapeuten 2) 2 erfahrene psychoanalyt. Therapeuten	14 S	Bedingt brauchbar. Therap.-Dosis zu kurz über zu langen Zeitraum (5 Monate).
10. McLean & Hakstian, 1979/ VT überlegen	Depression	196	1) Psychodynamisch-supportive Kurzzeittherapie 2) Psychoanalytische Kurzzeittherapie 3) Entspannungstherapie 4) Medikamente	Ärzte, Psychologen, Psychiater (mindestens zwei Jahre Erfahrung als Psychotherapeuten	1) 10 S 2) 10 S 3) 10 S 4) 11 W	Studie bedingt brauchbar, da nur 10 Sitzungen absolut zu kurz. Spezifische Ausbildung der Therapeuten unklar.

1 Studien-Angaben bei Grawe et al. im Anhang B S. 873 ff./Ergebnis-Angaben nach den Autoren der Originalstudien
2 Dauer der Therapien: S = Sitzungen; W = Wochen; M = Monate

* Paare
** Männer

Fortsetzung: Tab. 2

AUTOREN/ ERGEBNIS [1]	HAUPTSTÖRUNG	N	THERAPIEFORM	THERAP.-AUSBILDUNG/ ERFAHRUNG	DAUER [2]	FAZIT ZUM VERGLEICH VT vs. PA
11. Gallagher & Thompson, 1982/ VT und CBT überlegen	Depressive Senioren	30	1) Behav. Therapie/Lewinsohn 2) Kognitive Therapie/Beck 3) Einsichts- u. beziehungsorientierte Kurzzeittherapie	Zahl unklar. Noch in Ausbildung befindliche Psychologen, eintrainiert für die Behandlungen	16 S	Studie nicht brauchbar. Unerfahrene Therapeuten, keine psychodynamische Behandlungsform und zu kurze Behandlung.
12. Woody et al., 1983/ PA leicht überlegen	Drogen-Abhängigkeit (Männer)	110	1) Drogenberatung 2) Supportiv-expressive PT 3) Kognitiv-behaviorale Therapie	27 (18 Berater, 9 Therapeuten, ausgebildet, erfahren, speziell ausgewählt)	7 M (+ FU)	Sehr brauchbar, da erfahrene u. spezifisch ausgebildete Therapeuten sowie längere Behandlung.
13. Zitrin et al., 1983/ Kein Unterschied	Phobien	218	1) Verhaltensth. + Medikation 2) Verhaltensth. + Placebo 3) Dynamisch-supportive PT + Medikation	Ausgiebiges Training und große Erfahrung bei allen Therapeuten; alle Therapeuten führten jede Beh.-Form durch	26 S	Bedingt brauchbar, da dieselben Therapeuten beide Behandlungs-Formen anwandten
14. Hersen et al., 1984/ Kein Unterschied	Depression (Frauen)	120	1) Soz. Fertigkeiten + Placebo 2) Soz. Fertigkeiten + Medikat. 3) Medikation 4) Psychodynam. Kurztherapie	Ph.D.-Psychologen mit mehrjähriger Erfahrung	19 S	Studie bedingt brauchbar, da Behandlungszeit zu kurz und spezifische Therapie-Ausbildung unklar.
15. Steuer et al., 1984/ Kein Unterschied	Depression (geriatrische Patienten)	35	1) Kognitiv-behaviorale Gruppentherapie 2) Psychodyn. Gruppentherapie	8 (1 Ph.D.-Psychologe, > 2 Jahre Erf.; 2 Schwestern + 5 graduierte Studenten)	46 S	Nicht brauchbar, da unerfahrene Therapeuten ohne spezifische Ausbildung.
16. Fairburn et al., 1986/ CBT überlegen	Bulimia Nervosa	24	1) Kognitiv-behaviorale Therapie 2) Kurzzeit-Fokaltherapie	2 (1 Psychiater und 1 klinischer Psychologe, beide erfahren in beiden Behandlungs-Formen)	19 S	Nicht brauchbar, da keine psychodynam. Behandlung, sondern gemischt mit lerntheoretischen Elementen und zu kurze Behandlung
17. Brockman et al., 1987/"CAT" leicht überlegen	Neurosen, Persönlichkeitsstörungen	48	1) "Interpretative Therapie" (INT), analytisch orientiert 2) "Kognitiv-analytische Therapie" (CAT)	15 unerfahrene Therapeuten (5 Trainees, 6 Sozialarbeiter, 3 Schwestern, 1 Laie); gezielter Einsatz unerfahrener "Therapeuten"	12 S	Nicht brauchbar. Keine psychodynam. und keine kognitiv-beh. Therapien. Keine erfahr. u. ausgebild. Therapeuten, zu kurze Beh.
18. Shapiro & Firth, 1987/ "Prescriptive Th." überlegen	Depression/ Angstneurosen	40	1) "Prescriptive Therapy" (kogn.-behavioral) 2) "Exploratory Therapy" (interpersonell)	4 (Forscher-Psychologen, eklektisch orientiert, vertraut mit beiden Behandlungsformen)	2 X 8 S (Cross-over Design)	Nicht brauchbar. Keine klinische Ausbildung der Therapeuten, zu kurze Behandlungszeit.
19. Thompson et al., 1987/ Kein Unterschied	Depression (Senioren)	91	1) Verhaltenstherapie 2) Kognitive Therapie 3) Psychodynam. Kurztherapie 4) Warteliste-Kontrolle	10 (Psychologen mit mindestens 1 Jahr klinischer Erfahrung)	16 - 20 S	Bedingt brauchbar. Relativ kurze Behandlungszeit/ spezifische therapeutische Ausbild. nicht erkennbar.

4.5.2 Zur Diskussion um die Berner Meta-Analyse...

Fortsetzung: Tab. 2

AUTOREN/ ERGEBNIS [1]	HAUPTSTÖRUNG	N	THERAPIEFORM	THERAP.-AUSBILDUNG/ ERFAHRUNG	DAUER [2]	FAZIT ZUM VERGLEICH VT vs. PA
20. Brom et al., 1989/ Kein Unterschied	Traumatisierungen (Post-Traumatic Stress-Disorder-PSD)	112	1) Desensibilisierung 2) Hypnose 3) Psychodynamische Kurztherapie 4) Wartelisten-Kontrolle	3 (Sehr erfahrene Psychotherapeuten, > 10 Jahre klinische Erfahrung)	1) 15 S 2) 14.4 S 3) 18.8 S	Bedingt brauchbar. Zu kurze Behandlungszeit und Unklarheit über spezifische Therapieausbildung.
21. Snyder & Wills, 1989/ Kein Unterschied	Paartherapie	79*	1) Behaviorale Paartherapie 2) Einsichtsorientierte Paartherapie 3) Wartelisten-Kontrolle	Sozialarbeiter (11 Jahre Berufserfahrung, für Untersuchung trainiert und supervidiert)	25 S	Nicht brauchbar, da keine psychodynamische Therapie und Therapeuten nicht spezifisch ausgebildet
22. Hoffart & Martinsen, 1990/ VT überlegen	Agoraphobien mit Panikattacken	69	1) "Integrierte behavioral-psychodynamische Therapie" 2) Psychodynamische Gruppentherapie	4 (1 klinischer Psychologe, 1 Konsultations-Psychiater, 2 psychiatrische Schwestern)	12 W	Nicht brauchbar. Kein VT/PA-Vergleich; unklare therapeutische Qualifikation. Therapie-Dosis?

1 Studien-Angaben bei Grawe et al. im Anhang B S. 873 ff/Ergebnis-Angaben nach den Autoren der Originalstudien
2 Dauer der Therapien: S = Sitzungen; W = Wochen; M = Monate

* Paare
** Männer

riable (da dieselben Therapeuten beide Vergleichsformen praktizierten).

Präziser können die Einschränkungen und Stärken der einzelnen Untersuchungen in der Tab. 2 eingesehen werden, in der die Autorenangaben zur Form der Behandlung, zur Therapeutenqualifikation sowie zur Dosis-Zeit-Beziehung im Detail wiedergegeben sind.

Die vielfältigen Details können hier nicht im einzelnen diskutiert werden. Es seien statt dessen einige der ins Auge fallenden Defizite der ungeeigneten Studien hervorgehoben. Besonders häufig fällt eine konzeptuelle Unklarheit bzw. eine Art eklektischer Kombination unterschiedlicher Behandlungselemente auf, die also einen konzeptuellen Vergleich von einer fehlenden konzeptuellen Gebundenheit her gar nicht erlauben. Hierzu zählen die Studien 2, 4, 5, 16, 17, 21 und 22. Die Therapeutenqualifikation ist bei den Studien 1, 2, 4, 5, 7, 8, 11, 15, 17, 18, 19, 21 und 22 entweder gar nicht gegeben (in Ausbildung befindlich bzw. angelernt), eingeschränkt (praktische Erfahrung gegeben, aber unklar in welcher Technik) oder sehr unklar. Die Therapiedosis ist in folgenden Studien absolut unzureichend: 7, 10 und 18; erheblich eingeschränkt in den Studien: 5, 6, 11, 14, 16, 17, 20 und 22.
Folgende der 14 ungeeigneten Studien erfüllen in allen drei Kriterien nicht die Voraussetzungen für einen Wirkungsvergleich: 5, 17 und 22; in mindestens zwei Kriterien sind erheblich eingeschränkt: 2, 4, 7, 11, 16, 18 und 21; in einem Kriterium eingeschränkte Studien: 1, 8, 10 und 15.

155

Das Studium der Originalliteratur der von Grawe et al. in den Wirkungsvergleich PA versus VT einbezogenen Untersuchungen erbringt anhand der drei von uns aufgeführten Kriterien das überraschende Ergebnis, daß nur acht Studien de facto die Voraussetzungen für den Wirkungsvergleich aufgrund dreier sehr relevanter Parameter erfüllen, die alle unter dem Stichwort „Klinische Relevanz" geführt werden können (vgl. hierzu Tschuschke et al., 1995). Als Fazit läßt sich für die acht Studien – die alleine für den Wirkungsvergleich herangezogen werden können – hervorheben: Keine Therapieform ist der anderen überlegen, wenn man die Berechnungen und Schlußfolgerungen der Autoren selber heranzieht (sechsmal geht der Vergleich unentschieden aus, je einmal ist die eine der anderen Form überlegen).

Das ist die Substanz, die übrig bleibt, wenn man sich die in den Studien veröffentlichten Daten und ihre Charakterisierungen genauer ansieht.

Für unsere Überprüfung beschränkten wir uns auf den Vergleich PA versus VT. Es ist gleichfalls möglich, daß die von Grawe et al. durchgeführten Vergleiche und Interpretationen im Hinblick auf die Vergleiche GT versus VT, PA versus GT, FT versus VT und PA versus FT ganz ähnlich anzweifelbar sind, weil die Vergleiche von ihren Grundlagen her bereits wenig berechtigt sein könnten. Hierzu sind an dieser Stelle keine Aussagen möglich, weil jene Originalliteratur nicht überprüft wurde.

„Es wäre zweifelsfrei von großem Gewinn für die klinische und wissenschaftliche Arbeit, wenn wir etwa beispielhaft anhand dieser direkten Therapievergleichsstudien im Detail erörtern könnten, was denn zu verstehen ist unter ‚tatsächlicher Realisierung von therapeutischen Behandlungskonzepten', wie man feststellt, was ‚im Konzept ausgebildete Therapeuten' oder was ‚richtige Patienten' sind, an denen ‚Behandlungen in ausreichender Dosis' durchgeführt werden. Zu oft bleibt sowohl in der Forschung, aber auch in der Klinik, unklar, was eigentlich praktiziert wird, wenn Etiketten Statthalter für Praxis sind" (Tschuschke et al., 1995, S. 307).

4.5.3 Plädoyer für ein verändertes Forschungsverständnis in der Psychotherapie

Es mutet mittlerweile wie ein Paradoxon an, wenn man sich die auf internationaler Ebene – speziell die auf den jährlichen Tagungen der Society for Psychotherapy Research (SPR) – vertretene und in Psychotherapieforschungskreisen hoch geschätzte und die speziell von Klaus

4.5.3 Plädoyer für ein verändertes Forschungsverständnis in der Psychotherapie

Grawe nicht zur Kenntnis genommene Forschung psychoanalytischer Forschungszentren ansieht. Die SPR-Tagungen weisen seit mittlerweile ca. 10 Jahren gerade psychoanalytische Forschergruppen als führend auf dem Sektor der Prozeßforschung aus, dies läßt sich sehr leicht anhand der Programme der genannten Tagungen auszählen. Auf der letzten, bisher umfangreichsten, SPR-Tagung im Juni 1995 in Vancouver/Kanada (auf der Klaus Grawe zum nächsten turnusmäßigen Präsidenten gewählt wurde) gab es allein 12 Workshops oder Panels, die sich explizit und ausschließlich mit empirischer Prozeß-Outcome-Forschung in psychoanalytisch-psychodynamischen Therapieformen befaßten, dagegen nur drei solcher Workshops/Panels für den Bereich der behavioral-kognitiven Therapievarianten (neben gemischten Veranstaltungen, in denen beide Richtungen gleich häufig mit anderen vertreten waren).

> Maßgebliche Forschungen im Hinblick auf den Stellenwert therapeutischer Beziehungen, spezieller Interventionstechniken, Indikationsentscheidungen usw. wurden, nicht zuletzt über die Entwicklungen von geeigneten empirischen Methoden, von psychoanalytisch orientierten Forschern vorgenommen, stellvertretend für andere seien genannt: das Vanderbilt-Team um Strupp und Henry, das Pennsylvania-Team um Luborsky und Crits-Christoph, die Chicago-Gruppe um Orlinsky und Howard, die Mount Zion Research Group um Sampson und Weiss, das Team in Edmonton um Azim und Piper. Die Aktivitäten dieser Forschergruppen und die Befruchtung der gesamten Therapieforschung durch diese Aktivitäten und Forschungsergebnisse können in dem periodisch erscheinenden Handbuch der Psychotherapieforschung nachgelesen werden (s.o.).

Wir führen diese Punkte deswegen an, weil Grawe den Eindruck verbreitet, als würden Psychoanalytiker zwar sehr erfolgreich Grundlagenforschung, aber viel zu wenig empirische Outcome-Forschung betreiben, und weil er in seiner Meta-Analyse aufgrund seiner Auswahlkriterien keine der neueren detaillierten Prozeß-Ergebnis-Forschungen psychodynamischer Provenienz zitiert (Grawe et al., 1994) bzw. diese in Überblicksarbeiten kaum erwähnt (z. B. in Orlinsky, Grawe und Parks, 1994). Auf sehr potente, aussagefähige Prozeß-Ergebnis-Studien analytischer Gruppenpsychotherapie (Strauß und Burgmeier-Lohse, 1994; Tschuschke, 1993; Tschuschke und Dies, 1994) hingewiesen (Tschuschke et al., 1994), reagiert er mit dem Verweis auf fehlende Kontrollgruppen (Grawe, 1995 a). Präzise Prozeßforschung – möglichst im Einzelfalldesign – fordern (Grawe, 1988) und sie dann nicht perzipieren (wie z. B. defizitär geschehen in Orlinsky et al., 1994), das paßt nicht zusammen.

4. Methodenkritische Prüfung des aktuellen Forschungsstands

Die Begründung von Grawe (1995 a), nur kontrollierte Studien in Meta-Analysen aufzunehmen bzw. nur solche Arbeiten in Übersichtsartikeln zu zitieren, ist anachronistisch (Tschuschke et al., 1995). Von Ergebnissen kontrollierter Therapiestudien ist keine unmittelbare Umsetzung in klinische Praxis möglich!

> „Die Berner Meta-Analyse wird sich bei aller positiven Würdigung die Frage gefallen lassen müssen, mit welcher Begründung sie fast ausschließlich kontrollierte Studien zur Grundlage weitreichender Empfehlungen machen möchte, die ja die künftige Praxis beeinflussen sollen. Kontrollierte Studien haben ihre spezielle Aufgabe im wissenschaftlichen Prozeß, aber erst die Phase IV-Forschung (Linden, 1987) entscheidet über die spätere praktische Anwendung. Der Verzicht auf die Ergebnisse der naturalistischen Studien, die nicht-kontrollierte, aber methodisch anspruchsvolle Designs haben wie die Berliner Psychotherapiestudie (Rudolf, 1991), die Heidelberger Studie (Kordy et al., 1988, 1989), die Stuttgarter Studie (Tschuschke, 1993) oder die Helsinki Studie (Hannula et al., 1994), ist aus psychoanalytischer Sicht nicht nur ein Schönheitsfehler – sondern war auch unnötig (Rudolf et al., 1994). Selbst die Übersichtsarbeit von Bachrach et al. (1991) hätte in einer Fußnote Erwähnung finden müssen ..." (Kächele, 1995, S. 484; Zitate dort).

Diese von Grfawe ins Feld geführte Verabsolutierung des Forschungsparadigmas der kontrollierten „in vitro"-Studien entspricht nicht mehr dem Stand der Diskussion. Dem klassischen „Outcome-Forschungsparadigma" mit gruppenstatistischem Ansatz (große Patientenzahlen werden verglichen) ist der Untersuchungsansatz Behandlungsgruppe versus Kontrollgruppe bzw. Behandlungsform I versus Behandlungsform II durchaus adäquat, jedoch nicht mehr einer „in vivo"-Prozeß-Ergebnis-Forschung der Phase IV, die sich auf die Beforschung tatsächlich realisierter psychotherapeutischer Praxis konzentriert (Linden, 1987).

Ursprünglich ist die Überlegung einmal richtig gewesen, bei Behandlungseffekten ein sogenanntes „Kontrollgruppendesign" bei der Untersuchung zu berücksichtigen, da man ja sicherstellen wollte, daß die erzielten Veränderungen auf die eine Methode zurückzuführen waren und unbehandelte Personen in vergleichbarem Zeitraum keine solchen Veränderungen erfuhren (z.B. durch sogenannte Spontanremission). Die moderne Prozeßforschung allerdings – die Grawe im übrigen selbst als adäquatere Methodik für die Psychotherapie gefordert hat (vgl. Grawe, 1988) – geht in Mikrobereiche des psychotherapeutischen Unternehmens hinein. Sie untersucht immer mehr *vollständige* Psychotherapien, indem

4.5.3 Plädoyer für ein verändertes Forschungsverständnis in der Psychotherapie

z. B. jede Äußerung, jede Mimik und jede Interaktion in therapeutischen Dyaden oder Gruppen mit aufwendigen Verfahren objektiv – d. h. durch kompetente Beurteiler – eingeschätzt werden, etwa über die Auswertungen von Videoaufzeichnungen. Erst ein solches *Prozeß-Outcome*-Forschungsparadigma gestattet es, psychotherapeutische Veränderungen auf ihre kausalen Auslöser zurückzuführen. Wenn Prozeßmerkmale und therapeutische Veränderungen im Erleben und Verhalten der Patienten/Klienten auf den Einfluß einer spezifischen Therapiemethode oder -intervention zurückgeführt werden können und diese Veränderungen dauerhafter Natur sind (über Katamnesen gesichert), dann kann dieser Ursache-Wirkungs-Zusammenhang als unterstützt angesehen werden und benötigt dafür mitnichten sogenannte Kontrollgruppenpatienten, die über vergleichbare Zeiträume unbehandelt blieben. Die empirisch nachgewiesenen Veränderungen aufgrund der angewandten Behandlungsform bzw. Interventionsform werden schließlich nicht dadurch ungültig, daß zur gleichen Zeit andere Patienten/Klienten nicht behandelt wurden! Das klassische Kontrollgruppendesign benötigte ja nur deswegen die „Kontrolle", weil es keine Aussagen über den zugrundeliegenden Veränderungs*prozeß* machen konnte. Diese Notwendigkeit entfällt logischerweise, wenn man neben dem Therapieerfolg auch den Prozeß der therapeutischen Veränderung selbst zum Forschungsgegenstand erhebt.

Genau betrachtet, erfüllte das Kontrollgruppenparadigma zu keiner Zeit die Voraussetzungen für den Nachweis der Wirksamkeit einer bestimmten Therapiemethode. Selbst wenn eine Methode einer unbehandelten Kontrollgruppe gegenübergestellt wurde und statistisch nachweisbar effizienter war als letztere, bestand rein logisch dennoch die Möglichkeit, daß der gemessene stärkere Effekt auf irgend etwas anderes – z. B. einen Placebo-Effekt – denn die intendierte unabhängige Variable (die spezifische therapeutische Intervention) zurückzuführen war, die nicht systematisch kontrolliert bzw. erfaßt wurde, weil man über den *Prozeß,* wie die therapeutische Veränderung zustande kam, nichts wußte.

Wir benötigen nicht „more of the same" – also nicht ständig wiederholt den Nachweis der überlegenen Wirksamkeit von Psychotherapie über den Vergleich mit unbehandelten Kontrollgruppen, was wir aber benötigen, ist präzise Prozeßforschung, die uns die wahren Moderatoren des psychotherapeutischen Unternehmens zu identifizieren gestattet, damit sie systematischer ins Kalkül gezogen werden können. Über diese Forschung und ihre in der Zwischenzeit auflaufenden beeindruckenden Erkenntnisse (z. B. auf dem SPR-Kongreß in Vancouver berichtete Ergebnisse) teilt uns die Berner Meta-Analyse von Grawe et al. überhaupt nichts mit. Dabei hatte Grawe noch 1993 selber gefordert:

> „Gerade erst hat man angefangen, sich wirklich intensiv damit zu befassen, was tatsächlich in Psychotherapien geschieht. Bezüglich der empirischen Erfassung des Therapieprozesses werden derzeit zwar große methodische Fortschritte gemacht, aber *es wäre doch sehr voreilig festzustellen, man sei sich klar und einig über die wichtigsten Dimensionen für eine angemessene und vollständige Beschreibung des therapeutischen Prozesses*" (Grawe, 1993, S. 182/Hervorhebung V.T. und H.K.).

Den aus dem „equivalence paradox" erwachsenden Fragestellungen und der bereits immer schon spannenden Frage, wieviel am therapeutischen Effekt auf „spezifische" und „unspezifische" Faktoren zurückzuführen ist, nachzugehen, wird für die Zukunft der Therapieforschung viel entscheidender sein. Hierbei hilft nur präzise Prozeßforschung. Möglicherweise haben wir unser Verständnis bezüglich der „unspezifischen" oder „kommunalen" (gemeinsamen) Wirkfaktoren, von denen man annimmt, daß sie in allen geglückten psychotherapeutischen Arbeitsbündnissen wirksam werden, zu revidieren (Strupp, 1995). Die wichtigste Komponente in jeglicher Form von Psychotherapie ist das therapeutische Arbeitsbündnis bzw. die therapeutische Beziehung (vgl. das „Generic Model of Psychotherapy" bei Orlinsky et al., 1994), die aber ist in allen Therapieformen die Basiskomponente des Gesamtunternehmens.

> "... there can be little doubt that a very substantial portion of the psychotherapeutic influence in all forms of therapy is made up of socalled common factors. Accordingly, we must arrive at a better understanding of their role and function. Once that goal has been approximated, we will also have refined the psychotherapeutic enterprise" (Strupp, 1995, S. 73).

Nach Strupp ist die Dichotomie „spezifisch" versus „unspezifisch" womöglich ein Irrweg, und wir haben die Komplexität der menschlichen Beziehung und insbesondere die Fertigkeiten des Therapeuten weiter auszuloten anstatt nach spezifischen Wirkfaktoren bzw. Techniken zu fahnden. In diesem Sinne wäre die Frage, ob Verhaltenstherapie oder Gesprächspsychotherapie oder Psychoanalyse – oder welche Therapie-

4.5.3 Plädoyer für ein verändertes Forschungsverständnis in der Psychotherapie

form auch immer – wirksamer wäre, eine falsche Frage. Dann wäre die Frage, welche Qualitäten und technischen Fertigkeiten des Therapeuten zu erwartende schwierige Beziehungsmuster des Patienten – insbesondere bei Persönlichkeitsstörungen, die die meisten Symptomneurosen begleiten – adäquat zu begegnen und konstruktiv zu wenden gestatten, die einzig richtige (Strupp, 1995). Allerdings würde diese Betonung des „unspezifischen" Faktors in der Psychotherapie neue Probleme für die psychotherapeutische Profession und ihr Selbstverständnis aufwerfen.

> "If psychotherapeutic skills are essentially those of a well meaning, kind, and caring person, they might be innate, with the result that it would be difficult to justify psychotherapy as a 'health care technology' (Strupp und Hadley, 1979). Thus, what would be the point of extensive, intensive, and prolonged training at the graduate school level? Similarly, it would be difficult to justify high professional fees for psychotherapists" (Strupp, 1995, S. 71).

Wie immer man das Problem auch wenden mag, derzeit stellen sich noch mehr Fragen als Antworten, obwohl wir von letzteren inzwischen mehr zur Verfügung haben als jemals zuvor. Das „equivalence paradox" steht derzeit immer noch im Raum. Daran ändert auch die großangelegte Berner Meta-Analyse nichts. Wie wir zeigen konnten, handelt es sich bei den vermeintlichen von Grawe et al. entdeckten „Siegern" bedauerlicherweise um Artefakte unzureichender meta-analytischer Vorgehensweisen, indem unzureichende Studien zu Therapievergleichen herangezogen werden, die diesen Zweck gar nicht erfüllen können. Darüber hinaus wurden die von Grawe et al. (1994) entwickelten vielversprechenden Güteprofile nicht einmal auf die Berner Studienauswahl selber angewendet. Das Resultat solcher Vorgehensweisen ist eher mehr Verwirrung als Klärung. Wir wissen immer noch nicht, ob und inwieweit die einzelnen Therapieverfahren „spezifische" Wirkfaktoren beinhalten oder ob die differentiellen Wirkungen von Psychotherapie durch besondere Fähigkeiten des Therapeuten zum Tragen kommen, die eher in seiner Persönlichkeit und seiner Erfahrung wurzeln als in schulisch-theoretischen Grundannahmen oder Techniken.

Strupp, der mit seinem Team in den Vanderbilt I- und II-Studien am meisten zu diesem Problem der Psychotherapie geforscht hat, verdient mit seiner Prophezeiung besondere Beachtung:

"The indisputable fact that common factors are difficult to study should spur us on to exerting greater effort rather than to denigrating or dismissing them. Such understanding will lead to greater specificity, which is precisely what is needed. Then, what today is 'nonspecific' will become highly specific" (Strupp, 1995, S. 73).

4.6 Zusammenfassender Überblick über den aktuellen Forschungsstand

Gottfried Fischer und Markus Fäh

Die bisherige kritische Aufarbeitung einzelner Forschungsperspektiven hat vielleicht deutlich gemacht, daß eine konsensuelle, multimethodisch abgesicherte Interpretation der Ergebnislage in der Psychotherapieforschung gegenwärtig noch nicht in Aussicht ist. Desto größeres Gewicht kommt daher der methodischen Kritik und einer vernunftkritischen Besinnung zu. Am Versuch der Grawe-Gruppe, eine Synopse des gegenwärtigen Forschungsstandes zu erstellen, wurden in den vorangehenden Abschnitten nicht wenige Intra- wie auch Intermethodenfehler aufgezeigt. Diese Mängel müssen keineswegs auf Nachlässigkeit oder gar „böse Absicht" zurückgeführt werden. Sie können vielmehr als Hinweis darauf verstanden werden, daß die Erkenntnismöglichkeiten und -grenzen einzelner Forschungsstrategien noch nicht ins allgemeine Bewußtsein der Psychotherapeuten als einer „scientific community" vorgedrungen sind. Solange dies nicht der Fall ist, werden immer wieder Dissensphänomene auftreten, die nicht auf unterschiedliches Datenmaterial zurückgehen, sondern auf unterschiedlichen methodischen Annahmen beruhen. Die „psychotherapeutische Gemeinschaft" hat unseres Erachtens ein starkes Interesse daran, die methodenbedingte Quelle möglicher Mißverständnisse schrittweise auszuräumen. Nur so läßt sich vermeiden, daß die interessierte Öffentlichkeit, vor allem auch deren wohlmeinender Teil, immer wieder durch völlig diskrepante Ergebnisse verschreckt wird, die sich letztlich als methodenbedingte Artefakte erweisen.

Wenn wir versuchen, die bisher vorgebrachten Ausführungen zum aktuellen Forschungsstand zusammenzufassen, so konzentriert sich die Kritik auf zwei Behauptungen, die gegenwärtig vor allem oder sogar ausschließlich von der Grawe-Gruppe vertreten werden. Wir bezeichnen sie A) als das „50 Stunden-Argument" und B) als „Widerlegung der ‚Vogel-

Dodo-Hypothese" beim Vergleich von Verhaltenstherapie und psychodynamischen Kurzzeitverfahren".

Zu A) Das 50-Stunden-Argument. Dieses muß aufgrund der gegenwärtigen Forschungslage eindeutig zurückgewiesen werden.

Die wichtigsten inhaltlichen Kritikpunkte wurden in Abschnitt 2.4 vorgetragen, die methodenkritische Überprüfung der Argumentationsgrundlage in den folgenden Abschnitten 4.1 und 4.3.

Die gegenwärtige Forschungslage bietet keinen Anhaltspunkt für die Annahme, daß sich die Probleme aller Psychotherapiepatienten oder auch nur einer Mehrheit von ihnen in diesem Zeitraum, also im zeitlichen Umfang der gegenwärtig in der bundesdeutschen Kassenleistung vorgesehenen „tiefenpsychologisch fundierten Psychotherapie" erfolgreich behandeln lassen. Es besteht keinerlei Veranlassung, Planungen im Gesundheitswesen auf diesen von Grawe et al. vorgeschlagenen Grenzwert (ca. 50 bis 80 Sitzungen) auszurichten. Mit den in den bundesdeutschen Richtlinien gegenwärtig vorgegebenen differenzierten Grenzwerten unter Einschluß von Langzeittherapien (bis zu 240 Sitzungen) kann hingegen – bei sorgfältiger Indikation – dem Gros der Psychotherapiepatienten wirkungsvolle Hilfe angeboten werden. Aus den für diese Fragestellung relevanten Methodenquellen liegen über mehrere Jahrzehnte hinweg konvergente Forschungsergebnisse vor, welche die Indikation und den besonderen Wert von Langzeittherapien belegen (vgl. Abschnitte 2.4 und 4.3)

Zu B): Widerlegung der „Vogel-Dodo-Hypothese" beim Vergleich von Verhaltenstherapie und psychodynamischen Kurzzeitverfahren. Auch diese Behauptung der Grawe-Gruppe ist mit der gegenwärtigen Forschungslage unvereinbar.

Unter Rückgriff auf die voraufgehenden Abschnitte (insbesondere die Untersuchungsergebnisse in 4.5) können wir festhalten, daß zwischen den genannten Therapieansätzen hinsichtlich ihrer Effektivität kein konstanter und zuverlässiger Unterschied nachgewiesen ist. Symptombezogen gibt es Hinweise auf eine Überlegenheit der Verhaltenstherapie bei eng umschriebenen Phobien. Dagegen liegt kein durchgängiger Beweis für eine Überlegenheit der Verhaltenstherapie bei psychosomatischen Störungen und entsprechend für die geringere Wirksamkeit oder gar Unwirksamkeit tiefenpsychologischer Ansätze – wie von Grawe et al. behauptet – bei dieser Störungsgruppe vor (vgl. Abschnitt 4.2). Die Forschungsliteratur enthält verschiedene Hinweise darauf, daß psychodynamische Langzeittherapie – annähernd in der zeitlichen Ausdehnung der bundesdeutschen Psychotherapierichtlinien – sowohl psychodynamischer als auch gestalttherapeutischer und verhaltenstherapeutischer Kurztherapie hinsichtlich Effektstärke und Wirkungsbreite deutlich überlegen ist. Diese Schlußfolgerung beruht auf Beiträgen, in denen die Erwiderung der Grawe-Gruppe auf vergleichbare Kritikpunkte berücksichtigt wurde.

Wenn wir nun zur „empirischen Vernunftkritik" zurückkommen und insbesondere auf unsere in Abschnitt 3.2 entwickelten Kriterien, so zeigt sich, daß neben dem Intramethodenfehler (zur Kritik vgl. vor allem Abschnitt 4.5) in der Interpretation der Grawe-Gruppe nahezu durchgängig der Intermethodenfehler zu beklagen ist. Aus einem einzigen Methodentyp der gruppenvergleichenden Wirkungsstudie wird umstandslos auf die Bedingungen der psychotherapeutischen Praxis geschlossen ohne jede Bemühung, die jeweilige Behauptung intermethodal abzusichern oder auch nur ein entsprechendes methodologisches Problembewußtsein erkennen zu lassen. Auffällig ist ferner, daß die Übersichtsarbeit der Grawe-Gruppe nahezu ausschließlich Ergebnisse der Phase-2-Forschung berücksichtigt und dementsprechend nur Studien erfaßt, die bis zur Jahreswende 1983/84 erschienen sind. Über ein Jahrzehnt fruchtbarer internationaler Forschungsarbeit bleibt ausgeklammert. Wie ist dies zu erklären?

Die Meta-Analyse der zahlreichen Wirkungsstudien wurde in der Berner Gruppe über 13 Jahre hinweg, zeitweilig mit Unterstützung des Schweizerischen Nationalfonds, mit großer Akribie erstellt. Vielleicht ist es bei einer solchen Herkulesarbeit verständlich, daß das so mühevoll gesammelte Material überschätzt und die Grenzen legitimer Erkenntnismöglichkeit überschritten werden. Festzustellen ist jedoch, daß aus dem Material eines einzigen Methodentypus Schlüsse gezogen werden, bei denen im Sinne einer Kritik der empirischen Vernunft die Ergebnisse anderer Methoden zumindest hätten berücksichtigt und diskutiert werden müssen. So werden aus den Ergebnissen eines einzelnen (vergleichsweise praxisfernen) Methodentypus, welcher im wesentlichen der Phase-2-Forschung entspricht (und dies noch weitgehend ohne Rücksicht auf die Prozeßforschung) weitreichende Folgerungen ausgerechnet für die Organisation der psychotherapeutischen Versorgung abgeleitet. Dabei werden Forschungsergebnisse übergangen, die für die schließlich vorgenommenen Allgemeinaussagen kaum irrelevant sind. So konnte

Leuzinger-Bohleber mit einer minutiösen Untersuchung von 5 psychoanalytischen Langzeitbehandlungen zeigen, daß der therapeutische Veränderungsprozeß über die Jahre der Behandlung hinweg kontinuierlich andauert (1990). Keineswegs wurde nach 40 bis 50 Stunden, wie die Grawe-Gruppe generalisierend behauptet, ein „Maximum des Therapieeffektes" erreicht. Das Therapieergebnis weist bei allen Patienten Merkmale der in der psychoanalytischen Langzeittherapie erwarteten Kausalheilung auf. An einem ausführlich dargestellten Einzelfall (Leuzinger-Bohleber, 1987) werden die Hypothesenbildung für die aggregierten Studien wie auch Details des psychoanalytischen Therapieprozesses für die „scientific community" nachvollziehbar dargestellt. Obwohl sich die Grawe-Gruppe außerordentlich kritisch zur psychoanalytischen Langzeittherapie äußert, wird diese aktuelle, für die weitreichenden Schlußfolgerungen sicher nicht irrelevante Arbeit in ihrem Buch nicht einmal erwähnt.

Ohne Bezugnahme auf naturalistische oder fallorientierte Studien und in kühnen Schlußfolgerungen aus der angeblichen „Faktenlage" der Meta-Analyse wird in der Arbeit der Grawe-Gruppe von 1994 ein neues Therapieverständnis vorgeführt, das auf 4 „Wirkprinzipien" beruht, die angeblich das Spektrum der Therapieverfahren abdecken sollen (Grawe et al., 1994, S. 750 ff.). Diese seien: Ressourcenaktivierung, Problemaktualisierung, aktive Hilfe bei der Problembewältigung, Klärungsperspektive. Man mag diese „Wirkfaktoren" mehr oder weniger plausibel finden – eine wissenschaftliche Ableitung oder klinisch valide Demonstration wird nicht gegeben. Uns ist lediglich in einem Beitrag von 1996 eine etwa zweiseitige Fallskizze bekannt (Grawe, 1996), in der jedoch weder Verlauf noch Ergebnis der entsprechenden Behandlung mitgeteilt werden. Den Kriterien für wissenschaftlich beweiskräftige systematische und qualitativ fundierte Fallstudien (vgl. Abschnitte 3.1.2 und 5.1) entspricht die Darstellung nicht. Trotz Fehlen jedes empirischen Belegs wird der „4-Faktoren-Ansatz" verwirrenderweise als Baustein einer empirisch fundierten „Allgemeinen Psychotherapie" eingeführt. Wir wollen Grawes Vorschlag der 4 Wirkfaktoren Plausibilität und heuristischen Nutzen für Therapieplanung und weitere Forschung nicht absprechen, müssen im Zusammenhang dieses Abschnitts aber feststellen, daß es sich um einen Vorschlag handelt, dessen klinisch-theoretische Ausarbeitung und empirische Überprüfung (im Sinne aller drei Methodentypen) bislang noch aussteht.

5. Zukunftsperspektiven der Psychotherapie(forschung)

5.1. Qualitative Kriterien zur Bewertung des Psychotherapieerfolgs

Gottfried Fischer, Jörg Frommer, Brigitte Klein

Übersicht

Manche Psychotherapieforscher bevorzugen einseitig quantitative und reduktionistische Bewertungskriterien zur Beurteilung von Erfolg und Verlauf psychotherapeutischer Behandlungen. Diese methodologische Vorentscheidung erschwerte es dem praktizierenden Psychotherapeuten bislang, seine klinischen Erfahrungen und die Schwierigkeiten seiner alltäglichen Praxis in den manchmal sensationell präsentierten Erfolgsstatistiken wiederzufinden. Geraten so manche Psychotherapieforscher in den Ruf, mit methodischen Artefakten eine verdeckte Berufspolitik zu betreiben, welche die eigene Therapierichtung bevorzugt, so wird anderseits der Beitrag einer seriösen Psychotherapieforschung zur Optimierung alltäglicher psychotherapeutischer Praxis doch dringend benötigt. Ergänzend zu den traditionellen, vorwiegend quantitativen Kriterien schlagen die Autoren einen Katalog qualitativer Bewertungskriterien für Verlauf und Erfolg psychotherapeutischer Behandlungen vor, der es dem praktizierenden Psychotherapeuten und Psychoanalytiker erlaubt, seine konkrete klinische Erfahrung in die Psychotherapieforschung einzubringen.

5.1.1 Wozu qualitative Kriterien?

Therapieerfolg wurde über lange Zeit hinweg vor allem durch quantitative Kriterien bestimmt. Ein Beispiel hierfür ist die Diskussion von Eysenck (1952) über die Erfolgsrate psychotherapeutischer Maßnahmen im Vergleich zu eventuell auftretenden sogenannten Spontanremissionen. Die von Eysenck ausgelöste Diskussion hat dazu geführt, daß in dieser ersten, ergebnisorientierten Phase der Psychotherapieforschung Kontrollgruppenpläne obligatorisch wurden. Unter Bezugnahme auf die von Kächele (1992) vorgeschlagene historische Gliederung der empirischen Psychotherapieforschung unterscheiden Fischer und Klein (1997) a) die ergebnisorientierte Forschung (1930-1970), b) kombinierte Prozeß- und Ergebnisstudien (1969-1980) und c) Untersuchungen der Mikrodynamik des Prozeßgeschehens (seit 1980). Während Logik und Methologie des statistischen Gruppenvergleichs bis in die 2. Phase vorherrschend waren, sind intensive, systematische und vergleichende Einzelfallstudien die angemessene Forschungsstrategie für die moderne Psychotherapieforschung. Im gegenwärtigen Bemühen um die Analyse von Prozeßverläufen (vgl. dazu auch den programmatischen Artikel von Grawe, 1989) wird für Effektivitätsstudien zusätzlich ein Katalog qualitativer Bewertungskriterien benötigt, zu dem wir im folgenden einige Vorschläge unterbreiten wollen. Eine kliniknahe Kombination von quantitativen und qualitativen Bewertungskriterien kann auch für domäne- oder bereichsbezogene Forschungsbemühungen optimale Voraussetzungen bieten. Wenn wir nicht mehr allein die Wirksamkeit von Therapieverfahren im allgemeinen untersuchen, sondern ihre Auswirkung in umschriebenen klinischen Anwendungsfeldern wie etwa bei Eßstörungen, Schmerzsyndromen (Egle und Hoffmann, 1993) oder einem ätiologisch homogenen Störungsspektrum wie der Psychotraumatologie (Fischer et al., 1995; Fischer und Riedesser, im Druck), so dürften auch für diesen modernen Forschungstrend qualitative Bewertungskriterien zunehmend an Bedeutung gewinnen, da sie eine Brücke zwischen gruppenstatistischen Kennwerten und der klinischen Einzelfallbetrachtung bilden.

Aus folgenden Überlegungen ergibt sich die Notwendigkeit, die bisher ausschließlich verwendeten quantitativen durch qualitative Forschungskriterien zu ergänzen:

1. Vorgegebene Bewertungs- und Beurteilungsskalen führen in der Praxis zu anderen Ergebnissen als beispielsweise Interviewdaten. Ein Beispiel hierfür sind Befragungen von Lungenkarzinom-Patienten in bezug auf ihr Rauchverhalten. Während die Patienten in einer standardisierten Fragebogenerhebung Rauchen zumindest tendenziell als Ursachenfaktor für ihre Krebserkrankung anerkennen, wurde ein solcher Zusammenhang im teilstandardisierten Interview häufiger geleugnet (Faller et al., 1991).

Bei Rorschach-Aufnahmen mit eßgestörten Patientinnen konnte eine Mitautorin, B. Klein, einen charakteristischen Unterschied zwischen der Phase der Testaufnahme und der anschließenden sog. „Sicherungsphase" der produzierten Antworten feststellen, der sich hypothetisch auf die unterschiedliche Mitteilungssituation zurückführen läßt. Grundsätzlich ist davon auszugehen, daß in direkten Interviewbefragungen andere psychologische Selbstdarstellungsstrategien wirksam werden als in standardisierten Befragungssituationen, die mit Papier und Bleistift oder mit Computerverfahren durchgeführt werden. Die situativen Faktoren des Untersuchungssettings wirken sich konstitutiv auf die gewonnenen Daten aus, was auch durch sozialpsychologische Forschungsarbeiten, die unter dem Stichwort der Artefaktforschung das Thema aufgreifen, nahegelegt wird (etwa Bungard, 1980).

2. Ein weiterer Gesichtspunkt ergibt sich aus der Vielfalt psychotherapeutischer Schulen und Verfahren, die – angesichts ihrer Verschiedenheit – die Berücksichtigung von qualitativen Bewertungstechniken erfordert, um über adäquate Erfolgskriterien verfügen zu können. Verfahren wie etwa die Gestaltungstherapie, die mit graphischen oder plastischen Vorlagen arbeitet, oder die Musiktherapie (z. B. Langenberg et al. 1995), die sich akustischer Medien bedient, um nur zwei Beispiele zu nennen, sind wesentlich von qualitativen Bewertungskriterien abhängig. Es würde eine strukturelle Benachteiligung der gestalterisch arbeitenden Verfahren im Ensemble der Psychotherapiemethoden bedeuten, wollte man für alle Richtungen gleichermaßen quantitativ standardisierende Kriterien im Sinne der „a-priori-Quantifizierung" (s. u.) verlangen.

3. Der quantitative Gruppenvergleich kann den Einzelfallkonstellationen kaum gerecht werden. Es ist fast schon ein Allgemeinplatz, daß die üblichen Bewertungsparameter, – wie Mittelwert - oder Varianzvergleiche – den Einzelfall nicht wiedergeben. Bekanntlich handelt sich um Kunstwerte, die die klinische Situation, welche ja immer mit Einzelfällen, sei es mit einzelnen Patienten oder auch Gruppensituationen, zu tun hat, nicht repräsentieren können. Die Psychotherapieforscher Talley et. al. (1994) haben der Lücke zwischen Psychotherapieforschung und klinischer Praxis eine eigene Arbeit gewidmet. Eine der Konsequenzen, die sich aus dieser Diskussion ergibt, ist nach unserem Erachten die zusätzliche Formulierung von qualitativen Erfolgskriterien, um die konventionellen quantitativen sinnvoll zu ergänzen (vgl. auch Leuzinger-Bohleber, 1994, 1995; Fischer, 1995).

4. Aus einer metatheoretischen, wissenschaftshistorische Prozesse reflektierenden Perspektive gesprochen, bedarf es heutzutage qualitativer Bewertungskriterien mit größerer Dringlichkeit als je zuvor. Durch den enormen Zuwachs an Einzelerkenntnissen und die zunehmende Differenziertheit von Aussagen und Theorien steht die Forschung vor dem Dilemma, sich vom Gegenstand zu entfernen (vgl. Negt und Kluge, 1982). Eine gelungene Abstraktion dringt einerseits zwar tiefer und vollständiger in die Struktur des Gegenstandes ein, zugleich bedeutet diese Bewegung aber andererseits auch einen Verlust an Inhaltsreichtum bei zunehmender sinnlicher Distanzierung von der Erscheinung. Von zeitgenössischen Wissenschaftstheorien wird daher eine Distanz „in richtiger Dosierung" gefordert (vgl. Klauß, 1990). Komplementär zu dem wachsenden Differenzierungsprozeß, der sich geschichtlich durch die wachsende Arbeitsteilung und zunehmende Methodisierung und „Verapperatung" der Wissenschaft entwickelte, ist inzwischen ein Integrationsprozeß der einzelnen Felder erforderlich, der zugleich einen „Deabstraktionsprozeß" darstellt und zu einer geeigneten Vermittlung sinnlich erfahrbarer und bloß abstrakter Erkenntnisfiguren finden muß. Qualitative Bewertungskriterien beziehen angesichts des Gesamtbetriebs Wissenschaft die Schlüsselposition des geforderten sinnlich-abstrakten Brückenglieds. Denn jede Erkenntnis wird – auch wenn dies häufig allzu schnell vergessen wird – an konkret sinnlich erfahrbaren Objekten gewonnen.

5.1.2 Begrifflichkeit

Einer der Gründe für die Informationslücken zwischen klinischen Praktikern und Psychotherapieforschern sind Uniformitätsmythen (Kiesler, 1966), die in der Psychotherapieforschung immer wieder auftauchen. Es gibt nicht den Patienten, es gibt nicht die Therapietechnik, es gibt nicht *das* Therapieergebnis. Diese Tatsache hängt mit der für den Menschen konstitutiven individuellen Variabilität der Welt- und Selbstperzeption zusammen. Die auf Windelband zurückgehende, oft recht gedankenlos verwendete Gegenüberstellung von idiographischer versus nomothetischer oder nomologischer Methodik trifft für die Einzelfallforschung nicht zu. Auch idiographisch beschreibbare Fallkonstellationen und einzelne Therapieverläufe weisen nomologische Strukturen auf, wie z. B. individuelle Gesetzmäßigkeiten der Krankheitsentstehung und der therapeutischen Veränderung. Die praktische Psychotherapie muß zwangsläufig, will sie erfolgreich sein, diesen individuellen Gesetzmäßigkeiten entsprechen, die sich aber nur durch qualitative, auf den Einzelfall bezogene Bewertungskriterien zum Ausdruck bringen lassen. Nur sie weisen die notwendige interindividuelle Variabilität auf.

Gütekriterien zur Bewertung klinischer Ergebnisse sollten dem zuerst von Holzkamp (1968) formulierten Relevanzkriterium den obersten Rangplatz einräumen. Unter diesem Gesichtspunkt ist naturalistischen Studien der Vorzug vor experimentellen zu geben, da nur diese der klinischen Wirklichkeit gerecht werden (vgl. Tschuschke et al., 1995). Es wird häufig argumentiert, daß die Unterscheidung zwischen qualitativen und quantitativen Kriterien hinfällig sei, da inhaltsanalytisch gewonnene Kategorien letzten Endes auch wieder zu einer Quantifizierung führen würden. Unseres Erachtens behält die Gegenüberstellung dennoch ihren Wert. Wir möchten einen terminologischen Vorschlag von Fischer (1989), die Unterscheidung zwischen „a-priori-Quantifizierung" und „a-posteriori-Quantifizierung" (S. 10 ff.) aufgreifen. Qualitative Daten können a posteriori, also nachträglich, quantifiziert werden. In manchen qualitativen Auswertungsprogrammen ist eine Schnittstelle mit einer Rechensoftware vorgesehen. Der Unterschied zwischen beiden Datentypen bleibt dennoch relevant. Er wird im Prozeß ihrer Bearbeitung sichtbar. Die Interpretation erhobener Skalenwerte wirft ganz andere semantische Probleme auf als beispielsweise die inhaltsanalytische Bearbeitung sprachlicher Äußerungen. Wenn etwa bei einem Item zum Erfassen von depressivem Erleben 5 Patienten den gleichen Skalenpunkt angekreuzt haben, so zeigt sich in einem persönlichen Gespräch oder Interview, daß sie 5 unterschiedliche Bedeutungen mit diesem Skalenpunkt verbunden haben, die günstigenfalls einen gemeinsamen Schwerpunkt in der vom Testkonstrukteur intendierten Grundbedeutung aufweisen. Die Kategorienbildung entlang qualitativer Daten hingegen ermöglicht eine Rekonstruktion individueller Bedeutungszuschreibungen, auf die auch im nachhinein, wenn eine quantitative Vereinheitlichung aus Gründen der Vergleichbarkeit erfolgt ist, rekurriert werden kann, da die Patienten zunächst in mehr oder weniger freier Form ihr Statement abgegeben haben.

Die der a-posteriori-Quantifizierung naturgemäß entsprechende Erhaltung der Differenziertheit des wissenschaftlichen Ausgangsmaterials kann die unter Gesichtspunkt 4. formulierten Ansprüche einlösen. Sinnvolle fortschreitende Erkenntnisgewinnung, die sich als gesellschaftlich eingebundenes Handeln versteht, kann – gerade auch unter dem Aspekt einer zunehmenden Ausdifferenzierung der angestrebter Erkenntnisse – nur auf der Grundlage qualitativer Daten, auf die jederzeit zurückgegriffen werden kann, erfolgen. Durch diesen Datentyp wird der Selbstreflexionsprozeß wissenschaftlichen Handelns in Gang gehalten und das Augenmerk auf den kritischen Abstand gelenkt, der sich aus der erforderlichen Distanz auf der einen Seite und zugleich aus der sinn- und erfahrungsmäßigen Nähe zum untersuchten Phänomen ergibt.

5.1.3 Methoden

Es besteht heute weitgehende Übereinstimmung darin, daß auch für qualitative Verfahren systematisches und intersubjektiv nachvollziehbares Vorgehen zu fordern ist (Faller und Frommer, 1994). Dabei kann kaum noch bezweifelt werden, daß eine Anzahl von klinknahen qualitativen Verfahren vorliegt, die diese Anforderungen an systematische Verlaufs- und auch Ergebnisforschung erfüllen, wie z. B. die Methode des zentralen Beziehungskonflikts (ZBKT) nach Luborsky (1988). Sicher ist auf diesem Gebiet weitere Entwicklungsarbeit zu leisten, wie etwa bei der Übertragung solcher Verfahren auf unterschiedliche Gegenstandsbereiche, z. B. Gruppenprozesse (Firneburg und Klein, 1993).

Für die Datenerhebung folgt aus den bisherigen Überlegungen, daß neben schriftlichen Befragungen Ratings klinischer Protokolle und auch Interviewverfahren eingesetzt werden müssen, da in den unterschiedlichen Erhebungssituationen jeweils andere Seiten der Persönlichkeit zum Ausdruck kommen und im übrigen eine möglichst große Nähe zur klinischen Situation gewahrt werden sollte.

Zum Zwecke der Verallgemeinerung einzelner Forschungsergebnisse ist in der qualitativen Forschung ein Suchschema erforderlich, das zu einer Typenbildung, insbesondere zur Konstruktion von Idealtypen führt. Qualitative Methoden haben ihre eigenen Verallgemeinerungskriterien, die sich von denjenigen quantitativer Verfahren aus der Forschungsperiode des Gruppenvergleichs unterscheiden.

Für die Einbeziehung qualitativer Daten in Forschungsprojekte stellt sich ein besonderes Interpretationsproblem, für das verschiedene Vorschläge unterbreitet wurden, u. a. von Fischer (1989) das Verfahren der Hypothesenexklusion (S. 140 ff.). Hier wird für jedes Interpretandum ein größerer Hypothesensatz gebildet, der nach Kriterien der inneren

Stringenz sowie der Vereinbarkeit zwischen Hypothesen und Beobachtungsdaten einem möglichst weitgehenden Reduktionsprozeß unterworfen wird. Interpretationsverfahren können sehr systematisch durchgeführt werden und brauchen die Kritik der Willkürlichkeit keineswegs zu scheuen.

Für den Bereich der quantitativen Diagnostikforschung haben Frommer und Mitarbeiter dies am Beispiel psychoanalytischer Erstinterviews mit Neurotikern und persönlichkeitsgestörten Patienten gezeigt (Frommer et al., im Druck; Frommer, 1996). In ihren Untersuchungen wurde zunächst ein umfangreicher Textbogen von über 700 engzeilig beschriebenen Seiten mittels der Methode der qualitativen Inhaltsanalyse (Mayring, 1990) „minimal interpretiert" (Jüttemann, 1992) und so reduziert, daß der Zugang zu den thematischen Bereichen für die weiteren Auswertungsschritte gewährleistet war. In weiteren Schritten wurden dann für ausgewählte Relevanzbereiche (z. B. subjektive Krankheitsvorstellungen, Biographie, Beschreibung der eigenen Persönlichkeit etc.) Unterkategorien gebildet (z. B. Mutter, Vater etc. für den Relevanzbereich Biographie). Schließlich wurden für jede Kategorie Komparationstabellen (Jüttemann, 1990) erstellt, die einen interindividuellen Vergleich der Aussagen zum jeweiligen thematischen Bereich erlauben. Auf diese Weise konnten für einzelne Syndrome (z. B. „neurotische Aggression") induktiv gewonnene Typen von Sebstbeschreibungen entwickelt werden.

Auch in der gegenwärtigen Phase der Mikroanalyse von Prozessen behalten quantitative Kriterien ihren Platz. Sie müssen jedoch für den klinischen Praktiker und die konkrete klinische Erfahrung aufgearbeitet und konkretisiert werden, so daß ein Bezug zur klinischen Realität hergestellt wird. Hierdurch wird jenem Mißbrauch vorgebeugt, der so oft mit „a-priori-quantitativen" Daten, die entsprechend viele Deutungsmöglichkeiten zulassen, betrieben wird. Eine Möglichkeit klinischer Konkretisierung sehen wir in der Auswahl repräsentativer Behandlungsverläufe, z. B. im Rahmen eines Extremgruppenvergleichs. Um die Gruppenergebnisse auf die klinische Ebene übersetzen zu können, ist eine entsprechend ausführliche narrative Darstellung der Fälle erforderlich, die es dem klinischen Praktiker ermöglicht, den Prozeß nachvollziehen zu können. Erst dieser Schritt einer narrativen Darstellung repräsentativer Fälle ermöglicht die Beurteilung, ob es sich bei den quantitativen Daten um „harte" Gegebenheiten handelt, die auch in der klinischen Erfahrung reproduzierbar sind, oder um methodische, evtl. sogar statistische Artefakte. Die Präsentation der narrativen klinischen Fälle sollte nicht anekdotisch, sondern systematisch erfolgen. Der Leser muß einen Überblick über Lebensgeschichte, Ausgangslage, Therapieverlauf, wichtigste Veränderungsschritte und wichtigste Ergebnisse der Psychotherapie gewinnen. Er sollte sich eine fundierte Vorstellung vom Kriterium der „Integrität" eines psychotherapeutischen Veränderungsprozesses bilden können (Fischer, 1994 b), von der Frage, wie sich die therapeutische Veränderung in den Lebenslauf und Lebensentwurf des Patienten integriert. Beeindruckende Showeffekte, wie sie Zahlen als solche, also aus dem klinischen Kontext herausgenommen, beim Praktiker auszulösen vermögen, werden bei diesem Vorgehen zugunsten einer realistischen Darstellungsweise im positiven Sinne „verhindert".

Wichtig für die Bewertung einer therapeutischen Technik oder eines therapeutischen Verfahrens unter klinischen Gesichtspunkten sind Informationen über die Varianz der Veränderungswerte im negativen Bereich. Auf diesen Punkt hat Bergin vor langer Zeit aufmerksam gemacht (1966). Ein signifikant positives Ergebnis im Gruppenvergleich schließt beispielsweise nicht aus, daß das Ergebnis durch relativ wenige „Ausreißerwerte" zustande kommt. Im Prinzip kann also eine Technik als statistisch gesichert bzw. effektiv erscheinen, die nur bei einem relativ kleinen Teil der Stichprobe positive Resultate und bei der Mehrzahl der Fälle entweder gar keine Veränderung oder sogar negative Werte bewirkt. Hieraus ergibt sich die Forderung, daß bei den repräsentativ ausgewählten narrativen Fallschilderungen auch negative Verläufe berücksichtigt werden müssen. Dies sollte, wenn man an medizinische Effektivitätsstudien denkt, auch in der Psychotherapie eine Selbstverständlichkeit werden. Gerade aus negativen Verläufen sind Grenzen des empfohlenen Verfahrens für den klinischen Praktiker gut ersichtlich. Werbewirksam präsentierte „2- oder 3-Sterne-Kriterien", wie sie in manchen Meta-Analysen angeboten werden, verwischen Geltung und Grenzen eines Verfahrens und leisten der Wirksamkeit des Uniformitätsmythos Vorschub. Was dem Kliniker in der täglichen Praxis Sorgen bereitet, sind ja gerade diejenigen Fälle, an denen die im Handbuch angepriesene Methode scheitert. Psychotherapieforscher, die diesen Bedürfnissen Rechnung tragen wollen, sollten zu einer offenen Darstellung gescheiterter Anwendungen übergehen, um die Grenzen der jeweiligen Technik sichtbar zu machen.

5.1.4 Ein Minimalkatalog für die qualitative Ergebnisbewertung

Zusammenfassend wollen wir die folgenden Postulate festhalten:

5.1.4.1 Ergänzung quantitativer Studien durch nachvollziehbare, repräsentativ ausgewählte Falldarstellungen
Quantitative Studien sollten durch verschiedene klinisch nachvollziehbare Fallschilderungen ergänzt werden. Die Fälle sollten repräsentativ und nach folgenden Gesichtspunkten ausgewählt sein: Mindestens zwei positive, zwei neutrale und zwei gescheiterte Verläufe sollten dargestellt werden. Dies ermöglicht dem klinischen Praktiker, sich ein zuverlässiges Bild vom Wirkungsspektrum, den Indikationen, Kontraindikationen und möglichen Sackgassen einer therapeutischen Technik zu machen. In Gestalt umgangssprachlicher Narrative müssen die Falldarstellungen einen Überblick bieten über die Lebensgeschichte einschließlich traumatischer Belastungsfaktoren (Fischer und Riedesser, 1998) sowie evtl. korrektiver Beziehungserfahrungen (Tress, 1986), Ausgangslage und Anlaß der Psychotherapie, Therapieverlauf, wichtigste Veränderungsschritte und Ergebnisse der Psychotherapie. Unerläßlich sind auch Angaben über einen langjährigen Katamnesezeitraum, da nur Katamnesen zuverlässig die Unterscheidung zwischen vorübergehender Symptombesserung oder -verschiebung und einer in den Lebenslauf integrierten strukturellen Transformation der Ausgangslage erlauben (Fischer, 1994; Rüger und Senf, 1994; Herzog und Deter, 1994).

5.1.4.2 Verbindung von Ergebnisforschung und Prozeßanalyse
Ergebnisforschung sollte mit intensiver Prozeßanalyse verbunden werden. In dieser Forderung stimmen vorwiegend meta-analytisch ausgerichtete Psychotherapieforscher wie Grawe mit Vertretern der modernen Mikroprozeßanalyse zumindest verbal überein (z. B. Orlinsky und Grawe, 1995). Bei der Durchführung werden hierunter jedoch sehr unterschiedliche Dinge verstanden. In der Logik der Therapiephase 3 muß Prozeßforschung so intensiv betrieben werden, daß ein Forschungsbericht den Rezipienten über drei Fragen informiert: Wie verlief der Veränderungsprozeß, welche Veränderungsschritte entstanden zu welchem Zeitpunkt und durch welche Faktoren oder Beziehungskonstellationen wurden sie bewirkt bzw. erleichtert? In einem Bericht können diese Informationen

am besten übermittelt werden, da Verständnis und Erfahrungen des täglichen Lebens und damit auch die des klinischen Praktikers ihrer kognitiven Form nach in Narrativen organisiert sind (vgl. etwa Rumelhart et al., 1972). Eine Therapiestudie, die den Kriterien der gegenwärtigen Psychotherapieforschung entsprechen will, trägt erst dann der Forderung nach systematischer Nachvollziehbarkeit durch Außenstehende und Rekonstruierbarkeit der Veränderungsschritte Rechnung.

5.1.4.3 Flexibilität therapeutischer Techniken

Als weiteres Kriterium für die Bewertung einer psychotherapeutischen Technik schlagen wir ihre Flexibilität vor. Methodisch folgt daraus, daß sie so detailliert dargestellt werden muß, daß für die klinische Praxis ersichtlich wird, welche Modifikationen oder Variationen dieser Technik möglich und notwendig sind, wenn die interindividuelle Variation der Klienten berücksichtigt werden soll. Eine hochstandardisierte Technik mag forschungsstrategisch Vorteile bieten, da sie eine hohe interne Validität des Untersuchungsplans in einer Kontrollstudie gewährleistet. Auf die klinische Praxis bezogen, ergibt sich hier ein Paradoxon, da die in der klinischen Anwendung erforderlichen Variationen einer Technik im Forschungsdesign den Stellenwert von Störvariablen einnehmen und daher im Untersuchungsplan möglichst ausgeklammert werden. Auch dieses Beispiel zeigt, wie notwendig – einhergehend mit der qualitativen Wende in der Psychotherapieforschung – die Abstimmung zukünftiger Forschungsprojekte auf die Bedürfnisse des Praktikers ist. Welchen Sinn haben „Gütekriterien" einer therapeutischen Technik, wenn sie gerade auf Kosten dessen gewonnen werden, was der Kliniker am dringendsten benötigt, nämlich die flexible Abstimmung auf den Einzelfall?

5.1.4.4 Lernen am schlechten Therapeuten

Therapieforschung sollte gescheiterte Behandlungsverläufe nicht nur auf eine unzureichende Anwendung der Technik zurückführen, sondern auch ihre subjektive Seite, mangelhaftes Therapeutenverhalten, untersuchen. Unter anderem die Studie von Crits-Cristoph (1992) enthält Hinweise darauf, daß negative situative oder auch Persönlichkeitsvariablen der Therapeuten eine recht konstante Quelle von Mißerfolgen sind. Statt der Illusion einer immer weiter zu perfektionierenden Einheitstechnik hinterherzulaufen, sollte sich die Psychotherapieforschung verstärkt den im Therapeuten gelegenen Bedingungen des Scheiterns zuwenden, wie sie besonders eklatant bei sexuellen Übergriffen in Psychotherapie und Psychiatrie zum Ausdruck kommen (Becker-Fischer und Fischer, 1995, vgl. Abschnitt 5 zu Risikofaktoren der Therapeuten), um aus diesen zu lernen.

5.1.4.5 Mehrdimensionalität des Therapieerfolgs

Statistische Meta-Analysen, welche den Therapieerfolg zumeist auf nur eine quantitative Vergleichsgröße reduzieren, beruhen auf der Annahme, daß es sich dabei um ein Ereignis in einer einheitlichen Bewertungsdimension handelt. Die Therapie strebt dieser Auffassung nach zur unendlichen Reproduktion eines „Erfolgsereignisses" als solchem. Es gibt jedoch zahlreiche Hinweise darauf, daß diese Voraussetzung nicht der klinischen Wirklichkeit, sondern eindimensionalem Denken der Forscher entstammt. Mit seinem „tripartite model" des Therapieerfolgs haben Strupp und Hadley (1977) drei qualitativ verschiedene Bewertungskriterien aufgezeigt: die Selbsteinschätzung des Patienten, die Fremdeinschätzung durch die soziale Umgebung sowie objektive Kriterien bzw. das Expertenurteil. Die Autoren unterscheiden mehrere Konstellationen, die sich aus der Kombination der Dimensionen ergeben können. Beispielsweise kann ein Patient nach eigener Auffassung viel von einer Psychotherapie profitiert haben, ebenso nach dem Expertenurteil, während er sich in der Einschätzung etwa der Familienangehörigen geradezu katastrophal verschlechtert hat, da er mit seiner sozialen Umwelt jetzt vermehrt Konflikte austrägt. In eine eindimensionale Verrechnungsart bei Meta-Analysen müßten die verstärkten Schwierigkeiten mit der Umwelt natürlich als Negativfaktor eingehen, der den „Gesamterfolgsindex" mindert. Dieses Vorgehen eliminiert demnach mit einer statistischen Operation den Gegensatz zwischen Individuum und Gesellschaft und reduziert ihn auf eine einzige Erfolgsdimension: der erfolgreich therapierte Psychotherapiepatient leidet nicht einmal mehr unter jenen Konflikten, unter denen wir alle leiden. Die Therapie verwandelt nicht, wie Freud noch annahm, neurotisches „Elend" in das allgemeine menschliche „Unglück" (1895, S. 312), sondern eine erfolgreiche Psychotherapie hebt uns angeblich über die allgemein menschlichen Probleme weit hinaus. Demgegenüber sollte psychotherapeutische Arbeit als eine Beziehungsarbeit im weitesten Sinne, d.h. als eine Arbeit an und in der Beziehung (im Setting des zwischenmenschlichen Miteinanders) verstanden werden. Erst aus dieser Haltung eröffnet sich der Horizont vielfach wirksamer Dimensionen, angefangen mit den Setting- oder Rahmenbedingungen, unter denen die gemeinsame Arbeit gestaltet wird, über Persönlichkeitsvariablen von Therapeut und Patienten, die hier aufeinander treffen, bis hin zu deren Erfahrungshorizonten, die die jeweils bevorzugte Technik, den Arbeitsstil und deren Rezipierbarkeit auf der Patientenseite bestimmen. Man kann nur staunen, wieviel Ideologie eine einzige, gedankenlos ausgeführte statistische Operation – wie eine Gesamtindexbildung für den Psychotherapieerfolg – enthalten kann. Für eine klinisch realistische Bewertung des Therapieerfolgs ist dagegen schon viel getan, wenn zumindest die drei von Strupp benannten Dimensionen jede für sich in den Forschungsarbeiten mitgeteilt werden. Langfristig sollte allerdings gerade die individuelle Veränderungskonstellation auf dem Hintergrund der persönlichen Lebensgeschichte zum Bewertungskriterium gemacht werden. Der Ausdruck „Erfolg" sollte vielleicht generell einem Veränderungsprozeß vorbehalten bleiben, der sich in die persönliche Lebensgeschichte einfügt, abgespaltene Anteile unseres Lebensentwurfs reintegriert und so unser Selbstkonzept erweitert und bereichert.

5.2 Überwindung des Äquivalenz-Paradoxons: Arbeitsmodelle zum Verständnis psychotherapeutischer Veränderung

Gottfried Fischer, Markus Fäh, Rosmarie Barwinski Fäh

Die Phase-3-Forschung, die international etwa ab 1980 einsetzt, hat sich daran gemacht, jene Wirkfaktoren aufzuklären, die während der Phase 2 und als ihr Ergebnis als „unspezifische Wirkfaktoren", als „hilfreiche Beziehung", als „Suggestion" oder als allgemeine Ermutigung und „Remoralisierung" (im Sinne von Frank, 1971) im Hintergrund der wissenschaftlichen Forschungsbemühungen blieben. Je mehr wir von diesen Dingen verstehen, desto mehr wird, was früher als „unspezifisch" galt und gelten mußte, jetzt spezifisch und faßbar (Strupp, 1997).

Dabei besteht die entscheidende Wende der Phase-3-Forschung im Übergang von normativ-technischen Vorschriften hin zur Beschreibung und Analyse faktischer Therapieverläufe. Dieser Unterschied kann an den drei ‚klassischen' Variablen einer hilfreichen Beziehung nach Rogers verdeutlicht werden: bedingungsloses Akzeptieren, empathische Äußerungen und unprofessionelle Authentizität, welche Carl Rogers noch für die notwendigen und hinreichenden Bedingungen produktiver therapeutischer Veränderung hielt und die Reinhard Tausch systematisch schulte. Die Annahme, daß es sich dabei tatsächlich um zureichende Bedingungen des Therapieerfolgs handelt, hielt empirischen Untersuchungen nicht stand (Garske und Lynn, 1995). Sicher ist Empathie als kognitiv-emotionale Verständnisleistung der Therapeutin die Basis und der Hintergrund jeglichen hilfreichen Therapeutenverhaltens. Aber nicht jeder Patient reagiert positiv auf „empathische Äußerungen" seiner Therapeutin; nicht jede Patientin will „bedingungslos akzeptiert" werden. Bedingungslose Akzeptanz ohne Analyse negativer Selbstanteile führt z.B. zu keiner Veränderung. Allem Anschein nach lassen sich die sog. unspezifischen Wirkfaktoren nicht auf der Verhaltensebene definieren, sondern nur auf einer strukturellen und mikrostrukturellen Ebene, auf der das Beziehungsangebot der Patientin einerseits und die Interventionen und das Beziehungsangebot der Therapeutin andererseits einander produktiv begegnen.

So konnten Luborsky und Mitarbeiter in verschiedenen Untersuchungen nachweisen, daß psychodynamische Therapien positiv verlaufen, wenn es dem Therapeuten gelingt, sich in seinen Interventionen und seinem Beziehungsangebot auf den unbewußten Konflikt der Patientin – ermittelt durch unabhängige Rater – angemessen einzustellen (Luborsky et al., 1993). Die Einstimmung auf den zentralen unbewußten Beziehungskonflikt eines Patienten geschieht großenteils intuitiv. Dieser „intuitive" Aspekt therapeutischer Fähigkeiten kann verständlich machen, weshalb erfahrene Therapeutinnen unterschiedlicher Therapierichtungen sich auf das unbewußte zentrale, konflikthafte Beziehungsthema ihrer Patientinnen einstellen und in ihrer Beziehungsgestaltung produktiv damit umgehen können. Ein gezielter Umgang mit der Inszenierung des zentralen Beziehungskonflikts, wie er in der psychodynamischen Therapierichtung explizit gelehrt wird, kann diese „natürliche" Fähigkeit fördern und relativ „krisenfest" ausgestalten.

Ebenso faszinierend sind Forschungen der Mount-Zion-Gruppe zur Wirkungsweise therapeutischer Interventionen in psychodynamischer Therapie und Psychoanalyse. Diese Forschergruppe machte die Entdeckung, daß Patienten mit einem „unbewußten Veränderungsplan" in die Therapie kommen und sich aufgrund dieses Planes „intuitiv" bereits ihre Therapeutinnen aussuchen. Gelingt es dem Therapeuten, in seinen Interventionen den unbewußten Veränderungsplan der Patientin zu fördern, sich also „pro-Plan-mäßig" zu verhalten, so verlaufen Therapien erfolgreich. Arbeitet der Therapeut hingegen dem Veränderungsplan entgegen, so stagnieren oder scheitern die Therapien (Sampson, 1992). Diese Befunde im Rahmen der Phase-3-Forschung tragen dazu bei, das Äquivalenz-Paradoxon zu überwinden und machen verständlich, weshalb Therapeuten ganz unterschiedlicher Richtung, die mit sehr verschiedenen Techniken arbeiten, dennoch gleichermaßen befriedigende Ergebnisse erzielen können. Beide Forschungsbeiträge, die Arbeiten der Luborsky- wie auch die Mount-Zion-Gruppe stellen die „methodologische" Behauptung von Adolf Grünbaum (1988, vgl. auch Abschnitt 3.1) in Frage, daß die Therapiewirkung vor allem auf einem suggestiven und manipulativen Implantat der Theorie der Therapeutin beim Patienten beruhe. Sowohl der „Zentrale Beziehungskonflikt" nach Luborsky als auch der „unbewußte Veränderungsplan" werden in den erwähnten Forschungsbeiträgen von unabhängigen Ratern bestimmt. Das Gleiche gilt für den Grad an Übereinstimmung zwischen diesen Konstrukten und den Interventionen der Therapeutin. Im Gegensatz zu Grünbaums Behauptung ist also die Fähigkeit des Therapeuten, sich auf einen schwer erfaßbaren und sehr subtil übermittelten Beziehungswunsch des Patienten einzustellen, der therapeutische Wirkfaktor und nicht etwa Manipulation oder die Indoktrination in ein theoretisches System. Wie schon in Abschnitt 3.2.1 ausgeführt, sind die von Grünbaum aufgeworfenen Fragen manipulativer Suggestion und theoriegeleiteter „Indoktrination" empirisch zu überprüfen. Parallel dazu ist grundsätzlich zu untersuchen, welche spezifische Suggestion als tabuisiertes Agens im Rahmen jeder Therapiemethode wirksam ist. Eine apriorische Kritik der „therapeutischen Vernunft", wie Grünbaum sie versucht, greift auf jeden Fall ins Leere, wenn Suggestion als direkte Überredung zur Debatte steht.

Ein weiteres Arbeitsmodell zur therapeutischen Veränderung neben den schon diskutierten stellt das „dialektische Veränderungsmodell" für Psychoanalyse und Psychotherapie nach Fischer (1989, 1996) dar.

Eine zentrale Annahme besteht in der Erklärung eines therapeutischen Veränderungsschrittes aus der „optimalen Differenz" zwischen pathogener Vorerfahrung der Patientin und erlebter gegenwärtiger Beziehungsgestaltung, dem therapeutischen Arbeitsbündnis. Das Konzept einer „optimalen Differenz" (zwischen Schema und Objekt) geht auf den kognitiven Entwicklungspsychologen Jean Piaget zurück, der es

5.2 Überwindung des Äquivalenz-Paradoxons...

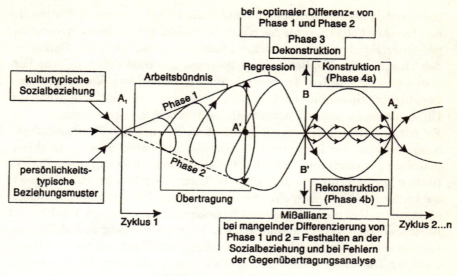

Abbildung aus: Fischer, 1994

verwendete, um den Anreiz für die Akkommodation eines Schemas in der kognitiven Entwicklung zu benutzen (vgl. auch die Arbeit von Fischer, 1994, zur „Transformation von Beziehungsschemata in der Psychoanalyse"). Ist die „Differenz", die Spannung zwischen Schema und Objekt, zwischen pathologischem Beziehungsschema und dem neuen, therapeutischen Beziehungsangebot zu gering, so wird die „neue" Erfahrung an das alte Schema assimiliert, und es tritt keinerlei therapeutische Veränderung oder sogar eine Verschlechterung ein. Ist die Differenz hingegen zu groß, so fällt die neue Erfahrung, um einen Ausdruck Piagets zu verwenden, in das „affektive Nichts", sie wird schlichtweg ignoriert. Die Therapeutin muß demnach ihre Beziehungsgestaltung im Rahmen der „optimalen Differenz" so einrichten, daß für die Patientin eine „korrektive emotionale Erfahrung" möglich wird. Die im engeren Sinne therapeutische Beziehung wird im Konzept der „optimalen Differenz" relativ gesetzt zur pathologischen Vorerfahrung bzw. zu pathogenen Phantasien. Ist diese z. B. bei einer Patientin durch übertriebene „Empathie" und „bedingungsloses Akzeptieren" durch im übrigen „pathogene" Eltern gekennzeichnet, so kann es therapeutisch wirken, der Patientin gezielt und reflektiert Grenzen zu setzen und diese argumentativ zu vertreten. Aus dem Konzept lassen sich ferner therapeutische Strategien für bestimmte Patientengruppen ableiten, wie beispielsweise für Patientinnen in einer Folgetherapie nach sexuellem Mißbrauch in einer vorangegangenen Psychotherapie (Becker-Fischer und Fischer, 1996). Gelingt es der Therapeutin, ihr Behandlungskonzept „optimal different" zur Vortherapie einzustellen, so kommt die für produktive Veränderungen konstitutive Spannung zustande. Im entgegengesetzten Falle, wenn die Differenz nicht explizit hergestellt und aufgebaut wird, kommt es in Folgetherapien nach sexuellem Mißbrauch in einer Psychotherapie beispielsweise zur Retraumatisierung der Patientin, anstatt zu therapeutischer Veränderung (a. a. O.). Die Therapieplanung nach dem „dialektischen Veränderungsmodell" empfiehlt sich vor allem bei Patientinnen, die in ihrer Lebensgeschichte der Wirkung von Traumatisierung ausgesetzt waren und die insbesondere Beziehungstraumata (vgl. Fischer und Riedesser, 1998) erfahren mußten. Für Therapieplanung und -dokumentation nach diesem Modell steht neuerdings eine Software zur Verfügung („Kölner Therapie Dokument", Fischer und Schmeisser, 1996), die u.a. gestattet, den Verlauf manualgeleitet zu dokumentieren und die Verlaufsdaten mit der Therapiekonzeption fortlaufend zu vergleichen.

Weiterhin lassen sich aus dem dialektischen Arbeitsmodell einige grundsätzliche Kriterien für therapeutische Methodenkombination, beispielsweise zwischen Verhaltenstherapie und Psychoanalyse ableiten. Auf dieser Basis unterbreiten Fischer und Klein (1997) einige Vorschläge für eine „dynamisch-behaviorale" Methodenkombinaton in der Psychotherapie. Für sie gilt ein „Primat der Beziehungsgestaltung" – Arbeitsbündnis und Übertragungsbeziehung müssen sich im Sinne des oben skizzierten „dialektischen Veränderungsmodells" in optimaler Differenz zueinander befinden, um die Wirkung therapeutischer Techniken beziehungstheoretisch zu fundieren.

Einen ebenfalls auf die Überwindung des Äquivalenzparadoxons zielenden Forschungsansatz praktizieren Schneider, Barwinski Fäh und Fäh (Schneider, Fäh und Barwinski, 1994; Schneider, Barwinski Fäh und Fäh, 1995 a und b; Schneider, Fäh und Barwinski Fäh, 1997). Sie untersuchen in langfristigen Therapieprozessen die faktischen Veränderungen von inneren Parametern des Patienten und verknüpfen diese Veränderungen mit „bedeutsamen Momenten" in der therapeutischen Interaktion (siehe Rice und Greenberg, 1984; Greenberg, Rice und Elliot, 1993).

Zu diesem Zwecke werden im „Therapiematerial", d. h. den auf Tonband aufgezeichneten Therapieverlaufsschilderungen des Therapeuten, im Rahmen einer intersubjektiven Validierung in der Forschungsgruppe sich über längere Zeit erstreckende Veränderungen des Patienten identifiziert. Zusätzlich werden aus den Therapieschilderungen und mit Rückgriff auf die Behandlungsnotizen bedeutsame Momente in der therapeutischen Interaktion untersucht, welche mit den beobachtbaren Veränderungen des Patienten in Zusammenhang stehen. Eine wichtige Hilfe bei der Untersuchung der Veränderungsprozesse und bedeutsamen Momente im Therapieverlauf sind sogenannte „Denkwerkzeuge" aus Theorien selbstorganisierender Prozesse.

Ein solches Denkwerkzeug ist z. B. die „epigenetische Landschaft" nach Waddington (1977). Vereinfacht ausgedrückt, wird der Therapieverlauf auf dem Hintergrund dieses Denkwerkzeugs „nachgezeichnet". Der Vorteil des „Imports" dieses phänomenfremden „Denkwerkzeugs" besteht in der Unterstützung einer möglichst naturalistischen und durch Therapietheorien „unbelasteten" Betrachtung und Untersuchung des Veränderungsprozesses.

Mit dem Raster des Denkwerkzeugs der epigenetischen Landschaft ausgedrückt, geht es in einer Therapie darum, daß ein Patient alte, immer wieder aufgesuchte „Zustände", d. h. Attraktoren, verlassen und neue „bessere" Zustände bzw. Attraktoren aufsuchen und sich in ihnen stabilisieren kann. Damit dies erreicht werden kann, muß die „Landschaft" (siehe Abbildung) so verändert werden, daß die in der Landschaft sich bewegende Kugel, d. h. das Verhalten und Erleben des Patienten, einen neuen Attraktor, ein neues Tal findet. Zum Beispiel müssen zugrundeliegende innere Parameter des Patienten verändert werden, damit die Landschaft so modelliert wird, daß das Aufsuchen eines neuen Attraktors erleichtert wird.

Der Patient bewegt sich in einem tiefen Tal, welches einen problematischen Aspekt seiner Erfahrung repräsentiert. Der aktuelle Zustand ist durch den Ball dargestellt. In bestimmten Situationen im Therapieprozeß bekommt der Patient eine Ahnung eines zweiten Tales, d. h. von „etwas Neuem", einer neuen Einstellung. Die Patientin springt für einen kurzen Moment in das neue Tal (dieses Hin- und Herspringen zwischen altem und neuem Zustand ist in der Abbildung nicht dargestellt, um sie nicht zu verwirrend zu gestalten). Viele solcher Situationen, in denen die Patientin den neuen Zustand erfährt, sind nötig, damit der Patient die neue Einstellung als wahrnehmbare Alternative erkennen kann und das zweite Tal so tief wird wie das erste.

5. Zukunftsperspektiven der Psychotherapie(forschung)

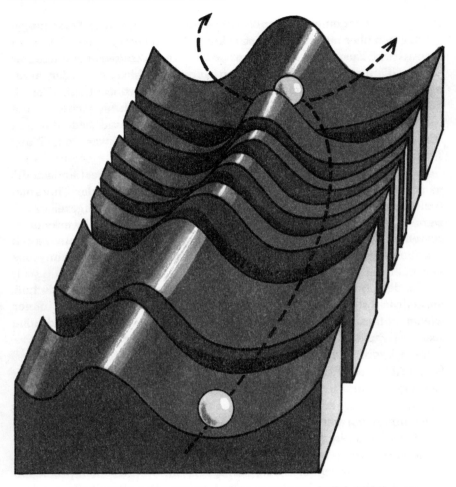

Abb. aus: Schneider, Fäh-Barwinski und Barwinski Fäh (1996):
Epigenetische Landschaft

Dieses Arbeitsmodell der therapeutischen Veränderung ermöglicht es, bedeutsame Momente in therapeutischen Interaktionen dadurch zu identifizieren, daß in der Übertragungsbeziehung sich aktualisierende sogenannte „Kontrollparameter" greifbar und verändert werden.

Das Spezifikum psychoanalytischer Langzeittherapie kann z. B. dadurch besser erforscht werden: Psychoanalytische Langzeittherapie ist dann produktiv, wenn im Rahmen der Übertragungsbeziehung „Kontrollparameter" virulent, greifbar und im Rahmen der Übertragungsbeziehung modifizierbar werden. Mit der Arbeit an diesen manifest werdenden Kontrollparametern werden „innere Parameter" (d. h. zum Beispiel problematische Selbstanteile und -gefühle und andere Strukturen) und damit die „Landschaft" so verändert, daß neue Attraktoren, d. h. Einstellungen und Erlebnis- und Verhaltensweisen möglich werden.

So untersuchten die Autoren einen einjährigen Analyseabschnitt und konnten zeigen, daß die Analyse deshalb produktiv war, weil eine unbewußte innere Selbst- und Objektrepräsentanz (jämmerliches kleines Selbst, kastrierend-entwertendes Objekt) in der Analyse erleb- und greifbar wurde. Erst durch das Durcherleben und „hautnahe" „Widerlegen" am Kontrollparameter der Vorstellung des kastrierenden Analytikers und des lächerlichen Analysanden konnten die zugehörigen negativen Selbstbilder und -gefühle (innere Parameter) modifiziert werden. Dadurch konnte der Analysand einen alten Attraktor, eine omnipotente überhebliche Einstellung gegenüber ihm nahestehenden Menschen, aufgeben und eine partnerschaftlich-liebevolle Einstellung (neuer Attraktor) eingehen, weil er sich in der Liebe nicht mehr klein und entwertet fühlen mußte.

Der Forschungsansatz ermöglicht es also z. B., spezifische Eigenschaften psychoanalytischer Langzeittherapie präziser zu fassen: Komplexe Fehleinstellungen können nur verändert werden, wenn die zugrundeliegenden inneren seelischen Strukturen im Rahmen der Interaktion in Form von „Kontrollparametern" externalisiert, d. h. auf der Bühne der Therapiebeziehung dargestellt, dort quasi coram publico verändert und modifiziert internalisiert werden. Erst diese strukturellen „Landschaftsveränderungen" ermöglichen Stabilität in neuen Attraktoren, d. h. besseren Einstellungen und Verhaltensweisen. Durch diesen Forschungsansatz könnte es möglich werden, das Spezifische psychoanalytischer Langzeitpsychotherapie von Persönlichkeitsstörungen von der Vorgehensweise der kognitiv-verhaltenstherapeutischen Therapie zu unterscheiden. Im Rahmen einer kognitiven VT werden nicht zugrundeliegende innere Parameter durch die Arbeit an Kontrollparametern modifiziert, vielmehr wird versucht, „direkt" an der Landschaft, d. h. den Tälern und Gebirgen, anzusetzen und die Attraktoren zu verändern. Es müßte im Rahmen eines solchen Forschungsansatzes auch zu explizieren sein, wo die Grenzen z. B. kognitiver VT sind, wenn versteckte innere Parameter einer direkten Änderung der „Landschaft" entgegenstehen.

Für eine detaillierte Darstellung auch dieses Forschungsansatzes fehlt hier der Raum. Wir hoffen aber gezeigt zu haben, daß die von uns kurz skizzierten Forschungsansätze eines gemeinsam haben: Sie untersuchen faktische Therapieverläufe am Einzelfall möglichst naturalistisch und versuchen von diesem Ausgangspunkt zu Aussagen über hochspezifische therapeutische Veränderungen, Prozesse, Interaktionen und Therapeuteninterventionen zu gelangen.

Diese Ansätze weisen in die Zukunft der Therapieforschung, weil sie es ermöglichen, dem „spezifisch" Therapeutischen der verschiedenen Therapieansätze und sogar einzelner Therapeuten auf die Spur zu kommen. Dies steht im Einklang mit der Forderung von Strupp (1997), daß die Therapieforschung sich immer mehr um das Spezifische zu kümmern habe. Es sind nicht therapeutische Methoden erfolgreich, sondern konkrete Therapeuten, welche bestimmte Fähigkeiten einsetzen und sich in bestimmter Weise mit ihren Patienten verhalten. Im konkreten Therapeutenverhalten und der Patient-Therapeut-Interaktion liegt der Schlüssel zur Frage der spezifischen Wirksamkeit in der Psychotherapie. Der Ansatz der „Allgemeinen Psychotherapie" von Grawe (1995) ist im Vergleich zu diesen Ansätzen deshalb rückwärtsgewandt, praxisfern und statisch: Er untersucht nicht faktische Therapieverläufe, sondern plädiert normativ für eine neue „Behandlungstechnologie" nach dem Muster eines geplant verabreichten „Therapie-Kombinationspräparats", bestehend aus den vier „Ingredienzen", Ressourcenaktivierung, Problemaktualisierung, Motivklärung und aktive Hilfe beim Problemlösen.

Die Argumentation von Grawe ist rein spekulativ: Er folgert aus seiner Kompilation von kontrollierten Vergleichsstudien, daß sich diese vier Ingredienzen als wirksam erwiesen hätten, und meint, daß die Kombination dieser vier Ingredienzen demzufolge die neue „Supertherapie" sein müsse. Seine spekulative These wird bis dato durch keine empirische Studie gestützt. Das Vier-Faktoren-Modell vernachlässigt, daß die spezifische Beziehungsgestaltung das Agens movens jeder Therapie ist und deshalb ins Zentrum naturalistischer Studien gerückt werden muß. Es geht von der überholten modernistischen Vorstellung von Psychotherapie als technologischer Anwendung von Grundlagenforschung aus. Therapie geschieht in einer Interaktion und ist nicht ein einseitig geplanter Vorgang. Der Therapeut „entsteht" in der Therapie ebenfalls, nicht nur der Patient (Stengers, 1996).

In der Untersuchung faktisch erfolgreicher Therapeuten und Therapien, ebenso in der Untersuchung des Scheiterns und in der Entwicklung darauf basierender Arbeitsmodelle therapeutischer Veränderung und therapeutischer Beziehungsgestaltung liegt die Zukunft der Psychotherapieforschung. Die zunehmend genauere Kenntnis dieser Prozesse führt insofern über das Äquivalenz-Paradoxon hinaus, als Veränderungsmuster und Beziehungskonstellationen sichtbar werden, die in vielen, wenn nicht in allen erfolgreichen Therapieverläufen wirksam sind, bislang aber meist nur intuitiv unterstützt wurden. Eine „optimale Differenz" von Arbeitsbündnis und Übertragungsbeziehung kann auch in der Verhaltenstherapie entstehen, wird in ihrer Behandlungstheorie aber nicht reflektiert. Ebenso mögen viele Therapeuten über ein intuitives Wissen vom Verlassen alter und dem Aufbau neuer Attraktoren verfügen. Auch sind viele wahrscheinlich in der Lage, sich intuitiv in den unbewußten Veränderungsplan einer Patientin einzufühlen und diesen zu unterstützen. Das könnte erklären, weshalb Therapieerfolg in den bisher vorliegenden Kontrollstudien weniger an ein bestimmtes Verfahren gebunden ist als an die Persönlichkeit der Therapeutin und vor allem an eine gelungene Beziehungsgestaltung zwischen Therapeutin und Patient. Das „Äquivalenz-Paradoxon" besteht also nur auf der Ebene der Verfahren und wird zugleich durch die bis etwa vor 10 Jahren vorherrschende Methodik der experimentellen Wirkungsforschung aufrechterhalten, die durch ihre immanenten Grenzen die Analyse kausaler Wirkmuster ausschließt. Mit dem Wechsel zur naturalistischen Phase-3-Methodik und der Wendung zur systematischen Einzelfallforschung verschwindet das „Paradoxon", und Psychotherapien zeigen sich als das, was sie immer schon waren: als sehr sensible und leicht störbare Veränderungsprozesse mit außerordentlich unterschiedlichem Erfolg und Tiefgang, in Abhängigkeit vor allem von einer gelingenden Beziehungsgestaltung zwischen Therapeut und Patient. Wenn wir auf der Ebene der Phase-3-Methodik die Metapher des „Pferderennens" wieder aufgreifen wollen, so wird in Zukunft derjenige Ansatz das „Rennen machen" und die „Nase vorn" haben, der es versteht, diese Beziehungsmuster differentiell zu erforschen und die entsprechende therapeutische Beziehungsgestaltung zuverlässig und kompetent anzuleiten. Dabei darf allerdings die Kürze der Behandlungszeit nicht das wichtigste oder gar alleinige Kriterium sein.

5.3 Jenseits der „Effekte":
Zur methodischen Sicherung von Ergebnissen in der Psychotherapieforschung

Gottfried Fischer, Markus Fäh, Brigitte Klein

Durch die Kritik der „empirischen Vernunft" haben wir uns schrittweise einige Regeln erarbeitet, die sowohl zur Beurteilung von Forschungsergebnissen dienen können wie auch als Grundlage einer in Zukunft vielleicht „vernünftigen Empirie". Diese sollen hier noch einmal in einer kurzen Übersicht zusammengefaßt werden.

Eine *erste Regel* betrifft die Forderung nach *multimethodaler Absicherung* von Forschungsergebnissen in der Psychotherapie. Folgende Gründe sind für diese Regel ausschlaggebend: Es gibt gegenwärtig in der Psychotherapieforschung keine Forschungsstrategie, die gleichzeitig allen divergenten, für die Praxis jedoch relevanten Fragestellungen gerecht wird. Eine Interpretation des Forschungsstandes, die nur auf einem der in Abschnitt 3 untersuchten Methodentypen basiert, ist gegen methodische Artefakte und den Intermethodenfehler völlig ungeschützt. Werden aus dieser notwendigerweise einseitigen Datenbasis Schlußfolgerungen für die Psychotherapie, evtl. sogar für das psychotherapeutische Versorgungssystem abgeleitet, so verstößt dieses Vorgehen gegen die Sorgfaltspflicht, welche Psychotherapieforscher sowohl gegenüber den Patienten wie auch gegenüber der Öffentlichkeit und den Vertretern des Gesundheitssystems haben.

Eine pragmatische Regel zur Vermeidung des Intermethodenfehlers könnte etwa lauten: Dann und nur dann, wenn sich in mindestens zwei, möglichst aber den wichtigsten drei Methodentypen – dem experimentellen Gruppenvergleich, der naturalistischen Feldstudie und der systematischen fallorientierten Forschungsstrategie – konvergierende Tendenzen abzeichnen, kann ein Forschungsergebnis allgemeinere Geltung und Praxisrelevanz beanspruchen. Zeichnen sich intermethodal hingegen unterschiedliche Tendenzen ab, so sollte genau diese Diskrepanz zum Gegenstand weiterer Forschung gemacht werden, jedenfalls bevor die Ergebnisse „effektvoll" in die Öffentlichkeit getragen werden.

Aus ähnlichen Gründen vernünftiger Empirie ist es notwendig, *die Mitteilung quantitativer Ergebnisse durch qualitative Kriterien zu ergän-*

zen, wie sie in Abschnitt 5.1 entwickelt wurden. Dies schließt insbesondere systematisch dargestellte und ausgearbeitete Fallberichte ein, die durchschnittlich positive, aber auch repräsentativ ausgewählte negative oder problematische Verläufe in klinisch nachvollziehbarer Weise schildern. Vor allem das Prinzip *„Lernen aus negativen Verläufen"*, das Lernen an therapeutischen Fehlern und Fehlschlägen, sollte den für die klinische Praxis angemessenen Raum auch in der Publikation von Forschungsergebnissen haben. Nur bei Kenntnis möglicher Gefahren einer Therapiemethode, und zwar nicht nur in der abstrakten Form einer Benennung von Variablen, sondern in fallorientierter, qualitativer Version, können psychotherapeutische Praktikerinnen sich auf ihre schwierige Aufgabe angemessen vorbereiten. Nur so läßt sich letztlich auch die Kluft zwischen Praxis und Forschung überwinden, die in der Psychotherapie vielfach beklagt wurde und wird.

Natürlich nehmen qualitative Falldarstellungen nicht selten größeren Raum ein als quantitative Ergebnisse, so daß sie meist schwieriger zu publizieren sind. Dem könnte dadurch begegnet werden, *daß in der Veröffentlichung auf den ggf. separaten Publikationsort verwiesen wird*. Auch sollte die Versendung der relevanten Falldokumente unter Psychotherapieforschern und Praktikern – unter Beachtung des Datenschutzes – ebenso selbstverständlich werden wie die Überprüfung einer Datenmatrix durch interessierte Forscherkollegen. Für die grundsätzliche Einbeziehung qualitativer Bewertungskriterien spricht auch die Tatsache, daß systematische Fallschilderungen (jeweils im positiven wie auch im problematischen Bereich) vor allem auf psychotherapeutische Praktiker ungleich überzeugender wirken können als sehr eindrucksvolles Zahlenmaterial. Von daher ist es auch bedauerlich, daß für Grawes auf 4 Wirkfaktoren beruhendes integratives Psychotherapiekonzept bislang noch kein angemessenes Fallmaterial vorliegt, obgleich die Therapie sogar der breiten Öffentlichkeit als vorbildlich präsentiert wurde.

Die intermethodale Überprüfung einzelner Forschungsergebnisse muß selbstverständlich den intramethodischen Regeln genügen, wie sie in den Abschnitten 3.2 ff. zumindest im Grundriß für die einzelnen Methodentypen dargelegt wurden. Allerdings ist noch einige Entwicklungsarbeit zu leisten, um auch in diesen Bereichen zu einem Konsens in der psychotherapeutischen Gemeinschaft zu kommen. Am Lehrstuhl für Klinische Psychologie und Psychotherapie in Köln werden derzeit *metaanalytische Bewertungskriterien für naturalistische Studien und fallori-*

entierte Forschung ausgearbeitet. Diese könnten längerfristig und nach kritischer Diskussion in der Community möglicherweise geeignet sein, die aktuelle Forschungslage so zu fundieren, wie die Verantwortung für unsere Patienten es erfordert.

5.4 Rückschritt oder Anreiz für die Forschung? Gefahren und Chancen des Grawe-Effekts (eine abschließende Würdigung)

Markus Fäh und Gottfried Fischer

Wir haben uns in diesem Band mit den Methoden der Psychotherapieforschung und mit der Wechselwirkung von Psychotherapieforschung und Psychotherapiepraxis auseinandergesetzt. Anlaß war u. a. der „Grawe-Effekt", d. h. die im Gefolge der Publikation der Meta-Analyse von Grawe et al. auftretenden oder auch beabsichtigten Wirkungen in der Psychotherapieforschung, in der Psychotherapiepraxis und in der psychotherapeutischen Versorgung.

An dieser Stelle möchten wir die gegenwärtig sichtbaren Aspekte des Grawe-Effekts, seine negativen und positiven Folgen, die durch ihn eröffneten Chancen und die möglichen Gefahren Revue passieren lassen und zusammenfassen.

Drei Möglichkeiten der Auseinandersetzung mit dem Grawe-Effekt
Wie durch einen der Herausgeber (Fäh, 1997) im Zusammenhang mit der Frage der Qualitätssicherung in der Psychotherapie betont, lassen sich in der *psychotherapeutischen community* drei Reaktionen auf die Herausforderung durch den Grawe-Effekt beobachten: Identifikation mit dem „positivistischen Aggressor" (der Begriff stammt von Mertens, 1994, 1995), Abwehr durch Verleugnung, Entwertung und Selbstverklärung sowie die kritische und sachliche Auseinandersetzung. Die Identifikation mit dem „positivistischen Aggressor" zeigt sich im Psychotherapiefeld in verschiedenen Ausdrucksformen: Psychotherapeutische Praktikerinnen übernehmen die Aussagen von Grawe unkritisch; sie machen sich die Ansicht Grawes zu eigen, daß nur jene Therapiemethoden den Status der Wissenschaftlichkeit verdienen, die in kontrollierten Vergleichsstudien obsiegten. Sie implantieren in die Überprüfung der Ergebnisse ihrer eige-

nen klinischen Praxis ausschließlich die positivistischen Kriterien der Wirksamkeit und den quantitativ-statistischen Methodenkanon der Wirksamkeitsmessung. Das heißt, sie zweifeln an ihrer Methode, wenn diese sich nicht so einfach – oder überhaupt nicht – mit dem Methodenkanon des methodologischen Positivismus hinreichend beforschen läßt. Oder sie versuchen hastig, ihre Methode mit „Rechtfertigungsforschung" positivistisch zu legitimieren. Andere beginnen als Akt der Anpassung an die vermeintliche Überlegenheit der kognitiven Verhaltenstherapie, diese Methode zu erlernen und anzuwenden, ohne diesen Schritt kritisch zu reflektieren und in Entwertung ihrer bisherigen therapeutischen Identität. In all diesen Reaktionen paßt man sich unkritisch dem Grawe-Effekt an, ohne dessen Voraussetzungen und die Angemessenheit von Grawes Schlußfolgerungen zu hinterfragen.

Was Grawes Aussagen zur Therapiedauer betrifft, so kann sich die Identifikation mit dem Aggressor darin ausdrücken, daß Psychotherapeutinnen sich als schlechte Therapeutinnen zu fühlen beginnen, wenn sie längere Therapien durchführen; daß sie dem Druck nach „Verkürzung" nachgeben und ihre Therapien abkürzen oder ausdünnen; daß sie keine oder weniger Patienten mehr in hochfrequente Langzeittherapien nehmen, weil sie selber am Nutzen dieser Therapieform zu zweifeln beginnen.

Die Folgen der Identifikation mit dem Aggressor auf Forscher- wie auch Therapeutenseite sind gefährlich und für die psychotherapeutische Praxis, Forschung und Versorgung langfristig äußerst schädlich.

Die Abkehr vieler Psychotherapeuten von einer „langzeittherapiefreundlichen" und einer „psychoanalysefreundlichen" Einstellung zu vermehrtem „Freud-Bashing" (Freud verhauen, vgl. Lear, 1996) und ihre Hinwendung zu einer einseitigen Kurztherapietendenz und Psychoanalysefeindlichkeit würde die bewährte Spannbreite der psychotherapeutischen Versorgung aufs empfindlichste treffen: Patienten mit komplexen Störungen hätten nicht mehr wie heute die Gewähr, mit einiger Sicherheit einen Therapieplatz bei einem psychodynamisch geschulten Therapeuten zu finden, der die unbewußte Beziehungsgestaltung als Angelpunkt und zentrales therapeutisches Agens versteht und zu handhaben weiß. Sie würden Gefahr laufen, in unreflektiert eklektische oder kognitiv-behaviorale Kurztherapien gezwungen zu werden, in denen ihnen nicht ausreichend und fundiert geholfen werden kann. Wir denken da an Patienten mit schweren komplexen Neurosen und Persönlichkeitsstörungen mit einer schlimmen Geschichte und Verursachung, in der massive ungelöste Konflikte, schwer zu bewältigende Affekte und multiple Traumatisierungen eine zentrale Rolle spielen.

Wenn die psychotherapeutische Versorgung in Identifikation mit dem Grawe-Effekt umgebaut wird und Universitätspsychologen keine fundierte Psychotherapieausbildung mehr machen, sondern lediglich ein paar Semesterkurse in „Allgemeiner Psychotherapie" belegen müssen, fehlen über kurz oder lang jene psychodynamisch im Aushalten und Umgehen mit schweren Gegenübertragungsgefühlen geschulten Psychotherapeuten, die den schwerer gestörten Patienten überhaupt helfen können. Was wird passieren? Sichtbar zunächst gar nichts. Auf lange Sicht hingegen wird der Effekt verheerend sein: Da das psychische Elend eine Tendenz hat, sich zu verstecken und anzupassen, werden die mangelhaft therapierten Patienten chronische Störungen entwickeln, womöglich dekompensieren oder somatisieren oder gar invalid werden und aus der Krankenversorgung herausfallen. Die Schweizer Invalidenstatistik (BSV, 1997) belegt schon jetzt eine dramatische Zunahme der Berentung aufgrund seelischer Störungen. Wenn die psychotherapeutische Versorgung im Vollzug des Grawe-Effektes verkürzt und methodisch verengt würde, wird sich diese Tendenz ungebremst fortsetzen. So lohnt es sich z. B., über den Atlantik zu schauen, weil dort Entwicklungen, die sich in Europa erst abzeichnen, auf dem Höhepunkt angekommen sind. Wir könnten daraus lernen, um nicht die gleichen Fehler wie die Amerikaner zu machen. In den USA wurde im Gefolge der Einführung von DMS-III als psychiatrischer Diagnostik die Beschreibung und Behandlung von psychischen Störungen ohne nennenswerte Opposition seitens der psychotherapeutischen Gemeinschaft hin zum behavioralen Paradigma verlagert. Die Verabschiedung von Gesetzen, welche es den Managed-Care-Gesellschaften erlauben, medizinische und therapeutische Entscheidungen nach Kostengesichtspunkten zu diktieren, ohne die Verantwortung für die Folgen bei den Patienten zu übernehmen, führte zu einem unmenschlichen System, in welchem Politiker (welche sich mit der Senkung der Gesundheitskosten profilieren) und Krankenkassenmanager (die durch die Beschneidung von Leistungen für die Patienten riesige Profite einfahren) sich vereint gegenüber der Dyade Therapeut-Patient bzw. Ärztin-Patientin durchsetzten. Die Entscheidung, wieviel und welche Therapie für welche Patienten gut ist, wurde weg vom Therapeuten/Arzt und der Patientin in die Hände eines sogenannten „case managers" der Krankenkassen verlagert, der aber für die Heilung bzw. eine Verschlimmerung des Zustandes der Patienten nicht verantwortlich ist (Pyles, 1997). Die Identifikation mit dem Aggressor und seinen Hauptaussagen – Verhaltenstherapie ist besser als psychodynamische Therapie! Kurztherapien genügen in jedem Fall! – gefällt gewissen Politikern und Krankenkassenmanagern deshalb so gut, weil sie ihren politischen und wirtschaftlichen Interessen dient.

Wenn der Scherbenhaufen in vielleicht zehn oder zwanzig Jahren dann erkannt sein wird und das „50-Stunden-Genesungsversprechen" sich in Schall und Rauch aufgelöst hat, wird es zu spät sein. Die ausreichende psychotherapeutische Grundversorgung mit differenzierter psychodymamischer Therapie wird – wie jetzt in den Vereinigten Staaten – für die breite Bevölkerung weitgehend zerstört sein. Wir haben es heute in der Hand, durch eine fundierte sachliche Entgegnung auf die Grawe-Behauptungen und massive politische Einflußnahme, eine ähnlich katastrophale Entwicklung wie in den USA zu verhindern. Doch dazu müßten sich die Psychotherapeutinnen aufraffen, sich aus ihrer entweder anpassenden oder sich einigelnden Einstellung zu befreien und sich offensiv mit den sich schon gegenwärtig abzeichnenden bedrohlichen Folgen des Grawe-Effekts auseinanderzusetzen.

Die zweite sehr verbreitete Reaktion von Psychotherapeutinnen auf die Herausforderung durch den Grawe-Effekt ist gekennzeichnet durch Abwehrstrategien: Verleugnung, d.h. Nicht-Wahrhaben-Wollen, Entwertung der „bösen" Forschung und Wissenschaft, Selbstidealisierung und -verklärung. Das Nicht-Wahrhaben-Wollen drückt sich in der in manchen therapeutischen Schulen zu beobachtenden Tendenz aus, die „Wagenburg zu schließen", d.h. sich nach außen abzuschotten, sich angesichts der unangenehmen äußeren Realität noch mehr den inneren Auseinandersetzungen, Intrigen und Begriffsklärungen zu widmen. Gewisse Kongresse, z. B. von Psychoanalytikern, vermitteln zuweilen das Bild einer sich vor allem mit sich selbst beschäftigenden immer kleiner werdenden Gruppe, die ihren insulären Charakter durch hektische Selbstbestätigung und erbittert geführte Auseinandersetzung um theoretische und metapsychologische Fragen verleugnet. Die z. T. prekären Verhältnisse in den Praxen und Ausbildungsinstituten werden durch stillschweigende Anpassungsstrategien und Aktivitätsverlagerung aufgefangen, aber als solche weitgehend tabuisiert. Die kreative Energie verpufft nach innen, statt daß sie für eine sachliche Auseinandersetzung mit der bedrohlichen Entwicklung und für politisches Engagement eingesetzt wird. Die Verleugnung wird unterstützt durch Entwertungs- und Selbstverklärungstechniken. So wird z. B. Grawe, je nach Temperament, als Person in gewissen Kreisen belächelt, seine Aussagen werden oft süffisant als Ausdruck flachen Denkens und geistigen Stumpfsinns abgetan. Damit wird man ihnen aber weder in ihrer sachlichen Fragwürdigkeit noch in ihren politisch gefährlichen Auswirkungen gerecht. Parallel dazu werden die persönlichen und institutionellen Verhältnisse in den psychotherapeutischen Fachgesellschaften verklärt und idealisiert. Statt einer kritischen Selbstbesinnung und Institutionsanalyse mit dem Ziel eines „Fitneßprogramms" für das 21. Jahrhundert praktizieren viele psychotherapeutische Subkulturen Selbstbeweihräucherung, sie verpassen die Herausforderung einer Verbesserung der Qualität ihrer Ausbildung, eines Aufbrechens ihrer aus dem Beginn dieses Jahrhunderts stammenden rigiden Autoritätsstrukturen und Infantilisierungsmechanismen. Ausnahmen bestätigen auch hier die Regel (z. B. die kritischen Beiträge von Kernberg zur Lage der Psychoanalyse [1994] und zur psychoanalytischen Ausbildung [1996]).

Es versteht sich von selbst, daß nur die kritische sachliche Auseinandersetzung mit den Aussagen und Methoden der heutigen Psychotherapieforschung und die engagierte politische Auseinandersetzung mit den Folgen des Grawe-Effekts die differenzierte Psychotherapieversorgung in Europa davor bewahren wird, durch ein inhumanes Managed-Care-System und die Verengung auf behaviorale Kurztherapien ausradiert zu werden.

Die kritische Auseinandersetzung muß – wie die Beiträge in diesem Buch deutlich zeigen – sich einerseits auf die gegenwärtigen Methoden und Aussagen der Psychotherapieforschung beziehen, die Perspektive einer „empirischen Vernunft" in der Psychotherapieforschung und auf ihr aufbauende Kriterien und Methoden entwickeln, andererseits ist die psychotherapeutische Praxis auf der Basis von differenzierten, um die Beziehungsgestaltung und die optimale Differenz zur Lebens- und Lerngeschichte des Individuums zentrierten Veränderungsmodellen weiterzuentwickeln.

Wenn dies der psychotherapeutischen Community in den nächsten Jahren gelingt – und wir hoffen, mit diesem Buch dazu einen Beitrag zu leisten – werden wir die düstere Perspektive einer Eliminierung der patientengerechten psychotherapeutischen Versorgung mit pluralen Therapieansätzen und individuell abgestimmter Therapiezeit verhindern können. Das zentrale heilsame Element in der Psychotherapie, die Heilungsprozesse im Rahmen der therapeutischen Dyade, kann dann vor den vernichtenden Eingriffen durch ökonomische und politische Akteure soweit geschützt werden, daß Psychotherapie überhaupt möglich bleibt. Oder anders ausgedrückt: Wenn sich die psychotherapeutischen Praktikerinnen und Forscherinnen nicht vor einer sachlichen Auseinandersetzung mit den anstehenden Forschungsfragen scheuen und drücken, kann der Grawe-Effekt eine Chance für die Weiterentwicklung des Psychotherapiefeldes sein. Andernfalls droht er zu einem Rückschritt zu werden. Wir – die Psychotherapeuten und Psychotherapieforscher – haben es in der Hand.

Literatur

Arbeitskreis OPD (Hg.) (1996): Operationalisierte Psychodynamische Diagnostik. Grundlagen und Material. Huber, Bern

Asendorpf, J. B. (1995): Persönlichkeitspsychologie: Das empirische Studium der individuellen Besonderheit aus spezieller und differentieller Perspektive. Psychologische Rundschau 46, 235-247

Bauer, P., Hommel, G., Sonnemann, E. (1988): Multiple Hypothesis Testing. Springer, Berlin

Becker-Fischer, M., Fischer, G. (1995): Sexuelle Übergriffe in Psychotherapie und Psychiatrie. Forschungsbericht des Instituts für Psychotraumatologie Freiburg für das Bundesministerium für Frauen, Jugend, Familie und Senioren. Kohlhammer, Stuttgart

Becker-Fischer, M., Fischer, G. (1996): Sexueller Mißbrauch in der Psychotherapie – was tun? Asanger, Heidelberg

Bergin A. E. (1966): Some implications of psychotherapy research for therapeutic practice. In: Journal of Abnormal Psychology 71, 235-246

Bergin, A. E. (1971): The evaluation of therapeutic outcomes. In: Bergin, A. E., Garfield, S. L. (Hg.): Handbook of Psychotherapy and Behavior Change. 1. Aufl., Wiley [s.u.x.], New York, 139-189

Bergin, A. E., Lambert, M. J. (1978): The evaluation of therapeutic outcomes. In: Bergin, A. E., Garfield, S. L. (Hg): Handbook of Psychotherapy and Behaviour Change. Guilford, New York, 217-280

Bergin A. E., Garfield, S. L. (1994a): Overview, trends and future issues. In: Bergin, A. E., Garfield, L. (Hg.): Handbook of Psychotherapy and Behavior Change, 4. Aufl., Wiley, New York, 821-830

Bergin, A. E., Garfield, S. L. (Hg.) (1994): Handbook of Psychotherapy and Behavior Change. 4. Aufl., Wiley [s.u.x.], New York

Blomberg, J. W., Sandell, R., Lazar, R., Broberg, J., Schubert, J. (1996): Long-term effects of psychoanalysis and long-term psychoanalytically oriented psychotherapy. Unveröffentlichter Vortrag, European Conference on Psychotherapy Research, 4.-7. September, 1996, Cernobbio/Como

Bolz, W., Meyer, A.- E. (1981): The General Setting. In: Meyer, A.- E. (Hg.), 85-95

Bortz, J. (1993): Statistik. Springer, Berlin

Bortz, J., Lienert, G. A., Boehnke, K. (1990): Verteilungsfreie Methoden in der Biostatistik. Springer, Berlin

Bortz, J., Döring, N. (1995): Forschungsmethoden und Evaluation. Springer, Berlin

Bredenkamp, J. (1972): Der Signifikanztest in der psychologischen Forschung. Akademische Verlagsanstalt, Frankfurt am Main

Bredenkamp, J. (1980): Theorie und Planung psychologischer Experimente. Steinkopff, Darmstadt

Brinkmann, R., Deter, H.-C., Eisele, H., Brohl, J. (1988): Ambulante Gruppenpsychotherapie bei Patienten mit chronischer Polyarthritis. In: Deter, H.-C., Schüffel, W. (Hg.): Gruppen mit körperlich Kranken. Springer, Berlin, 139-159

Brocke, B. (1978): Technologische Prognosen. Elemente einer Methodologie der angewandten Sozialwissenschaften. Alber, Freiburg

Büning, H. (1991): Robuste und adaptive Tests. De Gruyter, Berlin

Büning, H., Trenkler, G. (1994): Nichtparametrische statistische Methoden. De Gruyter, Berlin

Bungard, W. (Hg.) (1980): Die „gute" Versuchsperson denkt nicht. Artefakte in der Sozialpsychologie. Urban und Schwarzenberg, München

Carroll, L. (1946): Alice's Adventures in Wonderland. Puffin Books, London

Cohen, J. (1988): Statistical Power Analysis for the Behavioral Sciences. Erlbaum, Hillsdale

Condrau, G. (1995): Psychotherapie auf dem Prüfstand. In: Schweizerische Ärztezeitung 76, 1354-1363

Conover, W. J. (1980): Practical Nonparametric Statistics. Wiley, New York

Cook, T. D., Cooper, H., Cordray, D., Hartmann, H., Hedges, L., Light, R., Louis, T., Mosteller, F. (Hg.) (1992): Meta-Analysis for Exploration: A Casebook. Russell Sage Foundation, New York

Cooper, H. M., Hedges, L. V. (Hg.) (1994): The Handbook of Research Synthesis. Russell Sage Foundation, New York

Crits-Christoph, P. (1992): The efficacy of brief dynamic psychotherapy: A meta-analysis. In: American Journal of Psychiatry 149, 151-158

Dahl, H., Kächele, H, Thomä, H. (Hg.) (1988): Psychoanalytic Process Research Strategies. Springer, New York

Degen, R. (1992): Stümpern an der Seele. DIE ZEIT, 21. August 1992

Degen, R. (1995): Von Tiefenpsychologie und Hochstapelei. In: DIE ZEIT – Magazin, 29, 18-25

Derogatis, L. R. (1977): SCL-90-R, administration, scoring und procedures manual-I for the Revised version. John Hopkins University School of Medicine. Eigendruck

Deter, H.-C. (1986 a): Psychosomatische Behandlung des Asthma bronchiale. Springer, Berlin

Deter, H.-C. (1986 b): Cost-benefit analysis of psychosomatic therapy in asthma. In: J. Psychosom. Res. 30, 173-182

Deter, H.- C., Schepank, H. (1991): Patterns of Self-Definition of Asthma Patients and Normal Persons in the Freiburg Personality Inventory. In: Psychother. Psychosom. 55, 47-56

Diepgen, R. (1993): Münchhausen-Statistik. Eine Randbemerkung zu einer Argumentationsfigur von Grawe (1992). In: Psychologische Rundschau 44 (3), 176-177

Dührssen, A. (1972): Analytische Psychotherapie in Theorie, Praxis und Ergebnissen. Vandenhoeck und Ruprecht, Göttingen

Dührssen, A., Jorswieck, D. (1962): Zur Korrektur von Eysencks Berichterstattung über psychoanalytische Behandlungsergebnisse. In: Acta Psychotherapeutica 10, 329-342

Dührssen, A., Jorswieck, E. (1965): Eine empirisch-statistische Untersuchung zur Leistungsfähigkeit psychoanalytischer Behandlung. In: Der Nervenarzt 36, 166-169

Eckert, J. (1993): Zur Begutachtung der psychotherapeutischen Verfahren im „Forschungsgutachten" zum Psychotherapeutengesetz: Viele sind gar nicht erst angetreten, drei haben gewonnen und zwei bekommen den Preis. In: Psychother. Forum 1, 87-91

Egle U. T., Hoffmann S. O. (1993): Der Schmerzkranke. Grundlagen, Pathogenese, Klinik und Therapie chronischer Schmerzsyndrome aus bio-psycho-sozialer Sicht. Schattauer, Stuttgart

Elliott, R., Stiles, W. B., Shapiro, D. A. (1993): „Are some psychotherapies more equivalent than others?" In: Giles, T. R. (Hg.): Handbook of Effective Psychotherapy, Plenum Press, New York, 455-479

Enke, H., Gölles, J., Haux, R., Warnecke K.-D. (Hg.) (1992): Methoden und Werkzeuge für die exploratorische Datenanalyse in den Biowissenschaften. Gustav Fischer, Stuttgart

Eysenck, H. J. (1952): The effect of psychotherapy. An evaluation. In: Journal of Consulting Psychology 16, 319-324

Fachgruppe Klinische Psychologie d. DGfP (1995): Stellungnahme der Fachgruppe Klinische Psychologie der Dt. G. f. Psychologie zur Auseinandersetzung um Forschungsergebnisse zur Psychotherapie. In: Z. Klin. Psychol. 24, 229

Fäh-Barwinski, M. (1997): Qualitätsmanagement in der Psychotherapie – Fragen, Probleme, Perspektiven. In: Szondiana (im Druck)

Fahrmeir, L., Tutz, G. (1994): Multivariate Statistical Modelling Based on Generalized Linear Models. Springer, New York

Faller, H., Schilling, S., Lang, H. (1991): Die Bedeutung subjektiver Krankheitstheorien. In: Flich, U. (Hg.): Alltagswissen über Gesundheit und Krankheit. Subjektive Theorien und soziale Repräsentationen. Asanger, Heidelberg, 28-42

Faller, H., Frommer, J. (Hg.) (1994): Qualitative Psychotherapieforschung. Grundlagen und Methoden. Asanger, Heidelberg

Ferschl, F. (1985): Deskriptive Statistik. Physica, Würzburg

Firneburg M., Klein B. (1993): Probleme bei der Anwendung des ZBKT-Verfahrens im Gruppensetting. Gruppenpsychotherapie und Gruppendynamik 29, 147-169

Fischer, G. (1989): Dialektik der Veränderung in Psychoanalyse und Psychotherapie. Asanger, Heidelberg

Fischer, G. (1996): Dialektik der Veränderung in Psychoanalyse und Psychotherapie. Modell, Theorie und systematische Fallstudie, 1. Auflage 1989, Asanger, Heidelberg

Fischer, G. (1994): Lebensgeschichte – Therapieverlauf – Ergebnisbewertung. Das Bewertungskriterium „Integrität" in der qualitativen Psychotherapieforschung. In: Faller, H., Frommer, J. (Hg.): Qualitative Psychotherapieforschung. Grundlagen und Methoden. Asanger, Heidelberg, 329-347

Fischer, G. (1995): Die Transformation von Beziehungsschemata in der psychoanalytischen Langzeitbehandlung. In: Kaiser, E. (Hg.): Psychoanalytisches Wissen. Beiträge zur Forschungsmethodik. Westdeutscher Verlag, Opladen, 240-259

Fischer, G. (1997): Manual zum Dialektischen Veränderungsmodell (unveröffentlichtes Manuskript)

Fischer G., Gurris N., Pross C., Riedesser P. (1995): Psychotraumatologie – Konzepte und spezielle Themenbereiche. In: Adler, R. H., Herrmann, J. M., Köhle, K., Schonecke, O. W., von Uexküll, T., Wesiack, W. (Hg.): Uexküll – Psychosomatische Medizin, 543-552

Fischer, G., Schmeisser, N. (1996): Kölner-Therapie-Dokument (KTD) – eine Software zur Dokumentation von Psychotherapien nach dem Dialektischen Veränderungsmodell

Fischer, G., Klein, B. (1997): Psychotherapieforschung – Forschungsepochen. Zukunftsperspektiven und Umrisse eines dynamisch-behavioralen Verfahrens. In: Pottroff, G. (Hg.): Psychotherapie, quo vadis? Hogrefe, Göttingen

Fischer, G., Riedesser, P. (1996): Lehrbuch der Psychotraumatologie. Ernst Reinhardt, München

Frank, J.D. (1971): Therapeutic factors in psychotherapy. In: American Journal of Psychotherapy 14, 520-535

Freud, S. (1895): Studien über Hysterie. GW, Bd. 1

Freud, S. (1919): Wege der psychoanalytischen Therapie. GW, Bd. 12, 181-194

Freud, S. (1947): Über Psychoanalyse. Fünf Vorlesungen gehalten zur 20jährigen Gründungsfeier der Clark University in Worcester, Mass., September 1909. Deuticke, Wien

Fricke, R., Treinies, G. (1985): Einführung in die Meta-Analyse. Huber, Bern

Fromm, E. (1981): Jenseits der Illusion. Die Bedeutung von Marx und Freud. DVA, Stuttgart

Frommer, J. (1996): Qualitative Diagnostikforschung. Inhaltsanalytische Untersuchungen zum psychotherapeutischen Erstgespräch. Springer, Berlin

Frommer, J., Huks-Gillopez, E., G. Jüttemann, A., Möllering, A., Reißner, V., Stratkötter, A., Tress, W. (im Druck): Qualitative Diagnostikforschung bei Neurosen und Persönlichkeitsstörungen. Das Düsseldorfer Erstinterviewprojekt. In: Psychotherapeut

Garske, J.P., Lynn, S. (1995): Toward a general scheme for psychotherapy. Effectiveness, common factors and integration. In: Lynn, S.J., Garske, J.P. (Hg.): Contemporary Psychotherapy: Models and Methods. Charles E. Merrill Publishing Company, Columbus

Geuter, U. (1993): Forum der Wissenschaft. Es kommt auf die Beziehung an. Psychotherapie auf dem Prüfstand. Bayrischer Rundfunk (B2), 18. März 1993

Geuter, U. (1995): „Wer immer nur über die Kindheit spricht, entpolitisiert". Ein Gespräch mit dem Psychotherapeuten James Hillman. In: Psychologie heute, 22, 46-49

Glass, G.V., McGraw, B., Smith, M.L. (1981): Meta-Analysis in Social Research. Sage, Beverly Hills

Grawe, H. (1995 a): Welchen Sinn hat Psychotherapieforschung? Eine Erwiderung auf V. Tschuschke et al. In: Psychotherapeut 40, 96-106

Grawe, H. (1995 b): Psychotherapie und Statistik im Spannungsfeld zwischen Wissenschaft und Konfession. In: Zeitschrift für Klinische Psychologie 24, 216-228

Grawe, K. (1976): Differentielle Psychotherapie. Huber, Bern

Grawe, K. (1981): Vergleichende Psychotherapieforschung. In: Minsel, W. R., Scheller, R. (Hg.): Brennpunkte der Klinischen Psychologie. Kösel, München

Grawe, K. (1986): Die Effekte der Psychotherapie. In: Amelang M. (Hg.): Bericht zum 35. Kongreß der Deutschen Gesellschaft für Psychologie (DGfP) in Heidelberg, Band 2. Hogrefe, Göttingen, 515-534

Grawe, K. (1988): Psychotherapeutische Verfahren im wissenschaftlichen Vergleich. In: Praxis der Psychosomatik und Psychotherapie 33

Grawe, K. (1988): Zurück zur psychotherapeutischen Einzelfallforschung – Editorial. In: Zeitschrift für Klinische Psychologie 17, 1-7

Grawe, K. (1989): Von der psychotherapeutischen Outcome-Forschung zur differentiellen Prozeßanalyse. In: Zeitschrift für Klinische Psychologie 18, 23-34

Grawe, K. (1992 a): Psychotherapieforschung zu Beginn der neunziger Jahre. In: Psychologische Rundschau 43, 132-162

Grawe, K. (1992 b): Konfrontation, Abwehr und Verständigung: Notwendige Schritte im Erkenntnisprozeß der Psychotherapieforschung. Psychologische Rundschau 43, 174-178

Grawe, K. (1993): Über Voraussetzungen eines gemeinsamen Erkenntnisprozesses in der Psychotherapie. Eine Erwiderung auf Eysenck und Diepgen. In: Psychologische Rundschau 44 (3), 181-186

Grawe, K. (1994): Psychoanalytische Illusionen und empirische Wirklichkeit. Eine Replik auf A.-E. Meyer. In: Psychotherapeut 39, 309-313

Grawe, K. (1995 a): Psychotherapie und Statistik im Spannungsfeld zwischen Wissenschaft und Konfession. Ein Kommentar zur Auseinandersetzung um unser Buch „Psychotherapie im Wandel. Von der Konfession zur Profession". Zeitschrift für Klinische Psychologie 24, 216-228

Grawe, K. (1995 b): Welchen Sinn hat Psychotherapieforschung? Eine Erwiderung auf Tschuschke, Kächele und Hölzer (1994). In: Psychotherapeut 39, 281-297

Grawe, K. (1995 c): Grundriß einer Allgemeinen Psychotherapie. In: Psychotherapeut 40 (3), 130-145

Grawe, K. (1995 d): Psychoanalyse auf Abwegen. Ein Kommentar zur „wissenschaftlichen" Auseinandersetzung mit unserem Buch „Psychotherapie im Wandel. Von der Konfession zur Profession" (unveröff. Manuskript)

Grawe, K. (1996 a) Umrisse einer zukünftigen Psychotheapie. In Bents, H., Frank, R., Rey, E. R. (Hg.): Erfolg und Mißerfolg in der Psychotherapie. Roderer, Regensburg, 38-59

Grawe, K. (1996 b): Schlußwort zu einer unerfreulichen Kontroverse. In: Zeitschrift für Klinische Psychologie 25, 64-66

Grawe, K., Kächele, H. (1988): The PEP-Project. N=2 research: A cooperative study. Presentation at the 19th Annual Meeting of the Society for Psychotherapy Research, Santa Fé, USA

Grawe, K., Caspar, F., Ambühl, H.-R. (1990 a): Die Berner Therapievergleichsstudie: Wirkungsvergleich und differentielle Indikation. In: Zeitschrift für Klinische Psychologie 4, 338-361

Grawe, K., Caspar, F., Ambühl, H.-R. (1990 b): Differentielle Psychotherapieforschung: Vier Therapieformen im Vergleich. In: Zeitschrift für Klinische Psychologie 19, 292-376

Grawe, K., Donati, R., Bernauer, F. (1994): Psychotherapie im Wandel. Von der Konfession zur Profession. Hogrefe, Göttingen

Greenberg, L. S., Pinsof, W. M. (Hg.) (1986): The Psychotherapeutic Process. A Research Handbook. Guilford Press, New York

Greenberg, L. S., Rice, L. N., Elliott, R. (1993): Facilitating Emotional Change: The Moment-by-Moment-Process. Guilford, New York

Grünbaum, A. (1988): Die Grundlagen der Psychoanalyse. Eine philosophische Kritik. Reclam, Stuttgart

Hager, W., Leichsenring, F. (1985): Nützt die Psychotherapieforschung dem Forscher mehr als dem Klienten? In: Zeitschrift für Klinische Psychologie 16, 200-213

Hampel, F. R., Rousseeuw, P. J., Ronchetti, E. M., Stahel, W. A. (1986): Robust Statistics, the approach based on influence functions. Wiley, New York

Hartkamp, N., Heigl-Evers, A. (1995): Feinstrukturen einer analytischen Supervision. In: Zeitschrift für Psychosomatische Medizin und Psychoanalyse 41, 253-267

Hartlage, I. C. (1970): Subprofessional therapists' use of reinforcement versus traditional psychotherapeutic techniques with schizophrenics. In: Journal of Consulting and Clinical Psychology 34, 181-183

Heckrath, C., Dohmen P. (1997): Zu der empirischen Basis der „hochsignifikanten Überlegenheit" der kognitiv-behavioralen gegenüber den psychoanalytischen Psychotherapieverfahren. Eine Auseinandersetzung mit dem direkten Wirkungsvergleich in Grawe, Donati und Bernauer (1994): Psychotherapie im Wandel. Von der Konfession zur Profession. In: Zeitschrift für Psychosomatische Medizin und Psychoanalyse 43

Hedges, L. V., Olkin, J. (1985): Statistical Methods for Meta-Analysis. Academic Press, Orlando

Heinzel, R. , Breyer, F., Klein, T. (1995): Ambulante Psychoanalyse in Deutschland. Eine katamnestische Evaluationsstudie. Fakultät für Wirtschaftswissenschaften und Statistik, Universität Konstanz

Henseler, H., Wegner, P. (Hg.): (1993): Psychoanalysen, die ihre Zeit brauchen. Zwölf klinische Darstellungen. Westdeutscher Verlag, Oplanden

Herold, R. (1995): „Utopische" und „tatsächliche" Kosten analytischer Psychotherapie in der kassenärztlichen Versorgung. In: Zeitschrift für psychoanalytische Theorie und Praxis 10, 462-480

Herzog, W., Deter, H. C. (1994): Lanzeitkatamnesen: Methodische Gesichtspunkte bei der Interpretation von Verlaufsergebnissen. Eine Darstellung am Beispiel der Anorexia nervosa. In: Zeitschrift für Psychosomatische Medizin und Psychoanalyse 40 (2), 117-127

Hoaglin, D., Mosteller, F., Tukey, J. W. (1983): Understanding Robust and Exploratory Data Analysis. Wiley, New York

Hoaglin, D. C., Mosteller, F., Tukey, J. W. (Hg.) (1985): Exploring Data, Tables, Trends, and Shapes. Wiley, New York

Hoaglin, D. C., Mosteller, F., Tukey, J. W. (1991): Fundamentals of Exploratory Analysis of Variance. Wiley, New York

Hoffmann, S. O. (1992): Bewunderung, etwas Scham und verbliebene Zweifel. Anmerkungen zu Klaus Grawes „Psychotherapieforschung zu Beginn der neunziger Jahre". In: Psychologische Rundschau 43, 163-167

Hoffmann, S. O., Bassler, M. (1995): Zur psychoanalytisch fundierten Fokaltherapie von Angsterkrankungen. In: Forum der Psychoanalyse 11, 2-14

Holzkamp K. (1968): Wissenschaft als Handlung. Versuch einer neuen Grundlegung der Wissenschaftstheorie. Walter de Gruyter, Berlin

Horn, M., Vollandt, R. (1995): Multiple Tests und Auswahlverfahren. Gustav Fischer Verlag, Stuttgart

Howard, K. I., Kopta, S. M., Krause, M. S., Orlinsky, D. E. (1986): The dose-effect-relationship in psychotherapy. In: American Psychologist 41, 159-164

Hsu, J. (1996): Multiple Comparisons. Theory and Methods. Chapman und Hall, London

Huber, G. L., Mandl, H. (Hg.) (1994): Verbale Daten. Eine Einführung in die Grundlagen und Methoden der Erhebung und Auswertung. Beltz, Weinheim

Huber, P. (1981): Robust Statistics. Wiley, New York

Invaliditätsstatistik (1996). Bundesamt für Sozialversicherung, Bern

Jüttemann, G. (1990): Komparative Kasuistik. Asanger, Heidelberg

Jüttemann, G. (1992): Psyche und Subjekt. Rowohlt, Reinbek

Kächele, H. (1992): Psychoanalytische Psychotherapieforschung 1930-1990. In: Psyche 46, 259-285

Kächele, H. (1995): Klaus Grawes Konfession und die psychoanalytische Profession. In: Psyche 49, 481-492

Kächele, H., Kordy, H. (1992): Psychotherapieforschung und therapeutische Versorgung. In: Der Nervenarzt 63, 517-526

Kächele, H., Kordy, H. (1995): Ergebnisforschung in der psychosomatischen Medizin. In: von Uexküll, T. (Hg.): Psychosomatische Medizin. Urban und Schwar-zenberg

Kaiser, E. (1995): Der psychotherapeutische Weltgeist zu Bern. In: Psyche 49, 493-507

Kernberg, O. (1993): Psychodynamische Therapie bei Borderline-Patienten. Huber, Bern

Kernberg, O. (1994): Der gegenwärtige Stand der Psychoanalyse. In: Psyche 48 (6), 483-508

Kernberg, O. (1996): Thirty methods to destroy the creativity of analytic candidates. In: International Journal of Psychoanalysis zur Ausbildung 77 (5), 1031-1040

Kiesler, D. J. (1966): Some myths of psychotherapy research and the search for a paradigm. In: Psychological Bulletin 65, 110-136

Kiesler, D. J. (1977): Die Mythen der Psychotherapieforschung und ein Ansatz für ein neues Forschungsparadigma. In: Petermann, F. (Hg.): Psychotherapieforschung. Beltz, Weinheim

Kiesler, D. J. (1995): Research Classic: „Some myths of psychotherapy research and the search for a paradigm": Revisited. In: Psychotherapy Research 5, 91-101

Kimm, H.-J., Bolz, W., Meyer, A.-E. (1981): The Patient Sample: Overt and Covert Selection Factors and Prognostic Predictions. In: Meyer, A.-E. (Hg.): (1981), 96-109

Klauß H. (1990): Zur Konstitution der Sinnlichkeit in der Wissenschaft. Eine soziologische Analyse der Wandlungen des Subjekt-Objekt-Verhältnisses. Daedalus, Rheda-Wiedenbrück

Koch, U., Wittmann, W. W. (1990): Evaluationsforschung. Bewertungsgrundlage für Sozial- und Gesundheitsprogramme. Springer, Berlin

König, K. (1981): Angst und Persönlichkeit. Das Konzept vom steuernden Objekt und seinen Anwendungen. Vandenhoeck und Ruprecht, Göttingen

König, K. (1993): Einzeltherapie außerhalb des klassischen Settings. Vandenhoeck und Ruprecht, Göttingen

Kopta, S. M., Howard, K. I., Lowry, J. L., Beutler, L. E. (1994): Patterns of symptomatic recovery in psychotherapy. In: Journal of Consulting and Clinical Psychology 62, 1009-1016

Kordy, H., Kächele, H. (1995): Der Einsatz von Zeit in der Psychotherapie. In: Psychotherapeut 40, 195-209

Lakatos, I. (1974): Falsifikation und die Methodologie wissenschaftlicher Forschungsprogramme. In: Lakatos, I., Musgrave, A. (Hg.): Kritik und Erkenntnisfortschritt. Vieweg, Braunschweig, 91-195

Lambert, M. J., Shapiro, D. A., Bergin, A. E. (1986): The effectiveness of psychotherapy. In: Garfield, S. L., Bergin, A. E. (Hg.): Handbook of Psychotherapy and Behavior Change. Wiley, New York, 157-211

Lambert, M. J., Bergin, A. E. (1994): The effectiveness of psychotherapy. In: Bergin, A. E., Garfield, S. L. (Hg.): Handbook of Psychotherapy and Behavior Change. Wiley, New York, 143-189

Lamprecht, F., Schmidt, J., Bernhard, P. (1987): Stationäre Psychotherapie: Kurz- und Langzeiteffekte. In: Quint, H., Janssen, P. L. (Hg.): Psychotherapie in der psychosomatischen Medizin. Springer, Berlin, 149-155

Lang, H. (Hg.) (1990): Wirkfaktoren der Psychotherapie. Springer, Berlin

Lear, J. (1996): The shrink is in. In: Psyche 50 (7), 599-616

Lebart, L. (1984): Multivariate Descriptive Statistical Analysis. Wiley, New York

Lehmann, E. L. (1986): Testing Statistical Hypotheses. Wiley, New York

Lehmann, E. L. (1991): Theory of Point Estimation. Wiley, New York

Leichsenring, F. (1985): Die Probleme der „externen" Validität in der Psychotherapieforschung. In: Zeitschrift für Klinische Psychologie 16, 214-227

Leichsenring, F. (1987): Einzelfallanalyse und Strenge der Prüfung. Diagnostica 33, 93-103

Leichsenring, F. (1996 a): Zum Vergleich von Psychoanalytischer Therapie und Verhaltenstherapie. In: Gruppenpsychotherapie und Gruppendynamik 32, 205-234

Leichsenring, F. (1996 b): Zur Meta-Analyse von Grawe und Mitarbeitern. In: Gruppentherapie und Gruppendynamik 32, 205-234

Leichsenring, F., Hager, W. (1984): Das Kriterium der „Effektivität" psychotherapeutischer Behandlungsmethoden. In: Zeitschrift für Klinische Psychologie, Psychopathologie und Psychotherapie 32, 319-332

Leichsenring, F., Staats, H., Biskup, J. (in Vorbereitung): Zur Effektivität analytischer und analytisch orientierter Therapie. Die Göttinger Effektivitätsstudie

Lenk, H. (1993): Interpretationskonstrukte. Zur Kritik der interpretatorischen Vernunft. Suhrkamp, Frankfurt am Main

Leuzinger-Bohleber, M. (1987): Veränderung kognitiver Prozesse in Psychoanalysen. Bd. 1: Eine hypothesengenerierende Einzelfallstudie. Springer, Berlin

Leuzinger-Bohleber, M. (1989): Veränderung kognitiver Prozesse in Psychoanalysen. Bd. 2: Fünf aggregierte Einzelfallstudien. Springer, Berlin

Leuzinger-Bohleber, M. (1990): „Komparative Kasuistik" in der Psychoanalyse? In: Jüttemann, G. (Hg.): Komparative Kasuistik. Asanger, Heidelberg, 104-122

Leuzinger-Bohleber, M. (1994): Veränderungen kognitiv-affektiver Prozesse in Psychoanalysen. Versuch einer Kombination von (qualitativer) On-Line- und (quantitativer) Off-Line-Forschung bei der Untersuchung psychoanalytischer Prozesse. In: Faller, H., Fromme, J. (Hg.): Qualitative Psychotherapieforschung, 195-228

Leuzinger-Bohleber, M. (1995 a): Die Einzelfallstudie als psychoanalytisches Forschungsinstrument. In: Psyche 49, 434-480

Leuzinger-Bohleber, M. (1995 b): Die Einzelfallstudie als psychoanalytisches Forschungsinstrument. In: Kaiser, E. (Hg.): Psychoanalytisches Wissen. Westdeutscher Verlag, Opladen, 205-239

Lienert, G. A., Raatz, U. (1994): Testaufbau und Testanalyse. Beltz, Weinheim

Linden, M. (1987): Phase-IV-Forschung. Springer, Berlin

Lorenz, K. (1973): Die acht Todsünden des zivilisierten Menschen. Piper, München

Luborsky, L. (1988 a): Einführung in die analytische Psychotherapie. Ein Lehrbuch. Springer, Berlin

Luborsky, L. (1988 b): Der zentrale Beziehungskonflikt, Manual zur Auswertung von Verbatimtranskripten psychoanalytischer Therapie. In: Luborsky L., Kächele, H.: Der zentrale Beziehungskonflikt. PSZ-Verlag, Ulm, 22-58

Luborsky, L. (1993): How to maximize the curative factors in dynamic psychotherapy? In: Miller, N. E., Luborsky, L., Barber, J. P., Docherty, J. P. (Hg.): Psychodynamic Treatment Research – A Handbook for Clinical Practice, 519-535

Luborsky, L., Singer, B., (1975): Comparative studies of psychotherapies: Is it true that "everyone has won and all must have prizes"? In: Arch. Gen. Psychiatry 32, 995-1008

Malan, D. H. (1963): A Study of Brief Psychotherapy. Tavistock, London

Malan, D. H. (1972): Psychoanalytische Kurztherapie. Eine kritische Untersuchung. Rowohlt, Reinbek

Manz, R., Schepank, H. (1993): Köps: Ein Selbstrating-Instrument zur Erfassung körperlicher, psychischer und sozial-kommunikativer Beeinträchtigungen. In: Zeitschrift für Psychosomatische Medizin und Psychoanalyse 39, 1-13

Manz, R., Henningsen, C., Rudolf, G. (1995): Methodische und statistische Aspekte der Therapieevaluation. In: Zeitschrift für Psychotherapie, Psychosomatik und medizinische Psychologie 45, 52-59

Maxwell, S. E., Delaney, H. D. (1993): Bivariate Median Splits and Spurious Statistical Significance. In: Psychological Bulletin 113, 181-190

Mayring, P. (1990): Qualitative Inhaltsanalyse. Deutscher Studienverlag, Weinheim

McNeilly, C., Howard, K. I. (1991): The effects of psychotherapy: A reevaluation based on dosage. In: Psychotherapy Research 1, 74-78

Meehl, P. (1973): Why I do not attend to case conferences. In: Psychodiagnosis: Selected Papers. University of Minnesota Press, Minneapolis

Menges, G. (1982): Die Statistik. Zwölf Stationen des statistischen Arbeitens. Gabler, Wiesbaden

Mertens W. (1994): Psychoanalyse auf dem Prüfstand? Eine Erwiderung auf die Meta-Analyse von Klaus Grawe. Quintessenz, Berlin

Mertens, W. (1995): Warum Psychoanalysen lange dauern (müssen). Gedanken zum angemessenen katamnestischen Vorgehen. In: Psyche 49, 405-434

Meyer, A.-E. (Hg.) (1981): The Hamburg short psychotherapy comparison experiment. In: Psychother. Psychosom. 35, 77-270

Meyer, A.-E. (1994): Über die Wirksamkeit psychoanalytischer Therapie bei psychosomatischen Störungen. In: Psychotherapeut 39, 298-308

Meyer, A.-E. (1995): Et tamen florent confessiones. Schlußwort zu Grawes Replik. In: Psychotherapeut 40, 107-110

Meyer, A.-E., Bolz, W. (1981): Foreword and Introduction. In: Meyer, A.-E. (Hg.) (1981), 81-84

Meyer, A.-E., Richter, R., Grawe, K., von der Schulenburg, J.-M., Schulte, B., Schwedler, H.-J. (1991): Forschungsgutachten zu Fragen eines Psychotherapeutengesetzes. Bundesministerium f. JFFG, Bonn

Miller, R. (1981): Simultaneous Statistical Inference. Springer, New York

Miller, R. (1986): Beyond ANOVA, Basics of Applied Statistics. Wiley, New York

Mittelstraß, J. (Hg.) (1980): Enzyklopädie Philosophie und Wissenschaftstheorie. Bd. 1. Wissenschaftsverlag, Mannheim

Morrison, D. E., Henkel, R. E. (Hg.) (1970): The Significance Test Controversy. Aldine, Chicago

Moser, A. (1995): Aufbruch zur Medizin ohne Seele. In: Schweizerische Ärztezeitung 76, 786-792

Moser, U. (1989): Wozu eine Theorie in der Psychoanalyse? Gedanken zum Problem der Metapsychologie. In: Zeitschrift für Psychoanalytische Theorie und Praxis 4 (2), 154-174

Moser, U. (1991): Vom Umgang mit Labyrinthen. Zwischenbilanz der Psychotherapieforschung. Psyche 45 (4), 315-334

Moser, U. (1992): Two Butterflies on my Head, or, Why have a Theory in Psychoanalysis? In: Leuzinger-Bohleber, M., Schneider, H., Pfeifer, R. (Hg.) (1992): "Two Butterflies on my Head.". Psychoanalysis in the Interdisciplinary Dialogue. Springer, Berlin, 29-46

Negt, O., Kluge, A. (1982): Geschichte und Eigensinn. Zweitausendeins, Frankfurt am Main

Orlinsky, D. E., Grawe, K., Parks, B. K. (1994): Process and Outcome in Psychotherapy. In: Bergin, A. E., Garfield, S. L. (Hg.): Handbook of Psychotherapy and Behavior Change. Springer, New York, 270-376

Patterson, V., Levene, H., Breger, L. (1971): Treatment and training outcomes with two time-limited therapies. In: Archives of General Psychiatry, 25, 161-167

Pohlen, M., Bautz-Holtzherr, M.(1991): Eine andere Aufklärung: Das Freudsche Subjekt in der Analyse. Suhrkamp, Frankfurt am Main

Polasek, W. (1994): EDA – Explorative Datenanalyse. Springer, Heidelberg

Popper, K. (1995 a): Falsifikationismus oder Konventionalismus (1934). In: Popper, Karl: Lesebuch. Mohr, Tübingen

Popper, K. (1995 b): Die wissenschaftliche Methode (1934). In: Popper, Karl: Lesebuch. Mohr, Tübingen

Pyles, R. L. (1997): Psychoanalysis at the Crossroads. Unveröffentlichtes Vortragsmanuskript

Reinders, M. et al. (1994): Hypnose und Verhaltenstherapie bei Schreibkrampf. In: Experimentelle und klinische Hypnose 10, 159-166

Reinecker, H., Schiepek, G., Gunzelmann, T. (1989): Integration von Forschungsergebnissen. In. Z. Klin. Psychologie 18, 101-116

Rice, L. N., Greenberg, L. S. (Hg.) (1984): Patterns of Change: Intensive Analysis of Psychotherapy Process. Guilford Press, New York

Rudolf, G. (1991): Die therapeutische Arbeitsbeziehung. Untersuchungen zum Zustandekommen, Verlauf und Ergebnis analytischer Psychotherapie. Springer, Berlin

Rudolf, G., Manz, R., Öri, Ch. (1994): Ergebnisse psychoanalytischer Therapien. In: Zeitschrift für Psychosomatische Medizin und Psychoanalyse 40, 25-40

Rudolf, G., Buchheim, P., Ehlers, W., Küchenhoff, J., Muhs, A., Pouget-Schors, D., Rüger, U., Seidler, G. H., Schwarz, F. (1995): Struktur und strukturelle Störung. (Franz Heigl, einem der Pioniere strukturellen Denkens in der Psychoanalyse zum 75. Geburtstag gewidmet.) In: Zeitschrift für Psychosomatische Medizin und Psychoanalyse 41,197-212

Rudolf, G., Grande, T., Oberbracht, C., Jakobsen, T. (1996): Erste empirische Untersuchungen zu einem neuen diagnostischen System: Die Operationalisierte Psychodynamische Diagnostik OPD. In: Zeitschrift für psychosomatische Medizin und Psychoanalyse

Rüger, B. (1994): Kritische Anmerkungen zu den statistischen Methoden in Grawe, Donati und Bernauer: „Psychotherapie im Wandel. Von der Konfession zur Profession". In: Zeitschrift für Psychosomatische Medizin und Psychoanalyse 40, 368-383

Rüger, B. (1996 a): Induktive Statistik. Oldenbourg, München

Rüger, B. (1996 b): Eine Erwiderung auf Grawes Artikel „Psychotherapie und Statistik im Spannungsfeld zwischen Wissenschaft und Konfession". In: Zeitschrift für Klinische Psychologie 25, 61-65

Rüger, U., Senf, W. (1994): Klinische Bedeutung von Psychotherapie-Katamnesen. In: Zeitschrift für Psychosomatische Medizin und Psychoanalyse 40, 103-116

Rumelhart, D. E., Lindsay, P., Norman, D. A. (1972): Process model for long-term memory. In: Tulving, E., Donaldson, W. (Hg.): Organization of memory. New York

Sampson, H. (1992): A new Psychoanalytic Theory and its Testing in Research. In: Barron, J. W., Eagle, M. N., Wolitzky, D. L. (Hg.): Interface of Psychoanalysis and Psychology, American Psychological Association, Washington D. C., 586-604

Sandell, R., Blomberg, J., Lazar, A., Schubert, J., Broberg, J., Carlsson, J. (1996): Long-term effects of psychotherapy and psychoanalysis. Vortrag an der Herbsttagung der Deutschen Psychoanalytischen Vereinigung in Wiesbaden, 22. November 1996

Scariano, S. M., Davenport, J. M. (1987): The Effects of Violations of Independence Assumptions in the One-Way ANOVA. In: The American Statistician 41, 123-129

Schäfer, L. (1995): Philosophische Betrachtungen zum Empiriebegriff. Vortrag auf dem Symposion zum 70. Geburtstag von A.-E. Meyer am 8.Dezember 1995, Hamburg

Schepank, H. (1987): Psychogene Erkrankungen der Stadtbevölkerung. Springer, Berlin

Schepank, H. (Hg.) (1990): Verläufe – seelische Gesundheit und psychogene Erkrankungen heute. Springer, Berlin

Schiepek, G. (1994): Ist eine systemische Psychotherapieforschung möglich? In: Zeitschrift für Klinische Psychologie, Psychopathologie und Psychotherapie 42, 297-318

Schiepek, G., Kowalik, Z. J. (1994): Dynamik und Chaos in der psychotherapeutischen Interaktion. In: Verhaltenstherapie und psychosoziale Praxis 4, 503-527

Schneider, H. (1995): Psychotherapie im Wissenschaftsstreit: Wirksamkeit von Psychotherapien – wie weiter? In: Psychoscope 16, 12-14

Schneider, H., Fäh, M., Barwinski, R. (1994): Die Potentiallandschaft als Denkwerkzeug für Untersuchungen des psychotherapeutischen Prozesses. Unveröffentlichter. Vortrag 4. Herbstakademie „Selbstorganisation in Psychologie und Psychiatrie", 4.-7. Oktober 1994, Münster

Schneider, H., Barwinski, R. Fäh, M. (1995 a): Wie können Prozesse der Veränderung in Psychoanalysen nachgezeichnet werden? Unveröffentlichter Vortrag. 18. Werkstatt für empirische Forschung in der Psychoanalyse, 16./17. Juni 1995, Ulm

Schneider, H., Barwinski, R., Fäh, M. (1995 b): How does a psychoanalyst arrive at a judgement on what is going on between herself and her patient? A study based on theories of self-organizing processes. In: Boothe, B., Hirsig, R., Helminger, A., Meier, B., Volkart, R. (1995): Perception – Evaluation – Interpretation. Swiss Monographs in Psychology, Bd. 3. Huber, Bern, 66-74

Schneider, H., Fäh-Barwinski, M., Barwinski, R. (1996): Tracing longterm change in psychoanalysis by means of process patterns. Referat an der 5. Europäischen Konferenz der Society for Psychotherapy Research, 4.-7. September 1996, Cernobbio/Italien

Schneider, H., Fäh-Barwinski, M., Barwinski, R. (1997): „Denkwerkzeuge" für das Nachzeichnen langfristiger Prozesse in Psychoanalysen. In: Schiepek, G., Tschacher, W. (Hg.): Selbstorganisation in Psychologie und Psychiatrie. Vieweg, Braunschweig

Schulte, D. (1993): Wie soll Therapieerfolg gemessen werden? In: Zeitschrift für klinische Psychologie 22, 374-393

Schulte, D. (1996): Therapieplanung. Hogrefe, Göttingen

Schulte, D., Künzel, R., Pepping, G., Schulte-Bahrenberg, T. (1991): Maßgeschneiderte Psychotherapie versus Standardtherapie bei der Behandlung von Phobikern. In: Schulte, D. (Hg.): Therapeutische Entscheidungen. Hogrefe, Göttingen

Schulte-Bahrenberg, T., Schulte, D. (1991): Therapieveränderungen bei Therapeuten. In: Schulte, D. (Hg.): Therapeutische Entscheidungen. Hogrefe, Göttingen

Seligman, M. E. P. (1995): The effectiveness of psychotherapy. In: The Consumer Reports Study. American Psychologist 50, 965-974

Seligman, M. E. P. (1996): Science as an Ally of Practice. In: American Psychologist 51, 1072-1079

Senf, W., von Rad, M. (1995): Ergebnisforschung in der psychosomatischen Medizin. In: von Uexküll, T. (Hg.): Psychosomatische Medizin. Urban und Schwar-zenberg

Shapiro, D. A. (1990): Lessons in history: Three generations of therapy research. Paper delivered at the Annual Meeting of the Society of Psychotherapy Research. Wintergreen, USA

Shapiro, D. A. (1995): Finding out how psychotherapies help people change. In: Psychotherapy Research 5, 1-21

Shapiro, T., Emde R. N. (Hg.) (1995): Research in Psychoanalysis: Process, Development, Outcome. International University Press, Madison

Sloane, B., Staples, F., Cristol, A. H., Yorkston, N. J., Whipple, K. (1975): Short-Term Analytically Oriented Psychotherapy Versus Behavior Therapy. In: American Journal of Psychiatry 132, 373-377

Sloane, R. B., Staples, F. R., Cristol, A. H., Yorkston, N. J., Whipple, K. (1981): Analytische Psychotherapie und Verhaltenstherapie. Eine vergleichende Untersuchung. Enke, Stuttgart

Speidel, H. (1991): Welches Interesse hat die Psychoanalyse an der Psychosomatischen Medizin? Vortrag, Symposion über Subjektivität und Psychoanalyse, 8.November 1991, Düsseldorf

SPIEGEL (1994): Gaukler oder Heiler – Was kann die Psychotherapie? 30, 76-85

Stengers, I. (1996): L'emploi des modèles scientifiques par le psychothérapeute. In: Psychotherapie Forum 4, 152-157

STERN (1993): Psychotherapien auf dem Prüfstand – Was der Seele hilft. 44, 112-120

STERN (1995): Vorsicht Psycho-Therapie. Das Geschäft mit der Seele. 27, 36-46

Steyer, R., Eid, M. (1993): Messen und Testen. Springer, Heidelberg

Stiles, W. B., Shapiro, D. A., Elliott, R. (1986): „Are all psychotherapies equivalent?" American Psychologist 41, 165-180

Strauß, B., Burgmeier-Lohse, M. (1994): Stationäre Langzeitgruppen-Psychotherapie – Ein Beitrag zur empirischen Psychotherapieforschung im stationären Feld. Asanger, Heidelberg

Strenger, C. (1991): Between Hermeneutics and Science. An Essay on the Epistemology of Psychoanalysis. International Universities Press, New York

Strupp, H. H. (1995): The psychotherapist's skills revisited. In: Clinical Psychology: Science and Practice V2 N1, 70-74

Strupp, H. H. (1997): The Tripartite Model and the Consumer Reports Study. In: American Psychologist 51, 1017-1024

Strupp, H. H., Hadley, S. W. (1977): A tripartite model of mental health and therapeutic outcome. With special reference to negative effects. In: American psychologist 3, 187-196

Strupp, H. H., Hadley, S. W. (1979): Specific versus nonspecific factors in psychotherapy: A controlled study of outcome. In: Archives of General Psychiatry 36, 1125-1136

Strupp, H. H., Binder, J. L. (1984): Psychotherapy in a new key. Basic Books, New York

Strupp, H. H., Schacht, T. E., Henry, W. P. (1988): Problem-treatment-outcome congruence: a principle whose time has come. In: Dahl, H., Kächele, H., Thomä, H. (Hg): Psychoanalytic Process Research Strategies. Springer, Berlin, 1-14

Strupp, H. H., Hadley, S. W., Schwartz, B. (1994): When things get worse. Jason Aronson, Northvale

Stuhr, U. (1995): Die Fallgeschichte als Forschungsmittel. In: Kaiser, E. (Hg.): Psychoanalytisches Wissen. Westdeutscher Verlag, Oplanden, 188-204

Stuhr, U. (1997): Der Psychotherapieerfolg als Prozeß. Leitlinien für eine zukünftige Psychotherapieforschung. Asanger, Heidelberg

Stuhr, U., Meyer, A.-E. (1991): University of Hamburg: Hamburg short-term psychotherapy comparison study. In: Beutler, L., Crago, M. (Hg.) Psychotherapy research: an international review of programmatic studies. Washington Am. Psychol. Ass., 212-218

Talley, P. F., Strupp, H. H., Butler, S. F. (1994): Psychotherapy research and practice – bridging the gap. Basic books, New York

Thomä, H. Kächele, H. (1985): Lehrbuch der psychoanalytischen Therapie. Grundlagen. Springer, Berlin

Tress, W. (1986): Das Rätsel der seelischen Gesundheit. Traumatische Kindheit und früher Schutz gegen psychogene Störungen. Vandenhoeck und Ruprecht, Göttingen

Tress, W., Hildenbrand, G., Junkert-Tress, B., Hartkamp, N. (1994): Zum Verhältnis von Forschung und Praxis in der analytischen Psychotherapie. In: Zeitschrift für Psychosomatische Medizin und Psychoanalyse 40, 341-352

Tschuschke, V. (1990): Spezifische und/oder unspezifische Wirkfaktoren in der Psychotherapie: ein Problem der Einzelpsychotherapie oder auch der Gruppenpsychotherapie? In: Tschuschke, V., Czogalik, D. (Hg.): Psychotherapie – welche Effekte verändern? Zur Frage der Wirkmechanismen therapeutischer Prozesse. Springer, Berlin, 243-271

Tschuschke, V. (1993): Wirkfaktoren stationärer Gruppenpsychotherapie. Vandenhoeck und Ruprecht, Göttingen

Tschuschke, V., Czogalik, D. (Hg.) (1990): Psychotherapie – welche Effekte verändern? Zur Frage der Wirkmechanismen therapeutischer Prozesse. Springer, Berlin

Tschuschke, V., Dies, R. R. (1994): Intensive analysis of therapeutic factors and outcome in long-term inpatient groups. In: International Journal of Group Psychotherapy 44, 185-208

Tschuschke, V., Kächele, H., Hölzer, M. (1994): Gibt es unterschiedlich effektive Formen von Psychotherapie? In: Psychotherapeut 39, 281-297

Tschuschke, V., Hölzer, M., Kächele, H. (1995): Ach du liebe „Güte". Eine Einladung statt einer Erwiderung. In: Psychotherapeut 40

Tschuschke, V., Kächele, H. (im Druck): What do psychotherapies achieve? A contribution to the debate centered around differential effects of different treatment concepts. In: Esser, U., Pabst, W., Speierer, G.-W. (Hg.): The power of the person-centered approach – new challenges, perspectives, answers. Gesellschaft für wissenschaftliche Gesprächspsychotherapie (GwG), Köln

Tukey, J. W. (1977): Exploratory Data Analysis. Addison-Wesley, Reading

Tutz, G. (1990): Modelle für kategoriale Daten mit ordinalem Skalenniveau. Vandenhoeck und Ruprecht, Göttingen

Waddington, C. H. (1977): Tools for Thought. Jonathan Cape, London

Wallerstein, R. (1986): Forty-two lives in treatment: A study of psychoanalysis and psychotherapy. Guilford Press, New York

Wallerstein, R. (1989): The psychotherapy research project of the Menninger Foundation: An overview. In: Journal of Consulting and Clinical Psychology 57, 195-205

Weiner, I. B., Exner, J. E. (1991): Rorschach Changes in long-term and short-term psychotherapy. In: Journal of Personality Assessment 56, 453-465

Weinert, F., Schneider, W. (1993): The Munich Longitudinal Study on the Genesis of Individual Competencies. MPI f. Psychol. Forschung, München

Weissman, M. M., Bothwell, S. (1976): Assessment of social adjustment by patient self-report. In: Archives of General Psychiatry 33, 1111-1115

Wolf, G. K. (1980): Klinische Forschung mittels verteilungsunabhängiger Methoden. Springer, Heidelberg

Wurmser, L. (1989): Die zerbrochene Wirklichkeit. Psychoanalyse als das Studium von Konflikt und Komplementarität. Springer, Berlin

Zielke, M. (1993): Wirksamkeit stationärer Verhaltenstherapie. Beltz, Weinheim

AutorInnen

Dr. phil. Rosmarie Barwinski Fäh, geb. 1956, Studium der Psychologie und Ethnologie, 1983-1987 wissenschaftliche Mitarbeiterin am Institut für Verhaltenswissenschaft der Eidgenössischen Technischen Hochschule in Zürich, seit 1983 Psychoanalytikerin in eigener Praxis, 1990 Dissertation zum Thema „Die seelische Verarbeitung der Arbeitslosigkeit", Veröffentlichungen im Bereich der Psychotraumatologie und Psychotherapieprozeßforschung.

Dr. phil. Markus Fäh, geb. 1958, Psychoanalytiker (Psychologe FSP/Psychotherapeut SPV), Studium der Klinischen Psychologie und Soziologie in Zürich. Langjährige Tätigkeit als Klinischer Psychologe in psychiatrischen Institutionen. Heute in freier Praxis als Psychoanalytiker in Zürich. Spezielle Forschungs- und Interessensgebiete: Psychotherapie-Prozeßforschung, Psychotherapie-Ergebnisforschung, Qualitätsmanagement in der Psychotherapie (verschiedene Zeitschriftenartikel). Habilitationsprojekt im Rahmen der Katamnese-Studie der Deutschen Psychoanalytischen Vereinigung, Präsident des Schweizer Psychotherapeuten-Verbandes.

Prof. Dr. phil. Gottfried Fischer, Psychotherapeut und Psychoanalytiker, ist Direktor der Abteilung Klinische Psychologie und Psychotherapie am Psychologischen Institut der Universität Köln, wissenschaftlicher Berater des Freiburger Instituts für Psychotraumatologie und Forschungssupervisor am Behandlungszentrum für Folteropfer, Berlin. Seine Forschungsschwerpunkte sind: Mißerfolgsforschung in der Psychotherapie, psychoanalytische Prozeßforschung und Entwicklungstheorie, Allgemeine und Spezielle Psychotraumatologie. Zahlreiche Veröffentlichungen, u. a. „Sexuelle Übergriffe in Psychotherapie und Psychiatrie".

Prof. Dr. med. Jörg Frommer hat Philosophie, Soziologie und Psychoanalyse sowie Humanmedizin studiert. Er ist Psychoanalytiker und tätig als Dozent, Supervisor und Lehrtherapeut. In Düsseldorf hat er die Forschungsstelle für Qualitative Methoden in der Psychotherapeutischen Medizin aufgebaut und geleitet. Seit 1996 Professur für Psychosomatische Medizin und Psychotherapie an der Psychiatrischen Universitätsklinik in Magdeburg. Er ist Mitherausgeber des Buches „Qualitative Psychotherapieforschung: Grundlagen und Methoden" und Mitglied der Society for Psychotherapy Research.

AutorenInnen

Dr. phil. Dipl. Psych. Tilman Grande, geb. 1956, Psychologiestudium an der Universität Zürich und der Freien Universität Berlin. Mitarbeit an der „Berliner Psychotherapiestudie" von 1984 bis 1989, anschließend wissenschaftlicher Mitarbeiter am Institut für Psychoanalyse der Universität Frankfurt, seit 1993 in der Psychosomatischen Klinik der Universität Heidelberg tätig. In psychoanalytischer Weiterbildung am DPV-Institut Heidelberg. Mitglied der Arbeitsgruppe Operationalisierte Psychodynamische Diagnostik (OPD). Beteiligt an der Konzeption und Durchführung der von der DGPT geförderten „Praxisstudie analytische Langzeittherapie". Veröffentlichungen vor allem im Bereich der Psychotherapieforschung, insbesondere zum Verlauf und Ergebnis analytischer Psychotherapien.

Dipl. Psych. Thorsten Jakobsen, geb. 1966, Studium der Psychologie in Mainz und Frankfurt. 1 1/2 Jahre als wissenschaftlicher Mitarbeiter tätig im Sigmund-Freud-Institut, Frankfurt am Main, Schwerpunkt experimentelle Traumforschung. 3jährige biometrische Tätigkeit im Bereich Pharmaforschung, seit 1995 an der Psychosomatischen Klinik der Universität Heidelberg mit dem Hauptbeschäftigungsgebiet Psychotherapieevaluation. Mitarbeit an der DGPT geförderten „Praxisstudie analytische Langzeittherapie".

Univ.-Prof. Dr. med. Horst Kächele, Psychoanalytiker (DGPT, DPV). Ärztlicher Direktor der Abteilung für Psychotherapie des Klinikums der Universität Ulm und Leiter der Forschungsstelle für Psychotherapie Stuttgart. Vorsitzender der Psychoanalytischen Arbeitsgemeinschaft Ulm; Visiting Professor am University College London seit 1995.

Dipl. Psych. Brigitte Klein, geb. 1960, Diplom-Psychologin, Psychoanalytikerin in Ausbildung. Promotion zur Diagnostik von Beziehungstraumata im Rorschach-Test (1998) ist Mitarbeiterin am Institut für Psychotraumatologie in Köln. Veröffentlichungen zum „Zentralen Beziehungskonflikt" in Gruppenprozessen, zur dynamisch-behavioralen Psychotherapie, Themen der Psychoanalyse.

Priv. Doz. Dr. Falk Leichsenring, geb. 1955; Diplom-Psychologe, Psychoanalytiker, wissenschaftlicher Mitarbeiter der Abteilung Psychosomatik und Psychotherapie der Universität Göttingen. Forschungsschwerpunkte: Psychotherapieforschung, wissenschaftstheoretische und methodische Fragen empirischer Forschung, Borderline-Störungen, projektive Testverfahren. Zahlreiche Veröffentlichungen in Fachzeitschriften und Buchpublikationen.

Prof. Dr. nat. Bernhard Rüger, geb. 1942, seit 1980 Professor für Statistik am Institut für Statistik an der Universität München. Studium der Mathematik, Physik und Statistik an den Universitäten Münster und München. Arbeitsgebiet: Grundlagen und Anwendungen statistischer Inferenz. Veröffentlichungen auf den Gebieten Zeitreihenanalyse, Testtheorie, Biomathematik, Induktive Statistik und Statistische Methoden in der Psychotherapieforschung.

Priv. Doz., Dr. phil., Ulrich Stuhr, Dipl.-Psych., Psychoanalytiker (DPV/IPV). Wissenschaftlicher Angestellter an der Abteilung für Psychosomatik und Psychotherapie der Medizinischen Klinik des Universitäts-Krankenhauses Eppendorf in Hamburg, Arbeitsschwerpunkte: qualitative und quantitative Psychotherapieforschung, Psychosomatik kardiologisch erkrankter Patienten.

Univ.-Prof. Dr. rer. biol. hum. Dipl.-Psych. Volker Tschuschke, Psychoanalytiker (DGPT, DAGG), Leiter der Abteilung Medizinische Psychologie der Universität Köln. Klinische Tätigkeit in Einzel- und Gruppenpsychotherapie. Forschungsaktivitäten in Einzel- und Gruppenpsychotherapie-Settings sowie in der Psychoonkologie.

Anschriftenverzeichnis

Fäh, Markus, Dr. phil.,
Im Raindörfli 19, CH-8038 Zürich.

Fischer, Gottfried, Prof. Dr. phil.,
Direktor der Abteilung Klinische Psychologie und Psychotherapie,
Zülpicherstr. 45, D-50923 Köln.

Grande, Tilman, Dr. phil., Dipl. Psych.
Psychosomatische Klinik, Ruprecht-Karls-Universität Heidelberg,
Thibautstraße 2, D-69115 Heidelberg.

Jakobsen, Thorsten, Dipl. Psych.
Psychosomatische Klinik, Ruprecht-Karls-Universität Heidelberg,
Thibautstraße 2, D-69115 Heidelberg.

Kächele Horst, Prof. Dr. med.,
Universität Ulm, Abteilung Psychotherapie Forschungsstelle für Psychotherapie, Am Hochsträss, D-89081 Ulm.

Leichsenring, Falk, Dr. phil.,
Abteilung Klinische Gruppenpsychotherapie
Georg-August-Universität, Göttingen, Waldweg 35, D-37073 Göttingen.

Rüger, Bernhard, Prof. Dr.,
Institut für Statistik, Ludwig-Maximilians-Universität,
Ludwigstr. 33, D-80539 München.

Stuhr, Ulrich, PD Dr. phil.,
Universitätskrankenhaus Eppendorf,
Martinistraße 52, D-20246 Hamburg.

Tschuschke, Volker, Prof. Dr.,
Institut und Poliklinik für Psychosomatik und Psychotherapie
der Universität zu Köln, Lindentah,
Joseph-Stelzmann-Straße 9, D-50924 Köln.

Sachregister

50-Stunden-Argument 162

A-B-A-Design 42
Äquivalenzparadoxon 40, 42, 48

Charaktersymptome 24f.
Consumer Reports 14, 16, 18, 26, 60

Deckeneffekt 45
Diagnosti 125ff., 136, 192
Dialektisches Veränderungsmodell 180, 182
Direktvergleich 94, 99, 122, 150
Dodo-Bird-Verdikt 141

Effektgröße 56ff., 65, 69, 100, 116, 119, 120
Einzelfallstudie 50
Empirie 30ff., 38, 186
Klinische Empirie 31
Außerklinische Empirie 31
Ergebnisforschung 47, 172, 175

Fallstudien 10, 37, 39, 45
Systematische Fallstudien 37
Falsifikation 34, 37
Güteprofile 142ff., 146f., 161
„Grawe-Effekt" 21ff., 27, 40, 190ff., 195

Heilung 9f., 16f., 27, 193
Heilungsprozesse 10, 18, 49, 193
Hermeneutik 53

Hermeneutischer Exklusionismus 37

Immanentismus 31
Intermethodenfehler 11, 39, 46f., 162, 164, 188
Intramethodenfehler 11, 47, 164
Kassenfinanzierung 13, 50
Klärungsperspektive 165
Klinizismus 30
Komparative Kasuistik 38
Kontrollierte Vergleichsstudie 16, 186, 190
Kontrollparameter 184
Korrelationsstudie 38f.
Krankenversicherung 13, 23
Kritik der empirischen Vernunft 10f., 29, 33 ,36, 38, 51, 164
Kurzpsychotherapie 22

Langzeitpsychotherapie 22, 24, 184

Manualisierte Therapie 24
Meta-Analyse 2, 40, 62f., 68ff., 78, 82, 88, 92ff., 97ff., 104ff., 108, 116, 118ff., 134, 140, 145, 147f., 157f., 160f., 164, 190
Methodischer Positivismus 31
Mißerfolgsforschung 41
Multimethodale Konvergenz 10

Naturalistische Korrelationsstudie 30, 44

Phase-3-Forschung 49f., 178, 180
Phase-4-Forschung 48
Problemaktualisierung 165, 186
Problembewältigung 165
Prozeßforschung 38, 45, 126, 157f., 160, 164, 174
Prozeßvariablen 48
Psychoanalyse 35f., 48, 50, 53f., 86f., 91f., 94, 126. 132, 135, 138, 149, 180, 182
Psychosomatische Störungen 89
P-T-O-Kongruenz 136

Reliabilität 56ff.

Selbstheilungskräfte 9, 10
Statistik 54, 56, 60, 64, 72
Statistische Methoden 52, 54
Stichprobe 26, 60, 62ff., 80, 94, 99, 110, 120, 142, 174
Streßsymptome 24
Suggestion 34f., 89, 178, 180

Therapiedauer 14, 17f., 20, 23ff., 50, 77ff., 100, 191
Therapieerfolg 17, 45f., 96f., 125, 129, 159, 166, 177, 186

Unabhängigkeitsannahmen 58
Uniformitätsmythos 22, 101, 174

Validierung 34ff., 183
Kommunikative Validierung 35
Varianzhomogenität 60
Verhaltenstherapie 2, 14, 16, 19, 24f., 41f., 48, 51, 74, 76, 91, 94, 99, 100f., 112, 116, 122, 125, 127, 130, 132, 134, 138, 140, 142, 146ff., 152, 160, 163, 182, 187, 191, 193
Verschlechterungseffekt 41f.
Versorgungsplanung 19, 98f., 122
Vier-Faktoren-Modell 21, 186

Wirkfaktoren 21, 43f., 46, 49, 77, 81, 140, 160f., 165, 178f., 189
Spezifische Wirkfaktoren 140, 161
Unspezifische Wirkfaktoren 43, 178
Wirkungsforschung 31, 40, 42f., 46, 48, 186

Zeitfaktor 16, 77f.
Zentraler unbewußter Beziehungskonflikt 49, 179f.
Zufallsstichprobe 45, 62ff.

Marianne Leuzinger-Bohleber,
Ulrich Stuhr (Hg.)

Psychoanalysen im Rückblick

Methoden, Ergebnisse und Perspektiven der neueren Katamneseforschung

48,– DM, SFr 44,50, öS 350,–
500 Seiten, ISBN 3-932133-27-7

In Zeiten knapper werdender Ressourcen sieht sich die psychoanalytische Langzeittherapie einmal mehr mit der Behauptung konfrontiert, neurotische und psychosomatische Symptome könnten »schneller«, »effizienter«, »wissenschaftlicher« und »billiger« behandelt werden. Verständlicherweise sind die Kostenträger im Gesundheitswesen für solche Argumente empfänglich, verfügen aber oft nicht über das entsprechende Fachwissen, um zu prüfen, ob diese Behauptungen auf wissenschaftlichen Erkenntnissen beruhen, oder vorwiegend den Stempel des härter werdenden Konkurrenzkampfs zwischen den Therapieschulen tragen.

Die Auseinandersetzung mit diesen Fragen berührt zentrale Problemstellungen der Psychoanalyse als Wissenschaft des Unbewußten, deren Gegenstand sich »per definitionem« der direkten Beobachtung entzieht und die – als »Wissenschaft zwischen den Wissenschaften« – beansprucht, eine wissenschaftliche Forschungsmethode »sui generis« entwickelt zu haben.

In den beiden ersten Teilen des Buches stellen international renommierte Psychoanalytiker den historischen und aktuellen Kontext der Auseinandersetzungen um eine differenzierte und adäquate Katamneseforschung in der Psychoanalyse dar. Gesundheitspolitische Aspekte, aber auch Kontroversen zu Ziel- und Erfolgskriterien von Psychoanalysen innerhalb und außerhalb der psychoanalytischen Community bis hin zu konkreten Untersuchungen der Langzeitwirkungen von Behandlungen werden diskutiert. Dies trägt zum besseren Verständnis wesentlicher Zielsetzungen, charakteristischer methodischer Vorgehensweisen sowie vielschichtiger Ergebnisse abgeschlossener und noch laufender internationaler Studien in diesem Gebiet bei, die im dritten Teil des Buches vorgestellt werden. Das Buch richtet sich sowohl an Psychotherapeuten und Psychoanalytiker als auch an eine breitere Leserschaft.

Psychosozial-Verlag · Friedrichstraße 35 · 35392 Gießen
Telefon: 0641/7 78 19 · Telefax: 0641/7 77 42

Mathias Hirsch (Hg.)

Der eigene Körper als Objekt

Zur Psychodynamik
selbstdestruktiven Körperagierens

DM 48,–, öS 350,–, SFr 44,50
310 Seiten, ISBN 3-932133-33-1

Die Häufigkeit schwerer psychischer Störungen scheint zu wachsen, in denen der eigene Körper wie ein äußeres Objekt erlebt und in der Phantasie sowie durch entsprechendes Agieren destruktiv behandelt wird. Solche Krankheitsbilder zwischen schweren psychischen und psychosomatischen Störungen reichen von Hypochondrie und Depersonalisation über die Eßstörungen bei Anorexie bis hin zu den verschiedenen Formen der Selbstbeschädigung bzw. Herstellung artifizieller Krankheit.

Stets handelt es sich dabei um einen Versuch, durch Abspaltung des Körperselbst das Gesamtselbst zu erhalten; dabei erhält der eigene Körper oft den Charakter eines Übergangsobjekts. Darüber hinaus wird der Objektaspekt des Körpers bei Schwangerschaft und autoerotischen Aktivitäten sowie beim psychogenen Schmerz – als Grenzbereich zur Psychosomatik hin – eingehend diskutiert.

Alle diese nosologischen Einheiten werden in diesem Buch phänomenologisch beschrieben und auf psychoanalytischer Grundlage ausführlich auf ihre Psychodynamik hin untersucht.

»Die psychoanalytische Erforschung der Formen selbstdestruktiven Körperagierens ... steckt noch in den Anfängen. So ist es das Verdienst des Herausgebers, dem Leser einen profunden Einstieg in die Literatur und den aktuellen Stand der Diskussion zu Theorie und Therapie dieser schweren und z.T. sehr verbreiteten seelischen Störungen zu vermitteln. Als zentrale These des Buches formuliert Mathias Hirsch: Der eigene Körper kann im Erleben, Phantasieren und Agieren wie ein äußeres Objekt behandelt werden.«

Günter Reich, Göttingen

Psychosozial-Verlag · Friedrichstraße 35 · 35392 Gießen
Telefon: 06 41/ 7 78 19 · Telefax: 06 41/ 7 77 42

Roland Vandieken, Eduard Häckl,
Dankwart Mattke (Hg.)

Was tut sich in der stationären Psychotherapie?

Standorte und Entwicklungen

ca. 250 Seiten
DM 68,–, öS 496,–, SFr 62,–
ISBN 3-930096-69-2

In dem vorliegenden Sammelband geben namhafte Autoren und erfahrene Praktiker einen aktuellen Überblick über den gegenwärtigen Stand stationärer Psychotherapie auf der Grundlage psychoanalytischer und systemisch-lösungsorientierter Konzepte.

In den letzten Jahren haben sich für die stationäre Therapie spezifische Kombinationen einzel- und gruppenpsychotherapeutischer Verfahren in Verbindung mit körper- und gestaltungstherapeutischen Methoden entwickelt, die hier ebenso diskutiert werden wie die besonderen Möglichkeiten psychotherapeutischer Krankenpflege.

Der Reader bietet dem Profi eine Orientierung über die Weiterentwicklung in der Behandlungstechnik und ermöglicht dem interessierten Laien praxisnah und oft als Werkstattbericht mit konkreten Beispielen Einblick in das Handwerk aller an der Behandlung beteiligten Berufsgruppen eines psychotherapeutischen Krankenhauses.

Mit Beiträgen von:
T. Auchter, M. Basler, K. Bell, C. Burkhardt, M. Buscher, P. Fürstenau,
G. Heuft, M. Hölzer, M. Hochgerner, P. Janssen, H. Kächele, S. Knoff,
M. Kütemeyer, H. Luft, H. Müller-Braunschweig, H. Schauenburg,
C. v. Scheidt, F. Scheimainda, M. Schmidt, W. Schneider, G. Schottenloher, T. Sprengeler, B. Strauss, W. Tress, V. Tschuschke

Psychosozial-Verlag · Friedrichstraße 35 · 35392 Gießen
Telefon: 06 41/ 7 78 19 · Telefax: 06 41/ 7 77 42

Robert J. Stoller

Perversion

Die erotische Form von Haß

September 1998, 290 Seiten
DM 34,–, öS 248,–, SFr 31,50
ISBN 3-932133-51-X

In diesem Buch setzt sich Stoller mit den psychischen Energien auseinander, die Männer und Frauen in sexuelle Erregung versetzen.

Die Dynamik einer »normalen« geschlechtlichen Entwicklung wird erst durch die von Stoller beschriebenen sexuellen Störungen voll verständlich. Er unterscheidet Perversion von anderen Formen der sexuellen Abweichung und stellt fest, daß der Haß das entscheidende Merkmal der Perversion ist. Dieser Haß, der sich durch den Wunsch definiert, anderen Personen Schaden zuzufügen, wird vom perversen Individuum als ein Akt der Rache empfunden. Er liegt allen perversen Handlungen zugrunde – ob sie nun Phantasie bleiben oder sich unmittelbar in der Realität entladen – und läuft stets auf die »Dehumanisierung« des Sexualobjekts hinaus.

An faszinierenden Beispielen und Fallstudien weist Stoller nach, daß Versagungen, Traumata und Konflikte, deren Wurzeln in der Kindheit liegen, sich durch ein prozeßhaftes Geschehen, das sich der Phantasie bedient, in sexuelle Erregung verwandeln.

»Der Zweck dieses Buches besteht nicht darin, die Perversionen zu beschreiben, zu erörtern und eine umfassende Theorie der Ursprünge und Dynamik der Perversion aufzustellen. Es geht vielmehr darum, die Bedeutung von ›Perversion‹ zu erfassen und den Begriff klinisch zu definieren, so daß man den gemeinsamen Faktor, wenn er auftaucht, erkennen kann, unabhängig vom spezifischen Verhalten, das eine Perversion von der anderen unterscheidet.«

Aus der Einleitung

Psychosozial-Verlag · Friedrichstraße 35 · 35392 Gießen
Telefon: 06 41/7 78 19 · Telefax: 06 41/7 77 42